U0063405

麥 田 人 文

王德威／主編

布赫迪厄作品

實作理論綱要

皮耶‧布赫迪厄
Pierre Bourdieu

著

宋偉航——譯
王德威——主編

麥田人文
Esquisse d'une théorie de la pratique.
Précédé de trois études d'ethnologie kabyle

目次

第一章

客觀論於客觀面之限度

第一節　分析

　　所有的科學活動都有一樣實作優位性（practical privilege）
作基礎，而這樣的優位性於科學活動（只要這裡的科學不僅有
「認識論斷裂」〔epistemological break〕作條件，也有「社會隔離」
〔social separation〕作條件）控制得最為幽微之處，就在於：只要
沒看出有這樣的優位性存在，就會生成一套隱性的實作理論而不
自知，只要忽略科學之得以存在有其社會條件，必然會有這樣的
結果。只要人類學家是站在觀察者的立場，以他在他所觀察的體
系裡面本來就沒有立足之地（除非他自己選擇加入或以遊戲
〔game；賽局〕的方式加入），也不覺得他有必要自己找一塊立
足之地，而被排除在該社會活動的真實演出之外；這時，他和研
究對象的關係就會內含理論扭曲的成份，以致很容易只對實作進
行詮釋型表述（hermeneutic representation），而把所有的社會關
係都化約成傳播的關係，或說得更精確一點，化約成解碼的操
作。查爾斯·巴里（Charles Bally）說過，語言學家的研究會因
為他研究的是母語還是外語，而有不同的走向；他還特別強調，
研究者若是站在聆聽主體（聽者）而非說話主體（說者）的立場
來觀察語言，也就是以語言為「行動和表達的手段」，那他就容
易不知不覺朝**唯智論**（intellectualism）的方向走去：「聽者是站
在語言這邊的，他是在用『語言』（language）來詮釋『言語』
（speech）的。」[1]而標舉「外在性」（externality）拉開的距離能

---

[1] C. Bally, *Le language et la vie* (Geneva: Droz, 1965), pp. 58, 72, 102.

有怎樣的優點，只是在把人類學家的客觀處境，也就是胡塞爾（Husserl）說的公正旁觀者（impartial spectator）的處境，變成認識論選項，而致一切實作不看作是景象（spectacle）還不行。

　　略看一下藝術史的情況，對此或許能有多一點的了解；藝術史從來就沒真正擺脫業餘的傳統，一直任令頌讚的玄想馳騁，而以研究對象的神聖性為他們聖錄式（hagiographic）詮釋的藉口，完全不把藝術作品之孕生、流傳有何社會條件放在眼裡。像潘諾夫斯基（Erwin Panofsky），他在寫修道院長蘇杰（Abbot Suger）和哥德（Gothic）建築的「發明」時，也只破例──也可能是不小心吧──放下了詮釋者的觀點，不再因為重著操作成果（opus operatum）、輕忽操作模式（modus operandi），而把藝術創作的問題壓在作品有其客觀意圖的概念下面，以致直覺的領會被化約成解碼，而且自己還渾然不知其為解碼。拿類似索緒爾（Saussure）說語言（langue）一類的超驗法則，來處理造型藝術的作品，視之為靜待詮釋、解碼的言說（discourse），等於是忘了藝術創作終究是一門「技藝」的產品──不過，依藝術的類別及不同的歷史風格，而有程度之別──也就是像涂爾幹（Durkheim）說的：「純實作而無理論」[2]；或再換個說法，藝術就是模仿（mimesis），是一種象徵性體操（symbolic gymnastics），像儀式和舞蹈；不只，這也等於是忘了藝術作品終究有一些東西是無以言詮（ineffable）的，不是因為「過」，像聖錄學說的那種，而是因為

────────
[2] E. Durkheim, *Education et sociologie* (Paris: PUF, 1968, 1st ed., 1922), pp. 68-9；英譯：Education and Sociology (New York: Free Press, 1956), p. 101.

「不及」，像是只能從此一實體傳到彼一實體，偏向於言辭或概念這一邊的，而且，毋需運用概念即可討人喜（或惹人怨）。

　　只要人類學家始終沒發現他看研究對象的觀點內含哪些限度，那就注定會在不知不覺當中用上一套強加在施為者（agent）或團體（group）身上的行動表述；人類學家若是在一項極為重要的能力（competence）上面因為沒有實作掌握力（practical mastery），而不得不改用一套明白而且至少是半定制（semi-formalized）的**既有規則**，或者是社會學家美其名曰角色（rôle）者，也就是為某一「舞台人物」（stage part）預定好的一套合宜的言行腳本，來作替代品的話，那就會有這樣的情形。[3] 所以，文化有的時候會被形容成**地圖**，就不可等閒視之；正是陌生人到了異鄉才會有這種的類比（analogy）；由於人在異鄉需要摸索門路，也需要補足他沒有、本地人才會有的實作掌握力，因此要用一套內含所有可能路徑的「模型」來幫忙。這一潛在、抽象的空間，沒有地標、沒有特有的中心──跟系譜（genealogy）一樣，「自我」（ego）在宗譜裡，跟「起點」在笛卡兒空間（Cartesian space）裡一樣不真實──這和旅人真的走過、或說是正在走的實際空間比起來，二者的差別有多大，從我們不太容易在地圖或街道圖一眼認出我們原本熟悉的道路，可見一斑；這要等到我們有辦法將「潛在場域」（field of potentialities）裡的軸線，搭上龐卡雷（Poincaré）說的：「連在我們身上永遠不變、隨身攜帶的座

---

[3] 不妨考慮一下這例子，這兩處場域大相逕庭：小資產階級飢渴吞嚥的是禮節大全，學界中人飢渴吞嚥的是談風格樣式的論文。

標系」，我們才認得出來；因為，我們就是靠這樣的座標系，才能將實質空間構造（structure）成上、下、左、右、前、後的關係。

因此，人類學家若只是斷絕本身的固有經驗，斷絕本身對該經驗的固有表述，是不夠的：人類學家還必須進行第二次的「認識論斷裂」，對他自己以「外人」的立場進行觀察時會夾帶的固有預設，也有所質疑才行；因為，他在專心詮釋實作的時候，很容易把他和研究對象的關係內含的原則，硬套在研究對象的身上；這由人類學家特別偏重「傳播功能」（不論是語言、神話還是婚姻），即可以為證。知識未必和狹義相對論（elementary relativism）講的一樣，可以從觀察者和觀察對象「在時、空當中」有怎樣的相對位置就建立得起來。所以，唯心論（idealism）的傳統拈出這一說法可謂一針見血：「認識主體」（knowing subject）對實作所做的竄改，實乃既深也糟；而且，這樣的竄改由於本身就是人類認知操作裡面的組成條件，而注定沒有人會去注意：因為他是先站好立場才去觀察行動，是抽離在行動之外的，以便可以從上方、從遠處觀察，以致會將實際活動都當成是**觀察和分析的對象**，也就是當成一種表述。

從模型的力學到策略的辯證

有三類理論型知識都可以用社會世界（social world）作為研究的對象，而且每一類都內含一套（一般皆屬默認的）人類學命題。雖然這幾類知識嚴格說起來絕對沒有排他性，也可以說是正在朝完備知識邁進的辯證路程裡的階段；但三者只有一點是一樣

的：這三類知識都是站在實作型知識（practical knowledge）的反面。在這裡要稱作**現象學**（phenomenological）的這一類知識（或借用當下顯學的說法，「俗民方法學」ethnomethodological），做的是要挖出社會世界原初經驗（primary experience）的真相，也就是要把刻在人類和他習見環境之間的**習常**（familiarity）關係裡的一切，都挖掘出來，把人類對社會世界毫不質疑的領會，這意思就是不作反省，把自身的「可能性條件」（conditions of possibility）給排除在外的領會，給挖掘出來。另一種在這裡要叫作**客觀論**（objectivist）的知識（結構論詮釋學〔structuralist hermeneutics〕是其中的特例），做的是要把構作實作和實作表述，尤其是習常世界裡的實際、隱性的原初知識的客觀關係（也就是經濟或語言方面的關係），給建構起來。這樣的建構會以斷絕「原初知識」為前提，社會世界不證自明、自然而然的性格，就是從原初知識默認的預設條件來的。[4] 這時，唯有待客觀論的知識把社會世界裡的俗見（doxa）經驗先天就會排除掉的問題——也就是該經驗得以生成的那些（特別）條件——再提出來，

---

[4] 客觀論認為「即時溝通」（immediate communication）若是可行，唯有施為者於客觀面有所協調，這樣才能把同一一樣含意連上同一一符號（如話語、實作或成品等等），或換個說法，這樣才能把他們的編碼、解碼作業，也就是他們的實作和詮釋，同都指向同一套恆常的關係，獨立在個人的意識、意志之外，也無法化約為實作裡的**執行**或成品（像索緒爾以「語言」為密碼）。這樣一來，客觀論的分析嚴格說來，就和現象學派就社會世界的原初經驗所做的分析，對話語、行為、成品的即刻理解所做的分析，無所謂牴觸了。由於客觀論的分析為現象學分析劃定了可行的條件，以致不過像是為現象學的分析效力劃定極限而已，而這又是現象學分析所沒注意到的。

客觀論的知識才能既為社會世界建立起結構，也為沒辦法**明白**認識這些結構的原初經驗建立起客觀的實相。

最後，唯有透過第二層的斷裂——這是掌握客觀論知識有何限度的必要條件，也是科學知識免不了要有的一刻——同時把理論內含的理論，以及（以實作態）刻在這一類型知識裡的實作理論都挖掘出來，我們才能將這些收穫整合成一門完備的「實作科學」（science of practices）。為了探究「可能性條件」，由此進而探究從外在來領會實作的這一類客觀和客體化的立場有何限度，也就是把實作看作是**既成事實**，而不是把自己放進事實既成的動勢（movement）裡去建構實作的孕生原則（generative principle），而和客觀論抽象（objectivist abstraction）所作的重大斷裂，目的不過是想把客觀論一型的知識模式所能導向的客觀論結構，和那些結構得以實現（actualize）而且再製的結構化性向（structured dispositions）間的**辯證型關係**，做成一門科學。

這番對客觀論的質疑，一開始很容易被想成是在幫主觀論（subjectivism）作平反，而和天真人本主義（naïve humanism）挾「生命體驗」（lived experinece）之名暨「主體性」（subjectivity）之權對「科學式客觀化」（scientific objectification）所作的抨擊，形成合流。但其實，有關實作的理論，以及有關實作固有的實作型知識的理論——這是嚴謹的實作科學得以成立的先決條件——是在把客觀論為了將社會世界組成一套客觀的關係，獨立在個人的意識和意志之外，而必須建構出來的論題，再顛倒過來一次。客觀論知識因為把原初經驗的「可能性條件」提作問題，而發現原初經驗（或這經驗的現象學分析）本來就不把這問題當問

題看；實作理論則是把客觀論知識得以出現的（理論暨社會）條件當作問題，而讓客觀論知識重新站穩腳跟。由於客觀論知識是立基在社會世界有其實作型知識這一隱性的前提之上，才做出社會世界的科學，以致從為社會世界的實作型知識建構理論的路上岔了出去；在這方面，客觀論知識至少製造出了匱乏。

就習常世界的實際領會作客觀分析，並不是在對主體性的奧祕提供新式的獻祭，而是為了探究所有的客觀探索會有怎樣的限度。這就讓我們知道：社會科學迄今都還一直自陷於客觀論和主觀論「非此即彼」的選擇儀式裡面，無法自拔；要避開這儀式，唯有願意去探究實作掌握力之所產生、發揮功能的模式才行；客觀可辨的實作，以及該實作於客觀面的迷魅型（enchanted）經驗，都需要有這實作掌握力才有可能；說得更確切一點，我們唯有將科學實作的操作全都放在一套實作理論之下，全都放在一套實作型知識的理論之下（這和生命體驗的現象學式重構沒有關係）——還有這一項也密不可分：放在「客觀領會」的理論和社會性可能條件的理論之下，也就是放在這一類型知識有何限度的理論之下，方才避得開這樣的儀式。

單是舉一個例子，就可以證明這一類的第三維度知識（third order knowledge）不僅不會抵銷客觀論知識的益處，反而因為能將實作經驗的實相，和這類習得知識（learned knowledge）所賴以建構的實作型知識的實相整合起來，這也等於是說所有習得知識的實相都要一併納入，反而能將客觀論知識保存下來，進而超越。別忘了李維史陀（Lévi-Strauss）在批評牟斯（Marcel Mauss）以「現象學」取向去討論禮物交換（gift exchange）的時候，就

完全斷絕了他的固有經驗和他對該經驗的固有理論，而認為交換行為是以已建構之物（constructed object）的形式「構成原初現象（primary phenomenon）的，而不是社會生活拆解成的個別操作」[5]；或換個說法，互惠循環（cycle of reciprocity）裡的「力學定律」（mechanical laws），是有關有義務給、有義務回、有義務收的無意識原則。[6]「現象學式」分析和客觀論式分析把禮物交換裡的兩大敵對原則挖掘出來：一是感受到的禮物，或至少是要人感受得到的禮物，另一則是從外在看得到的禮物。而在禮物的「客觀」實相、也就是模型（model）前緊急煞車，等於是把所謂的客觀實相，也就是從觀察者這邊所得到的實相，和不太能說是主觀的實相，因為這實相便是禮物交換在主觀體驗裡的正式定義，二者之間會有怎樣的關係放著不管；這樣，也等於是把施為者做的這一連串不可逆的（irreversible）行為在觀察者看來卻變成為「可逆的」（reversible），放著不管。觀察者以其統合式理解（totalizing apprehension），拿一套建立在**可逆**基礎上的客觀結構，取代同樣客觀但是**不可逆**的禮物交換，而且，這些禮物跟對方的回禮或己方一定要拿回來的禮物還都沒有機械的關聯：若要就禮物、言詞、挑戰，甚至婦女之類的交換作真正客觀的分析，就一定要考慮到這一點：起頭的行動未必會命中目標，而且這一行動的含意還由它所引發的回應在決定，就算所得的回應是不回應，

---

[5] C. Lévi-Strauss, "Introduction à l'oeuvre de Marcel Mauss", in *Sociologie et anthropologie* (Paris: PUF, 1950), p.xxxviii.

[6] Ibid., p. xxxvi.

以致回過頭撤除了預期的含意也一樣。但說送禮的這一方送禮的含意，只有等到收到回禮時，算得到承認和祝聖（consecrate），不等於是用不同的說法去重建互惠循環的結構。這只是在說，即使「可逆」是一來一往的個別行為的客觀實相，這在日常的經驗便都是一來一往的個別行為，也叫它禮物交換，但這還算不上是一件實作的全部實相，因為，實作若按照模型而為意識所覺察，就沒辦法存在了。禮物交換的時間結構（temporal structure）是客觀論沒注意到的事，卻是兩大相反的實相可以同時並存的基礎，而送禮的整體實相也由此所界別。

　　不論哪一社會都看得到：除非故意要羞辱別人，否則，回禮的時間都必須**往後延**、回的禮也要**有差異**，因為，馬上回贈一份一模一樣的東西，顯然等於拒收（因為跟把收到的禮原樣送回去是一樣的意思）。因此，禮物交換一來是和**對換**（swapping）成對比的，因為對換和互惠循環的理論模型一樣，都把送禮和回禮壓縮在同一時刻；禮物交換另也和**借貸**（lending）成對比，因為，還債會有法律予以明確的保障，因此，還債這一件事在簽下借據的那一刻，就算是**已經完成**，因為借據載明的事項是可以預知的，可以計算的。因此，被一元式（Monothetic）模型抹煞掉的往後延、有差異，就一定要再放回模型裡去；但不是像李維史陀說的是因為有「現象學」上的需求，要回復交換這件實作裡的主觀經驗，而是因為禮物交換的操作，預設了此一交換的客觀「機制」（mechanism）裡的事實有（個人或集體）的誤認（méconnaissance）存在，即刻回應就可以將之無情拆穿：交換的模式（pattern）向來容易讓觀察者、參與者覺得是**可逆的**，也就是既是屬不得已也

有利害關係的；但送禮、回禮的**時間差**（interval），就可以讓人
感覺這模式是**不可逆**的。拉羅什富科（François La Rochefoucauld）
就說，「急於盡責過甚，形如不知感恩。」急著要把加在自己身
上的責任了結，把償還受助或餽贈的心意表現得太露骨，希望快
一點互不相欠，都等於是在倒溯指責原先送禮的人的目的是在強
要別人回禮。這問題的關鍵就在手法，也就是時機的拿捏和場合
的選擇；因為同一件事情——像送禮、回禮、幫助、回訪等等
——在不同的時間做，會有完全不同的含意，就看時間抓得對不
對了；而且，但凡重要的交換——像給剛生完孩子的母親送禮，
或婚宴送禮等——都是有一定的時間的；這理由在於**分開**送禮、
回禮時間的時間差，是故意疏忽特予存在的基礎，這是集體同
意、維持的「自欺」術，沒有這自欺術，像是用假錢作假流通之
類的，象徵性交換（symbolic exchange），就無法操作。這樣的制
度要行得通，施為者是不可以完全不知道他們做的交換到底是怎
麼回事的，但同時又不可以去真的弄清楚是怎麼回事，尤其不可
以承認這是怎麼回事；只是，這在人類學家做出來的模型裡面是
明白呈現出來的。[7] 總之，這就是施為者在做這件事的時候，尤

---

[7] 他們的俗諺雖然推崇「慷慨」是重名之人最崇高的美德，但是，他們也有格
言透露出他們也難脫「私心計算」：像有一則俗諺就說，「收禮不是一件好
事」，另一則則說：「收到母雞，就要回敬駱駝。」還有俗諺拿 *lahna* 和
lahdia 這兩個字來作文章；*lahna* 有「禮物」和「平靜」雙重意思，*lahdia* 則
是「禮物」的意思：「送平靜（禮）來的人啊，放我們平靜度日吧」，或是：
「要送禮〔*lahdia*〕就送我們平靜（*lahna*）吧」、「最大的禮物就是平靜」。
——這幾個例子，還有之後會再舉的例子，都出自原作者於阿爾及利亞卡比
利亞（Kabylia）做的田野工作——英譯者謹識。

其是在拿捏**時間**的時候，只可以遮掩這件事的真相，不讓這一實作的實相在自己、還有別人面前曝光；但人類學家卻用和時間沒有關係的模型來取代唯有在時間裡面逐步推演才會出現的圖式（scheme），而形同將實相曝了光。

　　抹煞時間差，也等於抹煞了策略。這中間的時間間隔既不可以太短（這在禮物交換這方面表現得很清楚），也不可以太長（特別是報凶殺之仇的時候），而和惰性時間缺口（inert gap of time），也就是客觀論模型做出來的滯後式時間差（time-lag），正好相反。只要還沒有投桃報李，受禮的人就有**責任**，需要表現出他對施予那一方的感激，要不也至少要表示心有感念；這時，就算他有渾身解數可以拿來對付人家，也必須加以克制，想出手也一定要強壓下來，免得遭人指責忘恩負義，碰上「蜚短流長」的物議、聲討；而這些「蜚短流長」，正是他做的事會有的「社會含意」（social meaning）。若有人一直沒報血海深仇，沒把自家的地從敵方那邊再買回來，或該嫁女兒的時候沒把女兒嫁出去，他的資本就會隨時間流逝而一天、一天減少──除非他有辦法把「不得已的耽擱」扭轉成「策略性拖延」，把「間隔很長」變成「故意拉長」：拖延報仇或回禮的時間，可以讓對手搞不清楚自己這邊的意圖；也就是要把反擊的時間弄得讓人抓不準，就像儀式裡標出來的「凶期」裡的大凶之日就在「否極泰來」之前一樣。不過，一旦拖過了某一時間點還不作回應，就會從疏忽變成不屑一顧。只要關係還沒決裂，「拖延」可以是逼對方表示順服的手段。所以，依這邏輯，我們知道為什麼有作父親的在有人向他女兒求婚的時候，若不想答應，便會盡早回覆，免得讓人以為

他想利用這情勢而讓求婚的人不好過；至於他若想答應，那他就
會盡量拖延回覆的時間，以便好好利用他這時的優勢；因為，只
要他一答應了婚事，他的優勢就沒有了。這都是因為人際互動的
儀式有其弔詭的效果，會賦予時間十足的社會實效（social
efficacy），而且，還是以什麼事都沒有做時間就過去了的狀況，
這社會實效還最為強大。我們不就有一句話說：「時間站在他那
一邊」；但時間也會站在人的對立面。換言之，時間的實效，來
自於它所作用的關係結構是處於怎樣的狀態；但這並不表示該結
構的模型可以不把時間考慮進去。行動的推演若儀式化的程度很
重的話，像「侵犯—報復」的辯證一類，便依然有餘地供策略施
展，而可以拿行動的時機——或該說節奏（tempo）——來玩一
玩，而把報仇的時間壓後，使威脅作用的時間拉長。在規定沒有
那麼嚴格的事情上面更是如此；策略在這時候便有了無限的施展
空間；當事人盡可以操縱他行動的節奏，充分利用各種可能——
像暫且壓下，一時延後，維持懸宕，拉長期待，或反過來催促、
逼迫、奇襲、偷襲等，再要不就故意玩一些「花時間」（「把時間
全用在XX的身上啦」）或「沒時間」（「才沒那閒工夫」）的花樣。
像我們就知道有人手中的權力若是可以移轉，而他又故意延後權
力移轉的時間，讓眾人摸不清楚他最終的意圖，這把戲若是玩得
巧妙，是能為他帶來極大的優勢的。但也有許多策略，原本就有
去掉時間的作用，以保障人際關係得以延續，好從「斷續」裡得
出「連續」，跟數學家說的一樣，以無限小作無限相乘，像是要
用「一點小意思」〔薄禮〕來「保友誼長存」（「禮物〔thunticht〕
啊禮物，雖然未能靠你發財，卻能維繫友誼常在」）。

　　所謂薄禮，乃介於「無償」之恩澤（elma'tar：無以回報的禮物，「像母親養兒育女的奶水」，或thikchi：不計回報的施與）和有嚴格規定的「強制」回禮之間；價值不宜太高，才容易拿得出手，也容易收得回來。但小禮一定要**常給**，要有一點細水常流的味道；也就是說一定要在「驚喜」和「善意」的邏輯裡操作，而不可以只照儀式的「機制」去做。送這類小禮的目的，在維持社會交際（social intercourse）的日常秩序，通常只是一盤熟食，庫斯庫斯（couscous）（加一片乳酪，代表母牛的第一道乳汁），之後再來一場小型的家庭聚會──像慶祝新生兒誕生第三天或第七天，嬰兒長第一顆牙，開始會走，第一次剃胎毛，第一次去市場，第一次行齋戒等；多半和人世的生命週期有關，都有**傳達**生命喜悅、邀人**分享**生命喜悅的意思，意義不亞於豐年祭（fertility rite）：待送禮用的盤子收回來時，上面通常會放著一樣「好兆頭」（el fal），有時也叫作 thiririth（從 er：「回報」來），像是一小撮穀子、粗麵粉（絕不可以放大麥，因為大麥是女性的植物，是柔弱的象徵）。若放的是菜乾、鷹嘴豆、小扁豆之類的東西就更好了；這些回禮，就叫作「花」（ajedjigi），是回贈給孩子的（這次送禮就是為了這孩子），「祝他日日茁壯」，長得高大，生育力強。這類平常的小禮（也包括他們叫作tharzefth的東西，就是「伴手禮」的意思），和不常見的大禮就形成強烈的對比了；這大禮有lkhir和lehna，是他們在重要節慶thimeghriwin（單數：thameghra）一定要送的禮──像婚禮、誕生禮、割禮──**尤其是**lw'ada這一樣禮數，這一樣禮數按規定是要獻給聖人的禮物。確實，親朋好友之間送的小禮，說起來還真的和錢、蛋之類的禮物

形成對比；像錢、蛋這樣的禮物，送的是在空間、宗族都隔得很遠的姻親；時間也一樣──因為，這些人只偶爾在「大場合」才見得到面──而且，這類禮數之重要和嚴肅，還像是某種「控制型挑戰」（controlled challenge）；就像親族間或社區內的聯姻因為太過常見，還緊密織在日常人際往來的經緯裡面，因此比較容易為人所忽略；但和另一村子、另一部族的人聯姻，就是很大的對比了；這樣的婚姻雖然比較光榮，但也危險得多，有時聯姻的目的還是在結盟或是媾和，但一定都有莊嚴肅穆的典禮。

　　這就拉著我們離儀式這觀念常見的客觀論模型愈來愈遠了，這樣的模型都把規定的行為作機械式連鎖：唯有完美掌握「生存藝術」（art of living）的高手，才有辦法將行為和情境內含的各色曖昧、不定，玩弄於股掌之下，做出合於時宜的行為，做到別人口中說的「沒別的法子了」，而且還做得完全正確。這時，我們同樣也離所謂的「規範」（norms）和「規則」（rule）愈來愈遠了；這裡一定也看得到出錯、失誤、尷尬等，跟別的事沒兩樣；禮儀專家在這裡也一定會跑出來，（照樣用他優雅的儀態）說什麼時候該說什麼、該做什麼；但在這裡，他絕對沒辦法寫出一本手冊，把會一再出現的情境和該做的事項全部收進去，遑論要再做出一個「命定式模型」（fatalistic model）來呈現**必然要用上的臨場發揮**該有怎樣的「藝術」，而臨場發揮才是「優越」的條件。

　　因此，若要把實作的實相放回實作裡去，就一定要將時間再重新注入實作的理論型表述裡去；因為，實作本來就是由時間所構造起來的，先天就是由**節奏**在作界定的。一段討論之所以有連貫性，一場即席演講之所以會有「論點」，都是因為說的時候有

一套有孕生力、有組織力的圖式在作用，透過有意識的表達而推
展開來；而這圖式又是一套常常不太精確、但還算有系統的「選
擇暨實現」（selection and realization）原則，而能以持續不斷的
定向調整和修正，在可能的時候去掉意外，將成果保存下來，就
算再僥倖的成果也可以。因此，圖式若和模型劃上等號，最具體
明確的實作就會蕩然無存：這時，「倒溯式必然」（retrospective
necessity）就變成了「前瞻式必然」（prospective necessity）；成果
變成了謀畫（project）；已經發生、而且不會不可能再發生的事，
就變成了促成這件事情發生的行為一定會走向的未來。這便像狄
奧多羅（Diodorus）說的那樣，若說「某事將會發生」為真，那
將來總有一天「說某事發生了」也會為真；要不就用另一則悖論
來說，「因為昨天的明天是今天，所以今天就是明天。」[8]實作

---

[8] 這裡用的形式（form）一詞，取自音樂理論裡面「生成結構」（structure of
becoming）的用法（像組曲、奏鳴曲之類的「曲式」），用來描述合乎邏輯但
也順時敘述的樂曲、舞蹈或其他任何一類時間型構造（temporally structured）
的實作，無疑會比邏輯結構裡的語言要更合適。故須特別注意，有關從結構
走到形式、對「形式」所得的體驗，也就是能感受詩歌、音樂的趣味，雅柯
布森和李維史陀找得到的唯一解釋（"'Les chats' de Charles Baudelaire",
L'Homme, 2, I [Jan.-April 1962], pp. 5-21），就是請出「期待落空」（frustrated
expectation）；而客觀論的分析要描述「期待落空」，唯一能走的途徑，就是
把詩歌論述裡面（依胡塞爾的說法）本屬「多合」（polythetic）的結構，同時
糾合起來，形成一組主題，由合乎邏輯的變化（像是從「隱喻形式」，如科學
家，愛人，貓，走向「轉喻形式」——貓）連結起來；而這「多合」結構原
本於實作裡面，唯有放在時間裡面，透過時間才有辦法傳達。音樂或詩歌的
形式由於屬於時間性的結構，因此於現實面裡，唯有能夠發揮多種類型的
「表情功能」（expressive function），才有辦法理解。

的經驗和這一類悖論一概牴觸，實作經驗也確認互惠的循環並沒
有古代悲劇才有的那種「天命不可違」：所以，送禮若碰上不領
情的人，未必一定會有回報；所送的禮也有可能會被看作是侮辱
而被一把扔了出來。[9]只要一承認「互惠循環」裡的「力學定律」
未必一定適用，實作的邏輯就會幡然一變。即使每一個施為者的
習性（habitus）完全協調一氣，行動和反應的連鎖關係也是**從外
面**就可以完全預測得到的，但只要行動的序列還沒有結束，互動
的結果就還是無法完全確定：可以一下子從「可能性極大」跳到
「絕對確定」，這是「質躍」（qualitative leap），而和這裡的「數值
差」（numerical gap）不成比例。這裡的不確定，在社會法則的
「概率邏輯（probabilist logic）裡面找到客觀的基礎，不僅足以修
正實作的經驗（這就是現象學式分析所描述的，而且比客觀論還
更注意行動的時間性），也可以修正實作本身，在有策略要避開
最有可能出現的結果時，作這些策略客觀的基礎。

　　以**策略**取代**規則**，就可以將時間，連同時間的韻律、取向
（orientation）和不可逆，都重新帶入。科學的時間跟實作的時間
不同。時間對作分析的人是不算數的：不僅因為作分析的人是處
於**事後**（post factum）的狀態，是不可能不確定會出怎樣的事
——這一點從韋伯（Max Weber）開始就一直在講了——也因為
作分析的人有時間去作統合，也就是他可以克服時間的效應。科

9「跟您提這，請勿見怪……小的完全知道，在您眼中，小的根本不算什麼，
　您要跟小的拿錢，都沒什麼不可以。所以，您絕對不會因為小的給您送禮，
　而跟小的生氣」（請見 F. Dostoyevsky, *The Gambler, Bobok, A Nasty Story*, trans.
　J. Coulson [London: Penguin, 1966], p. 44）。

學的實作「去時間化」（detemporalized）的程度，可是連它排除了什麼也一概不去想的：由於科學要和時間有關才有可能，這是和實作正好相反的，因此，科學很容易忽略時間不去管它，而且還因為忽略時間不管，而將實作予以「具象化」（reify）。（這說的還是那一句，「認識論反思」〔epistemological reflection〕就是由科學實作所組成的：為了了解實作——尤其要了解實作因為在時間裡面推演而生成的那些性質——就必須了解科學，尤其是科學實作特有的時間性裡面寓含了什麼。）實作是刻在時間之流裡的，科學若忘了它強加在實作上的扭曲：也就是單單為了統合而導致裂解（detotalize），因此而衍生的去時間化效應（這可見於圖表的概要式理解）為害最大的時候，就屬硬要套在實作上面的時候了，因為時間的結構、導向、韻律，都是實作含意的必要組成。

從榮譽的「規則」到榮譽感

　　避開我族中心論（ethnocentrism）的途徑很多，而且可能都只是保持距離的手法而已，充其量都只是將已成**既定事實的**排除狀況扭轉成方法的選擇，還說是不得不爾的遷就而已。因此，若真有人有辦法就一門社會實作得出理論實作掌握力，還練達一如真正擁有該實作掌握力的人，那麼，把榮譽交換或者是看似儀式化最重的禮物交換鎖在已經具象化且有具象化功能的模型裡面，危險就沒那麼大了。例如最容易引發外在觀察者產生機械性必然錯覺的，莫過乎**「強迫型」對話**；這類對話若要維持長久，就必須一而再、再而三於對話者間製造關係，每每還必須是**憑空製造**

出來的；一下把他們拉開，一下把他們拉近，強迫他們找出彼此間的同與異，熱忱既真且假，讓他們輪流有輸有贏，有進有退，挑起假的口角，但在幾乎成真之際緊急妥協，或趕快回到彼此都有共識的安全地帶，將之化解。但若是大幅度扭轉觀點，一樣可以像馬克思（Karl Marx）在《費爾巴哈論綱》（*Theses on Feuerback*）書裡有一點輕率的說法一般，「從主觀的視點」來領會這一類姿態、言語串聯起來的機械式序列；而若有完備的實作型理論的立場就更好了：身在賽局裡的人必須隨時提高警覺，既要順著賽局的動勢走，又要留意不要被賽局的動勢「拉到」賽局之外，像佯攻搞成假戲真做；這就證明了這一類看起來似是受限的實作，較諸其他更容易給人臨場發揮的錯誤印象的手法，如**虛招**或是**誘敵**，秉持的其實都是一樣的原則：也就是玩的都是顧左右而言他、含沙射影，或其他言語、姿態的象徵體系裡面不會說破的暗示，以之做出模稜兩可的行為，而且，在有撤退或見拒的蛛絲馬跡出現時，就可以馬上放手扔掉，好讓意向繼續模糊下去，始終在玩笑、正經，放肆、內斂，急切、無所謂之間游移來去。

　　規則和模型的語言，用在異類（alien）的實作上面看來像是無妨；但若把一個人於社會互動的象徵體系所有的實作掌握力也考慮進去的話——得體、老練、圓滑——這些都是最平常的社交遊戲裡面預設要有的條件，也連帶要用上自發性符號學（spontaneous semiology），例如一大堆守則、程式、形式化的訊號等等——這一套語言就會沒說服力了。這一套實作知識，是就既成行為所得之回應裡面有何察覺得到——但非刻意去注意——的指標，不斷作解碼，而建立起來的；而且還會不斷進行核

對和修正，以確保當事人在對其他施為者的反應、期待準備要有所行動和表達的時候，能夠不斷作出調整。這一類知識像是一套自動校正裝置，可以讓當事人依接收到的訊息和該訊息製造出來的效應，修正行動的路線。所以，言詞交換（exchange of words）的常見詮釋典範（hermeneutic paradigm），可能還沒有喬治‧米德（George H. Mead）用的對打的典範（paradigm of exchange of blows）那麼恰當。[10]像狗打架或小孩子打架、拳擊手對打也一樣，每一擊都會引發反擊；肢體的每一動作都是飽含寓意的符號，對手一定要在乍現端倪的時候就要掌握得到，要在揮來一拳或橫跨一步的動作才剛開始就解讀得出來接下來會有怎樣的發展；也就是說，要看得出來那是佯攻還是真打。而佯攻，不管是在拳擊比賽還是言詞交換，不管是作榮譽交換（exchange of honour）還是婚姻交易（matrimonial transaction），都會預設對手就算行動還沒真的開始也已經準備好要還手了，而也因此可以騙對手讓他的期待落空。

　　這樣的觀察也大可以把方向反過來，而看出實際（或可能）觀察到的榮譽行為（honour conduct），全都可以放在現實裡面施行或作理論型再製，還可以做得很出色，既可以變出無窮的花樣，也可以有半機械的必然，還不需要準備好雅柯布森（Roman Jakobson）說的「塞滿預置表述的檔案櫃」（filing cabinet of prefabricated representations）[11]，去讓施為者「選擇」合宜的行

---

[10] *Mind, Self and Society* (Chicago: University of Chicago Press, 1962), pp. 42-43.

[11] R. Jakobson, *Fundamentals of Language* [The Hague: Mouton, 1956], p. 58.

為，也不必大費力氣去建立「機械型」模型；這類模型在「重名之人」（man of honour）身上校正臨場發揮的功用，頂多像生活美學的禮節手冊，或為樂曲寫的和聲論文。實作科學所要建構的原則，必須要能解釋所有觀察得到的案例，而且不超出這些案例，同時還不能忘記所建構者，還有依這建構而來的孕生型操作（generative operation），僅只是實作圖式的理論型對等項（theoretical equivalent），其目的在讓每一個有正當訓練的施為者可以視生存裡面出現的挑戰，適時做出維護榮譽所需的實作和判斷。

　　而對一個人提出挑戰，等於是賦予該人「重名之人」該有的尊嚴；因為既然是挑戰，就表示對方要有所回應，也因此等於是認為對方有能力玩這榮譽賽局（game of honour），而且還能玩得不錯。因此，由承認彼此榮譽平等這一原則就可以得出這第一條推論：有挑戰，方有榮譽。像卡比爾人（Kabyles）就說：「未曾樹敵是笨驢」（驢子在他們是消極被動的象徵）。不遭人忌是最糟的情況：因此，看見某人不打招呼，等於是把他看作是「東西」、動物或是婦女。而反過來碰上挑戰，等於是「一人的生命攀到了高峰」，有機會可以向他人、向自己證明一己的雄風（thirugza：男子氣概）。也因此，由此會再出現的第二條推論就是：若向某人提出挑戰但對方無力迎戰，也就是對方無力作有來有往的交換，就等於是自己這邊自取其辱。所以，elbahadla：公然遭到莫大的侮辱，會為貿然提出挑戰的那一方（amahbul）帶來反噬：就算被別人elbahadla的人是罪有應得，他也還是有榮譽的；也就是因為這樣，害別人elbahadla的人會自作自受。所以，知道自己是強勢一方的人，要懂得克制，不要得寸進尺，所提出

的指控也要有所節制，好讓對手自取其辱。有諺語說：「與其剝光別人的衣服，不如要他自己脫。」而對手那一邊，則會想辦法要扭轉局面，把對方引誘到越界。這時可以集結公意，針對發動挑戰的那一方不知有所節制而集體發出不平之鳴。所以，再下來的第三條推論就會是：挑戰（或冒犯）唯有來自榮譽平等的一方，才值得迎戰；換言之，面對挑戰的時候，一定要考慮發動挑戰的那一方是否夠格。對方若妄自尊大自己卻還應戰，只會為應戰的一方帶來反噬。「一人若是謹慎沉穩〔amahdhuq〕，就不會和amahbul扯在一起。」聰明人碰上amahbul這樣的人發動愚昧的挑戰卻還貿然應戰，只會elbahadla臨頭；但若避不回應，就可以讓隨便作出挑戰的那一方去自作自受。同理，不值得報復卻還是回應（有時還雇用殺手：ameki），到頭來髒了自己的手只會染上污名。因此，挑戰是否有條件說是挑戰，而不是單純的侵犯，就看是怎麼迎戰的。[12]

依「賽局理論」的說法，高明的玩家向來都會假設對手一定看得出來上上策是什麼，而據以施行；同理，玩榮譽賽局的時候，不論是提出挑戰還是回應挑戰，都表示當事人選擇加入賽局，也懂得要假設對手有能力作相同的決定。送禮其實就是在下戰書，對收到禮的人等於是一份榮譽，但也將他的「榮辱點」（point of honour；nif）付諸考驗；也因此，這就跟侮辱無力還擊

---

[12] 這一段分析有三個例子，請見 P. Bourdieu, "The Sentiment of Honour in Kabyle Society", in J. Peristiany (ed.), *Honour and Shame* (London: Weidenfeld and Nicholson, 1965), pp. 191-241。

的人等於是自侮一樣，送的禮大到對方無力回禮，也等於在侮辱
送禮的這一方。禮物或是挑戰都等於是刺激：需要回應的刺激。
馬西（G. Marcy）說過摩洛哥（Morocco）的柏柏族（Berber）人
在講到他們大型儀式裡送tawsa（挑戰—禮物）的事時，都會說
收到tawsa是「他侮辱他」。[13]收到禮的人等於是陷入交換的難題
裡，必須選一條行動的路線走，但不管怎麼選，都是在對原先的
挑戰作出回應（就算選擇不作回應也一樣）。他可以選擇拉長交
換的過程，也可以將之打斷。若他順著榮辱點的規矩走，選擇作
交換，那他的選擇就和對手一開始的選擇一樣：同意加入賽局，
而且還可能一直比下去，因為，迎戰本身就是在發動新的挑戰。
據說，以前只要報復成功，整個家族都會因為終於雪恥而歡欣慶
祝：男人對空鳴槍，女人高喊「唷—唷—」，將報仇之事公告周
知，要大家都知道這一戶重名的人家很快便將受損的家聲給補了
過來，也讓對手明白他們不幸的源頭是在哪裡。

　　但若選擇走另一條路，意義就大不相同，甚至相反。發動挑
戰的一方於體能、威望或是所屬團體的地位、權威，和被挑戰的
一方比起來可能比較強、平等或比較弱。榮譽的邏輯（logic of
honour）雖然有雙方榮譽完全平等為條件，但一般人還是感覺得
到雙方是有實際上的差別的。像有人若說「我也有鬍鬚」，就會有
人回敬他這一句俗諺：「野兔的鬍鬚哪比得上獅子的鬍鬚……」。
這便是一整套「自發性詭辯」（spontaneous casuistry）的基礎。

---

[13] G. Marcy, "Les vestiges de la parenté maternelle en droit countumier berbère et le régime des successions touraègues", *Revue Africaine*, no. 85 (1941), pp. 187-211.

我們在此姑且假設被挑戰的一方是有辦法還擊的，或至少理想上是如此；這時，他後來若還是沒辦法回應挑戰（不管這挑戰是禮物還是冒犯），不管是因為膽小還是軟弱，反正他避開了挑戰，放棄應戰的機會，那就等於是選擇自取其辱；而走到這一步也就沒救了。這一場賽局他無論如何都應該要玩下去才行，但他自動認輸。只是，「避不回應」也可能是「拒不回應」：遇上冒犯的人不把冒犯看作是冒犯，而且在不屑一顧之餘還另雇了一個殺手去表明他有多輕蔑，這樣就把冒犯反送回去給始作俑者，改讓對方去自取其辱。送禮也一樣，收禮的人可以表明他不想回禮而拒絕收下，或者當場或稍待即回敬一份一模一樣的禮。這時，交換就戛然而止。總之，依這樣的邏輯，唯有順手推舟，以挑戰回應挑戰，才表示選擇加入賽局。

若冒犯的一方顯然比被冒犯的一方優越，這時，唯有避不回應才會遭致物議；而且，被冒犯的人還不必一定要贏過冒犯的人才會被大家看作是雪恥：他雖然落敗，但已盡了他的本分，無由責怪。被冒犯的一方甚至不必還擊，就可以把elbahadla倒打回去到冒犯的那一方去。他只需要低頭，以強調他這邊軟弱來凸顯對方冒犯之專橫、放肆即可。這樣的策略，當然只有在對峙的雙方在大家看來差距實在懸殊的時候，才可以用；大家公認的弱者，食客（yadh itsumuthen）或小戶人家，常會選擇這樣的路數。

最後，若冒犯的一方比被冒犯的人低，那後者是可以回應（也因之跳過了第三條推論）；但他若擅用他的優勢而得勝，那原該是妄自尊大隨便發起冒犯的那一方在自取其辱，反而會變成是他這邊的錯了。所以，他若聰明，就最好是拒不回應，玩一玩

「鄙棄」這一招：因為，在這裡，他這邊拒不回應，就不應該歸諸膽小或是軟弱，而可以把恥辱倒打回去給冒犯的那一方。雖然這些「理論上」的狀況，都找得到一大堆實際的觀察和事蹟作例證，但其實，兩方之間的差距從來就不可能涇渭分明；也因此，雙方就可以利用「不明」，來耍曖昧和模稜的手段。「因為害怕而無能回應」或是「因為不屑而拒不回應」，這二者間的差距往往只是一線之隔，以致「不屑一顧」向來也可以拿來作「怯懦」的幌子。

交換其實多少像是變裝的挑戰；「挑戰─回應」的邏輯，便也是每一溝通行為所能走到的極限。豐厚的交換容易弄到無力承擔的地步；最大的禮物也極可能害收禮的人因為無力回禮而受辱。因此，將「挑戰─回應」這一類的辯證，或推得更廣一點，將禮物、言詞、女性等的交換，化約為溝通的功能──雖然是拿借用的概念轉過來用──等於是把這裡面的「結構性曖昧」（structural ambivalence）略去不論；而這些交換就是因為有這結構性曖昧才得以在行使溝通功能之際發揮支配的政治功能。

若冒犯未必就等於羞辱，原因當在這冒犯原本即容許還擊，而且是從冒犯的手法就看得出來的。[14]但若還擊的時間拖得愈久，潛在的羞辱就會變得愈來愈清楚。也因此，冒犯和報復之間的時間差，一定要愈短愈好；只要是大家族，就多得是有戰鬥力

---

[14] 冒犯不同於單純的「挑戰」，是對「神聖」（也就是禁忌haram）有所冒犯，尤其是對女性的名聲；因此，冒犯這類事情裡面，謀略的施展空間壓縮得特別小，唯一可作的選擇，不是應戰以回復受損的名聲，就是退卻；但退卻也使得受辱的人形同被判了社交死刑或流亡。

的男子，不需要等多久的。nif的名聲、敏感和決心，在在都使他們在遇上冒犯時，有能力當下就做還擊。好名聲的家族所贏得的敬重，依他們的說法，是這樣的家族「可以夜不閉戶」。重名之人，也就是一般說有能力一展雄風〔thirugza〕，絕對是隨時提高警覺的人，因此，再放肆的攻擊也碰不到他，就「連他離家在外，家裡也有人在守著」。只是，事情沒這麼簡單。據說傳奇故事裡的人物傑哈（Djeha），在有人問他何時才報父仇的時候，回答說：「過了百年才報父仇。」故事裡也說有一隻獅子走起路來每一步都小心翼翼，牠說：「我可不知道獵物在哪兒。若在我前面，終有一天我會逮著它，但若在我後面，那它終有一天會趕上我。」

　　為了解釋實作邏輯而做出來的抽象圖解，不管和實作的邏輯有多近似（就算完全契合也一樣），都很容易讓人看不清楚這一整套機制裡的驅動力根本就不是什麼抽象的原則（平等原則〔principle of isotimy〕：榮譽平等），更不是從中導出的一套規則；這動驅力其實就是榮譽感（sense of honour），這是從小即灌輸在一人身上的性向（disposition），而且因為所屬團體對秩序的要求而會不斷強化；而這裡的「團體」又是具有相同性向的一批人，因性向相契、利害相近而結為團體。Nif的字面意思是「鼻子」，和男性氣概有密切的關係，也和融會在身體圖式（bodily scheme）裡面、可以展現男性氣概的性向有密切的關係。qabel這個動詞，一般用來指稱重名之人的基本美德；這樣的人敢直視對手，用眼光逼退對手，挺身面對對手，逼視到對手眼底，知道怎樣作主人，怎樣招待客人；這一個字另也表示面向東方（elqibla），也就是面向未來（qabel），這是男性的最佳方位。這

就可以讓我們知道榮辱點是不滅的性向，深埋在施為者的體內，展現為心智的性向、感知和和思想的圖式，應用得極為普遍，像依「男—女」、「東—西」、「過去—未來」、「上—下」、「左—右」等對比而將世界二分的做法之類的；另外再推得更深一點，就會體現在身體的姿勢、儀態上面了，像怎麼站、怎麼坐、怎麼看、怎麼說話、怎麼走路等等。因此，所謂的**榮譽感**，不過就是後天培養的性向，刻在身體的圖式裡面，也刻在思想的圖式裡面，帶著施為者做出符合「挑戰—回應」邏輯的行為，而且只限這樣的行為，還能作無數的創發，這些創發都是刻板的儀式性展現所不需要的。至於其間的「選擇」絕對不會沒有理由，至少倒溯時是如此，並不表示這類做法完全是在預料當中，像儀式裡規定嚴格的刻板步驟一樣，照本宣科插進去就好；這不僅在旁觀者是如此，在施為者也是如此；施為者就是在可以預料或不可預料的可行回應裡面去找他施展策略的機會的。而且，就算儀式化最為嚴謹的交換過程，每一步驟進行的時間和推演的順序事先都有嚴格的安排，施為者也還是找得到餘地供他施展策略：雖然施為者還是有一定要做的事，但其間的時間**間隔**卻是施為者自己可以控制的，而讓他可以利用交換的**節奏**來對付對手。我們知道馬上回應──也就是去掉時間差──等於是把交換的過程打斷。所以，傑哈和獅子寓言裡的教誨就一定要認真看待；「優越」必備的「能耐」，就是要體現在時間的拿捏上面，儀式化的交換就是因為這樣，才會變成策略的交鋒。老謀深算的人有辦法把所遇到的挑釁或懸宕的衝突，連同其間暗含的一切可能回應、報復或衝突，都當作是資本，而將重啟戰端或斬斷衝突的本錢留住，等待

對自己有利的時機，再轉化成武器。

實作和有關實作的論述

這時，我們就可以轉進到另一領域，這時再談規則好像比較不算是放錯地方：也就是習俗（custom），或說是草規（pre-law）吧；在這裡就看得出來團體記憶裡的「慣例」（customary rule），本身就是一小撮圖式的產品，供施為者在變化無窮的情勢裡面視情況構想出無盡的做法，而且，這些圖式還不必明訂為顯性的「原則」。也就是因為這樣，「習慣法」（customary law）才會像韋伯說的「卡迪式正義」（Kadi-justice；Khadi-justice）一樣，老是從這一件個案變到那一件個案，從這一件犯行變到那一件處罰，從來就不會像「理性」的法律一樣明白訂出基本的原則（也就是說像「榮譽之前人人平等」之類的話）。[15]他們利用各領域的實作一直在用的少許圖式，像是在家裡（或清真寺）還是別的

---

[15]「卡南」（qanun；法典）是每一村子特有的整套習俗，以條列出一項項「冒犯」為主，每一條後面都列出罰則。因此，像「阿斯阿克比爾」（Ath Akbil）族裡的「阿貢尼—恩—泰瑟倫」（Agouni-n-Tesellent）村，在二百四十九條冒犯罪裡面，就有二百一十九條是（涂爾幹說法裡的）「壓制型法律」（repressive law），佔百分之八十八，「回復性法律」（restitutory law）則有二十五條，佔百分之十，只有五條講的是政治體系的基礎。習慣法（cutomary rule）是直接用在個別案例上作裁判的產物，而不是用在個別案例上的普遍法（universal rule）的產物；習慣法的基礎不在正式、理性、明示的法則，而在有關榮譽和公平的「感覺」。而習慣法的根本——也就是社群以奉行習慣法而確認的一整套價值和法則——由於無人質疑也無人得以質疑，因此始終保持隱而不彰的狀態。

地方，在白天還是在晚上，在節日還是平常的日子，就可以得出
適當的審判，而就某一件犯行像竊盜案，依犯案的狀況來研判情
節的輕重；這其中都以前者的處罰要比較重。顯然，這樣就足以
將適用的原則組織起來，去就各類真實或假想的案件找出適當的
處罰——像是晚上到別人的住家去偷東西是最重的罪行，白天到
遠處的野地偷東西就是最輕的罪；其他事情當然也都一樣。[16]由
於這些孕生型圖式隨時隨地都自動應用得上，因此，這些圖式唯
有在偷到的東西的價值足以將減輕或加重其刑的條件全部予以排
除，才會變成顯性原則，要作正式的聲明。因此，像韓納陶
（Hanoteau）和勒托諾（Letourneux）所說伊吉伊莫拉（Ighil
Imoula）的卡南（qanun；法典），就有「凡以蠻力或欺詐盜人騾
子、公牛、母牛者，皆須繳付五十銀幣予堂會（djemâa），同時
賠償失主遭竊之損失，**不論竊案發生在晚上或白天、屋內或屋
外，也不論該家畜是屬於屋主抑或他人**」。[17]這一基本圖式始終
是在隱性面發揮功能的，也適用於吵架，吵架和偷竊通常在一般
的風土人情裡都佔了不小的份量；住家／外面、夜間／日間、節

---

[16] 任何團體的習俗裡面有的法條，都只是各類可行裁判的集成裡很小的一部份
（就算把別的團體的習俗裡面，依相同法則所做出來的法條也加進去，所能
得的理解，依然十分有限）。拿不同團體（村子或部落）的卡南作比較，可
以看出，同樣的犯行在不同地方的罰則，有何輕重之別；這差別若是同一套
隱性圖式於實作裡的應用問題，就還可以理解；但若是一套顯性法規的應用
問題，這法規又是明白要當作均質又一貫（也就是可測又可靠）的裁判的基
準，就會看不到了。

[17] A. Hanoteau and A. Letourneux, *La Kabylie et les coutumes kabyles* (Paris:
Imprimerie Nationale, 1873), vol. III, p. 338（作者著重）。

日／平時，也都有一樣的對比關係（像把自己家裡抓到的賊殺了，不罰），只是，有時也會有別的變數，例如加害人和受害人的社會地位（男／女，成人／兒童）之別，所用武器、手法之別（像是用不義的手法——例如趁被害人睡覺時動手——還是正面決鬥），犯行之輕重（只是口頭威脅，還是付諸行動）。他們這一類隱性定理的基本條款，若真是條列得比這裡說的還要完整的話（例如，夜間所犯罪行一定比白晝嚴重），再合併法律一起使用（但也要看情況，兩則條款可以合併、也可以相互抵銷，不過抵銷的情況依規則的邏輯來看，應該算是例外），那就有十足的理由可以說：凡所蒐集得到的習慣法條都應該可以**再製**出來，連符合卡比爾（Kabyle）族「正義感」（sense of justice）的審判行為也一概做得出來。

　　因此，習俗的守則在這方面雖然非常類似俗諺和和格言（例如規定活動時間分佈的諺語），但和裁判法則裡的超驗規則就完全不一樣了：大家就算沒辦法憑記憶一次次都說得一模一樣，但都還再製得出來（而且還相當準確）。這是因為他們每個人都有依照習俗去裁判別人或自己的時候：其實，像卡比利亞（Kabylia）這樣的社會構成體（social formation），沒有司法機構在壟斷實質暴力甚至象徵性暴力；氏族大會便是他們的簡易仲裁法庭，這種氏族大會多少有一點像是擴大型的家族會議；習慣法的規則施行起來的實效，就看氏族裡掌權的人（guarantors：保證人）怎麼行使了，而由他們將融會在團體每一成員身上的集體認知和分辨的圖式，也就是「習性」裡的性向（disposition），像是「喚醒」似的給叫出來。因此，這一類規則，和團體明文條列出來的隱性

定理只有程度之別；這一類隱性定理就算明文條列出來也不完整，且多屬假設，宗族裡的每一位還算「有一點權力」的施為者，就是透過這一套隱性定理才得以針對困難案件明陳適當的處置，去抵銷習性可能會有的失效或延誤。規則不過是死法條的美稱；講規則最靠不住的時候，就是用在最均質（homogeneous）的社會（或者是分化社會〔differentiated society〕裡面法規化最少的那些部份）；這類社會裡的實作，大部份都可以交由共通性向去發揮集體的臨場發揮，即使在看起來儀式化最嚴重的實作也一樣：這時的規則，頂多就是退而求其次的選項，目的在修正集體灌輸式教育偶爾也會有的失誤；習性就是從這樣的教育來的，再從習性去規範行為，而不需要明訂規矩或將秩序制度化。[18]

　　人類學的傳統裡面到處都有隱性的實作哲學；觀察者和他研究對象的關係也都帶有前提；只要觀察者沒有明白把研究對象視

---

[18] 韓納陶（身份是准將）和勒托諾（身份是上訴法庭法官）兩人以法國的「民法典」（Code Civil）為準，分析卡比爾族的習俗，而將法官的角色劃歸村民大會（請見A. Hanoteau and A. Letourneux, *La Kabylie et les coutumes kabyles*, p. 2），莫朗（Dean M. Morand）則把卡南看作是一套規則形式的法律條款，建立在慣例和契約協議上面（請見M. Morand, *Etude de droit musulman algérien* [Algieres: A. Jourdan, 1910]；以及 "Le statut de la femme kabyle et la réforme des coutumes berbères", *Revue des Etudes Islamiques* [1927], part I, pp. 47-94）。但村民大會其實並不是在以一套既有的法規為準而作裁判的法庭，而是意在協調敵對兩方的看法，說服雙方接受妥協方案。這就表示，他們的體系若要發揮作用，要先有**習性協作**（orchestration of habitus）作基礎，因為，調解人的決定只有待「有罪」的一方同意（若否，原告也只有訴諸武力一途可走了），才有效力，而且，若不符合「正義感」（sense of justice），實施的方式也不符合「榮譽感」的話，有罪的一方也不會被接受。

作客體，這些前提就會藏在觀察者對研究對象所做的建構裡面；
而這些實作哲學一旦和這些前提兜不起來，那這些實作哲學會禁
不起法條形式主義（legalist formalism）的非難，也是理所當然的
事。以人類對社會世界的固有經驗去領會一套客體關係，不用**勾
勒**（in profile）還別無他法；也就是說要看成是一樣接著一樣、
先後出現在日常生活裡馬上要處理的狀況裡的。施為者和習性的
關係，若是以他受制於習性要大於他控制習性，那是因為習性在
他們身上等於是他們行為的組織原則；也因為滲透在他們的思
想、行動（「考慮行動」的想法也包括在內）的這類**操作模式**，
只會顯現在**操作成果**上面。報導人（informant）就算事前已有充
份的了解，也會因為人類學家提出的問題，而會不自覺就對他自
己的實作作半理論、反身式的回想，以致說出來的是**將兩套對比
的空白**（lacunae）**混成一氣的論述**。只要他說的是**關於習常的論
述**，不需要多講的事自然就不必講了：報導人說的事——會很像
黑格爾（Hegel）說的「原位史家」（original historian）（像希羅多
德〔Herodotus〕、修昔底德〔Thucydides〕、色諾芬〔Xenophon〕、
或凱撒〔Caesar〕等人）的敘述或評論，由於就正活在「事情的
神氣裡」（in the spirit of the event），[19]會把歷史施為者認為理所
當然的預設前提，也視作理所當然——也就注定會受制於他們習
性裡固有的檢查系統箝制；這檢查系統是一套感知和思考的圖

---

[19] G. W. F. Hegel, *Reason in History: A General Introduction to the Philosophy of History*, trans. with an introduction by R. S. Hartmann (Indianapolis: Bobbs-Merrill, 1953), p. 3.

式，只要是這系統覺得講出來會被人想作是「不可以想」、「不可以講」的，就絕不會讓它從報導人的嘴裡講出來。只要是**外人導向的論述**，就很容易把有關特定案例的直接引述（也就是凡是要講出專有名詞的資料，或一整套先前資料的概述，幾乎都算），全部都排除在外。由於在地人比較沒辦法躲到習常語言（language of familiarity）裡去，問他問題的人拿他論述裡面暗含的大批引述來問他，他反而覺得陌生（這從怎麼問問題就看得出來，像是具體還是籠統，無知還是內行），可想而知，人類學家想必常會忘記：他靠知識建構出來的在地人世界，和在地人體驗的世界有怎樣的距離；在地人的體驗只能透過習常語言的沉默、省略、空白來表達。

　　最後，報導者的論述裡面藏得最好的性質，是和他的論述是**半理論**性向的產物有關的；因為，只要提問的手法略具知識，就一定會帶出這樣的性向。從這立足點所產生的理論解釋，解釋的已不再是行為，這理論就算還不算是科學，也都符合、也支持法律、道德、文法等方面的形式，觀察者因自身的處境自然會朝這形式偏過去。報導者和人類學家的關係有一點像師生的關係；老師為了「傳道」，一定要把他實作裡的無意識圖式帶到明言的狀態。就像教網球、小提琴、下棋、舞蹈或拳擊，都要先拆解成一招招的姿勢、腳步或動作，到了實際進行的時候，才再把這些人工拆解出來的基本動作單位整合成一套有組織的活動；所以，報導人在提出他的論述時，由於會想要讓自己看起來對他的實作擁有象徵性的實作掌握力，以致比較容易特別強調不同的社會賽局裡面最突出——也就是大家最重視或最排斥——的招式（例如榮

譽賽局裡的elbahadla，或者是聯姻策略裡的平表親聯姻），而不是強調這些招式以及其他使用機會相等的招式之所由生的原則；這樣的原則由於是落在不容懷疑的宇域（universe）裡的，往往就一直深埋在隱性面而不冒出來。但這裡最難捉摸的陷阱，無疑就在這類描述都愛自由引用**規則**裡極度模糊的語彙，都愛引用文法、道德、律法這類語言來說明社會實作；只是，社會實作依循的原則，和這些卻是大相逕庭的。施為者對自己實作的解釋，會因為他們對自己的實作作了半理論的反思，反而遮蔽了他們實作掌握力的真正本質，連他們自己也看不清楚了；也就是出現了**習得型無知**（docta ignorantia）：雖有實作知識但不知道其間的原則。由此可以推知，這類習得型無知只會誤導說話的人說出方向有誤的論述，既不知道他自己的實作掌握力有怎樣的客觀實相（也就是說：不知道自己的實作到底是什麼），也不清楚他實作掌握力裡面的知識有怎樣的原則。

　　研究者本身的固有理論之所以危險，與其說是因為他們會把研究帶往虛妄的解釋，還不如說是因為會在實作的客觀論研究內具的唯智論傾向再加上無謂的補強。這一類學院做法處理社會的生存「藝術」，是從**操作成果**擷取他們自以為是的生產原則，標舉為明白主導實作的範式（還會加上「你要……才對」，「依習俗你應該……」這一類的話），結果，原本是要了解實作邏輯的事，反而弄得沒辦法了解。舉一個例子，有許多社會會把他們的世系模型（lineage model），或再擴大一些，他們的族譜表述，作意識型態方面的運用，好將他們已成定制的秩序合理化兼合法化（像要替婚姻作歸類時，會在兩條可行的分類法裡面選一條比較

正統的）；人類學家若不是因為自己也把這樣的理論型構念作理論上的運用，絕對可以早一點就看出來這一點；人類學家就因為把這樣的理論型構念作理論上的運用，而致不去研究族譜和**族譜專家**的功能，進而也讓他看不出來族譜便是在理論型關係的宇域裡面作理論型人口普查；個人或團體就是在這樣的理論型關係的宇域裡面，依當時機緣（conjuncture）的利害關係，界定他們**實質**（practical：兼及實作和實際兩層含意）關係的真實空間。

　　結構之施加或是灌輸，以一概不需要明言最為完美。灌輸本身便是歸納實作圖式、將之建構成原則的過程裡最好的時刻之一；制度化也是，制度化在（口頭或文字的）論述裡，一直都是帶有客觀化的成份或其他象徵性的配備的（像徽章、儀式等等）。因此，習性和**規則**有何關係這樣的問題會跟著歷史出現確切、明白的「灌輸」行為時一起冒出來，顯然絕不是巧合：[20]詭

----

[20] 從柏拉圖〈美諾篇〉（"Meno"）的解讀可知，教育制度化是跟著「**瀰漫式教育**」（diffuse education）的危機來的；所謂瀰漫式教育就是「從做中學」，沒有論說作中介。一旦有人開始問「這真的能教嗎？」，「優越」就不存在了；也就是只要有不同類別的「優越」一於客觀面有所正面衝突，原本不言自明的事就開始需要作說明，原本理所當然的事就開始需要作證明，原本理應如此、理應要做的事就開始變成「別無他法可想」，以致把先前想作是「本然」（*phusei*）的事，理解成是「法定」（*nomo*）的事。支持舊式教育的人貶抑起帶有「**實習**」（apprenticeship）標誌的知識，像「學來的」（*mathontes*）知識，是不費吹灰之力；但新生代的師傅大可質疑人上人（*kaloi kagathoi*; men of better class），這些人上人沒辦法將他們**自成習得**（*apo tou automatou*）的知識提升到論說的層次；沒人知道怎麼會這樣，有的只是「它們就是這樣」；這些人因為只等於他們知道的，因此並不真的**擁有**他們知道的，也不真的擁有他們自己。

辯派（Sophist）的教學法為了實現目標，不得不做出一套套規則體系像是文法或修辭學的那時期，也正好就是他們要把什麼時候該用什麼方法應用什麼規則，要不這樣說也可以：把一整套手法或技巧**付諸實行**——也就是**時機**（kairos）的問題——必須明訂出規則的時候；而這些手法或技巧，總之就是一整套演作藝術（art of performance），而習性是一定會在這裡重又現形的。由於所有的文法都有模稜的性質，從來就沒有說清楚重組的是實作內含的圖式裡的真實力學作用還是實作模型裡的理論型邏輯，而杭士基（Chomsky）一派的「孕生式文法」（generative grammar）無疑也不脫這性質，以致現在還是會（在客觀面）重又發現問題不在連貫句（coherent sentences）可以有無限的組合，而在我們可以在無限多種情境下做出無限多種連貫又適用的句子。

　　實作裡的半習得文法——也就是即使是最「自動」的實作也一定會用到的成語、俗諺、箴言詩、自發性「理論」等等，這些都可以管制自動行為，或多少糾正一下自動行為的失誤——有怎樣的地位並不容易作嚴格的界定；「第二力操作」所形成的一切**知識**也是如此，而如梅洛龐蒂（Merleau-Ponty）所見，「預設了所要分析的結構」[21]也多少可以拿來作嚴格的說明。由於這一類「第二級解釋」是從它所要說明的實作所屬的同一類孕生型圖式所製造出來的，因此，就算再不對、再浮面，也只會因為提出了特定類型的「理論解釋」，而鞏固了它所預設的結構。就算這些

21 M. Merleau-Ponty, *The Structure of Behaviour*, trans. Alden L. Fisher (London: Methuen, 1965), p. 124.

解釋對實作的影響很有限[22]，但只要結構和性向之間的校正一被打斷，由思考實作而產生的規範，由於引用了異類結構而把新的含意強加在規範上面，以致這樣的規範和實作固有圖式之間的辯證，反而一定會加強、加快孕生型圖式的變異。

然而，我們也不應該因為對明擺出來還是作過掩飾的法條形式主義有反彈，而把習性當作所有實作裡面僅此唯一的原則。在現實裡，即使像卡比利亞這樣的社會構成體，將實作文法裡的孕生型圖式明白挖出來作客觀化，也就是寫成行為守則的情形，雖然少之又少，但還是看得到在實作的領域裡面，有依主導原則法規化的程度而作分化的徵象。這裡面有一部份因為在現實裡是交由習性去管制其臨場發揮的（像活動和物品在屋內空間該如何分佈），而看起來是「最自由的」；另有一部份則必須依照社會制裁（social sanction）保舉的習俗性規範作最嚴格的管制（像大型的農耕儀式）；而在此二者有一大片實作的場域，依循的就是傳統的守則、習俗的告誡、儀式的規定，由這些發揮管制的功能為實作作導向，但不會產生實作。而我們也不該因為沒有真正的**法律**——由一群專家，經特別授權，而制訂出來的一套條理分明的裁判規範，還附加上強制力，以確保這些規範得以施行——而忘了凡是社會認可的定制（formulation），都有其固有的權力，可以在象徵面加強性向。

---

[22] 例如施為者加諸儀式、神話、或裝飾母題的含意，放在空間裡，就沒有在相應的實作裡的結構那麼穩定，放在時間裡更是如此（參見 F. Boas, *Anthropology and Modern Life* [New York: Norton, 1962; 1st ed 1928], pp. 164-66。

　　因此，我們的取向在兩大要項上面，就正好和互動論
（interactionism）背道而馳；互動論將社會科學的建構化約成
「『二度建構』（construct of the second degree）：也就是由社會場
景裡的演員以其構念又再製造出來的構念」；像舒茲（Alfred
Schutz）[23]或像葛芬科（Harold Garfinkel）處理施為者敘述的轉
述一般；而施為者就是在他們的敘述裡，為他們的世界建立起含
意的。[24]任何人都有權力提出「敘述的轉述」，只要不把社會世
界的「前科學式」（pre-scientific）表述當作是一門科學，而強加
入自己的貢獻即可。但這樣說還是太客氣了；因為，一門「常識
型表述」（commonsense representation）的科學，若要超越串通式
描述（complicitous description）的層次，其前提必須是：它的結
構要能同時主導實作以及實作所附帶的表述，而後者卻是建構這
一類科學的最大障礙。[25]唯有建構起客觀的結構（像價格曲線、
高等教育機會、婚姻市場法則，等等），而不再把這些「思考對

---

[23] 參見舒茲（A. Schutz），*Collected Papers. I: The Problem of Social Reality*, ed.
and intro. by Maurice Nathanson (The Hague: Martinus Nijhoff, 1962), p. 59。舒
茲的目的在證明：他在他說的「主觀詮釋的假設」（postulate of subjective
interpretation），和最進步的科學——如經濟學——用的方法所觀察到的矛
盾，只不過是表面上的矛盾（請見pp. 34-35）。

[24] H. Garfinkel, *Studies in Ethnomethodology* (Englewood Cliffs, N. J.: Prentice-
Hall, 1967).

[25] 所以，現象學分析所帶出來的「時間經驗」（temporal experience），之得以能
作完全的解釋，就是靠客觀論針對這些經濟或社會條件（例如「單純再製型
經濟」〔simple-reproduction economy〕，或「亞無產階級」〔sub-proletariat〕）
於客觀面所呈現之統計機率裡的結構，所做出來的構念。

象」（thought objects）當作是「理由」或「動機」，視之為實作的決定因素，才有辦法論及機制的問題；結構和實作或是二者附帶的表述之間的關係，就是要透過這機制來建立的。此外，日常語言的構成力（constitutive power），並不是從語言本身來的，而是由創造語言、賦予語言權威的團體身上來的。公定語言（official language），尤其是特定團體據以提出他們社會關係表述的那一套概念系統（像是世系模型或榮譽語彙），對於用公定語言所述之一切，都有批改、行使的效力，而暗裡在「可以想」和「不可以想」之間劃下分界線，以致有助於維繫該語言權威基礎所在的象徵秩序（symbolic order）。因此，公定（officialization）只是客觀化過程的面向之一；團體既透過客觀化自行作傳習，也因為客觀化而將實相遮蓋起來，只將表述刻在客觀性裡面，而以公開宣示發揮約束的作用。[26]

---

[26] 公定表述本來就會生成的「象徵性強制」（symbolic imposition），在半習得的語法（semi-learned grammar）——一種「規範性描述」（normative description）——成為特定機構進行（差異）教學的目標，進而成為「**教養的習性**」（cultivated habitus）的原則的時候，「象徵性強制」的效應就會再加上一層更深邃的效應了。所以，正統的語言習性在階級社會裡面，需要作「客觀化」（說得更確切一點，需要編成一部「寶典」，由一批語法學家將之形式化），需要有家庭和教育體系將客觀化的結果，也就是「語法」，用於教育灌輸。在這裡，和在藝術還有一切學術文化（learned culture）裡一樣，都是半習得的規範經內化，而成為實作、話語的生產和理解的原則。語言規範內化的程度，於客觀面會決定它和學術文化的關係（學術語言〔learned language〕也包括在內）。這大致上可以分成「優越」——就是原則已經轉化到習性裡面去了，而能搬弄賽局的規則——到只能作**執行**，再到外行人一無所知。

　　施為者若懂得「調整」自己的處境，不出錯，就等於是在團體進行的遊戲裡打敗了團體；因為他凡事照章行事，循規蹈矩，等於是在炫耀他對團體尊奉的價值一直敬謹奉行，而把團體爭取到他那一邊去。有的社會構成體對明白表露物質欲望極為忌諱，政治權威制度化的程度也比較低，在這樣的社會裡，動員群眾的政治策略若要有效，就要靠他們追求或是提出來的價值、套上了團體認同的價值的誤認（misrecognized）型。因此，若是遵守規則的好處大於不守規則，就未足以說是規則在決定實作。規則最高明的伎倆，就是讓施為者忘記遵守規則是有利可圖的；或說得再精確一點，讓施為者忘記自己正**處於規矩的狀態**。蠻橫的唯物論化約法，是能讓人掙脫實作「自發理論」裡的天真，但也容易讓人忘記遵守規則是有好處的；這好處，正是「次級策略」（second order strategy）的施行原則，施為者就是靠這次級策略想辦法讓自己**不出錯**的。[27]因此，完全遵守規則的好處，其實大有別於按照規則做事的直接利益，而是會有像是尊榮、敬重這一類的次要利益，這些是以看似純潔、祛利的態度去遵守規則才會有的報償。由此可以推知，以實作的首要利益為導向的策略（像是

---

[27] 把「法條主義」冠上「半事實」（half-truth）這種安慰劑一般的名號（有些人還可能想把這裡說的幾則分析，也掛在這名號下面），送上批判大會，無疑也是嚇阻大家對實作和規則有何關係作認真思考的因素之一；這關係或說得更確切一點，就是依照賽局規則來搬弄賽局（或詭計）的策略；這時，規則於實作的效力，就和馬林諾斯基（Malinowsi）說的「法條派取向」（legalistic approach）天真得加在規則上面的效力，是很不一樣的（B. Malinowsky, *Coral Gardens and Their magic*, vol. I [London: Allen and Unwin, 1966; 1 st ed., 1935], p. 379）。

聯姻所帶來的尊榮），幾乎一定也夾帶著次級的策略，以表面遵守公定規則為目標，而將「開明自利」（enlightened self-interest）和道德無瑕的好處混在一起。

規則的謬思

由於研究者會受制於實作理論不充份──這和受制於隱性的實作理論是同一回事，因此才要用**規則**這樣的觀念，來解決此中一定會有的矛盾和難題，以致像規則這樣看起很模糊的觀念，會在人類學或語言學的理論裡面佔據如此之地位。這一切都是因為規則是很好用的觀念，既像科學建構出來的法則，也像超驗的社會規範、實作固有的規律，形如無知的避難所（refuge for ignorance），可以讓使用者避開機械論或目的論（finalism）的困境，而不致陷入法條主義最大的天真：把遵守規則當作是實作的決定性原則。我們可以回頭去想一想涂爾幹，檢視一下社會約束（social constraint）在他的思想體系裡面佔據的是哪一種核心卻空洞的位置。有的類型的知識會把實作或是結果（works）都看作是象徵性事實（symbolic facts）、完成品（finished products），而需要依照法規（在這裡也可以叫作文化）才能解碼，這類知識內含的隱性預設若要挖得出來，看看索緒爾立下的立論典範也就夠了；索緒爾之所以能將語言學做成一門「科學」，就在於他將語言建構為一樣自主的客體，有別於言語的實現。

結構主義人類學家由於在理論上極為依賴語言學，而忽略了語言學是怎麼建構起它的客體的，以致他們自己的實作裡面都帶著「認識論無意識」（epistemological unconscious）的成份。由於

他們繼承的學術傳統不是他們自己做出來的，因此容易把別的學科因操作而產生的名詞硬拆下來用，只作字面的轉譯就滿足了，至於索緒爾的建構經過轉置（transpose）之後，效度會有怎樣的條件和限度，就懶得去作認識論的批判了。因此，這就要特別注意：到現在，沒一個人類學家想過要將這兩組對比的同源（homology）關係──一是語言和言語的對比，另一是文化和行為或結果的對比──有怎樣的蘊含（implications），逐一作釐清（萊斯利・懷特〔Leslie White〕算是唯一就此有過明白陳述的一位）；唯獨薩丕爾（Edward Sapir）例外，他因為有語言學和人類學的雙重訓練，而提得出文化和語言關係的問題。索緒爾將語言想作是自主的客體，無法再化約成具體的實現，也就是說無法再化約成語言所能出現的語段（utterances）；或像潘諾夫斯基，他的做法在每一方面都跟索緒爾很像，他就師法里格爾（Aloïs Riegl），說他所謂的**藝術意志**（Kunstwollen）──意思大抵是：作品的**客觀感覺**（objective sense）──既然無法化約成「時代的意志」或是作品在觀者身上所引發的體會，也就一樣無法化約成藝術家的意志；而他們在這些例子裡面展現的操作，一體適用於所有的實作。索緒爾已經指出兩個主體之間真正的溝通媒介，並不是話語（discourse）：具有可觀察實體性（observable materiality）的即時資料，而是語言：話語之得以產生、解碼的客觀關係的結構；潘諾夫斯基也一樣，他指出圖像詮釋（iconological interpretation）是將藝術作品的可感屬性（sensible properties），連同藝術作品所能引發之情感體驗（affective experience），單純當作是「文化徵象」（cultural symptoms）」而

已,而這些在解讀時,唯有用上藝術家灌注在作品裡的文化密碼
(cultural cipher),才有辦法得出作品裡的全部含意。

索緒爾率先指出「言語」看來是「語言」的先決條件,不論
是從個人還是集體的角度來看皆是如此,因為語言無法在言語之
外作理解;因為語言要透過言語才能學習,也因為言語是語言創
新、變化的源頭。就算有人要以語言死亡或老年失語為例,證明
即使失去言語的能力、語言還是可以保存下來,亦然;而且,就
連語言的錯誤也顯示出語言應是言語的客觀規範,亦然(若否,
語言只要一出現錯誤,就應該會對語言形成修訂,而不再算是錯
誤)。但他也注意到言語先於語言,純然是時間先後的問題,只
要一脫離個人或集體歷史的範疇去探求解密的邏輯條件,這樣的
關係就會顛倒過來了。從這種客觀論的觀點來看,語言便是言語
辨識(intelligilibitys)的先決條件;因為,語言是讓說話人之間
的「聲音—概念聯結」可以一致的媒介,可以保證雙方能夠彼此
理解。因此,**依辨識的邏輯順序**(logical order of intelligibility),
言語是語言的產物。[28]由此可以推知,由於索緒爾的語言學是站
在純屬唯智論的立足點去作解密而建構起來的,因此把符號
(signs)的**結構**看得比較重,也就是把符號間的關係看得比較
重,而犧牲掉符號的**實作功能**;而實作功能絕對不跟結構主義暗
自假設的一樣是沒沒辦法化約為溝通或知識的功能的。

---

[28] F. de Saussure, *Cours de linguistique générale* (Paris: Payot, 1960), pp. 37-38; trans. W. Baskin as *Course in General Linguistics* (New York: Philosophical Library, 1959).

　　索緒爾的客觀論限度表現得最明顯的地方，就在他的理論只能將言語──或放大為實作也可以──想作是**執行**（execution）而已[29]；而且，用的邏輯就是：有規則要遵守──雖然沒有真的用上這樣的詞。客觀論是會建構出實作（或執行）理論沒錯，不過是在為客觀關係建構體系時，連帶做出來的負面副產品罷了，要不也可以說是「垃圾產品」，馬上就會丟掉。因此，為了在大批語言學的資料裡面劃定「語言的地盤」，得出「界定完備的客體」，「堪作個別研究的客體」，「具備均質的性質」，索緒爾把「溝通之實體部份」，也就是容易阻礙語言建構的預構物（preconstructed object）：言語給放在一旁；然後在「言語迴路」（speech circuit）裡面將他說的「執行面」（executive side）孤立出來；而他所謂的「執行面」，就是由特定的聲音組成來將某種含意實現出來的建構物：言語；只是，他最後還是因為「執行從來就不是眾人之事，」而是「個人之事」，而將執行面給丟掉了。以致言語這一樣概念，就這樣被理論建構給劈成了兩半，一邊是馬上即可觀察到的**預構資料**（preconstructed datum），理論建

---

[29] 「心理的這一部份也不是完全涉入：執行面是留在外面的，因為執行從來就不是大眾做的事；執行一定是個人做的事，而個人也始終是它的主宰；這我們就要叫作『言語』」（ibid., p. 30；請見英譯本，p. 13）。視「言語」為「執行」的理論說得最明白的，無疑就屬葉姆斯雷夫（L. Hjelmslev），索緒爾「語言—言語」的對比裡的各個面向──制度、社會、「固定的」（fixed），執行，個人，非固定的（non-fixed）──也都由他一一作了明白的剖析（L. Hjelmslev, *Essais linguistiques* [Copenhagen: Nordisk Sprog-og Kulturforlag, 1959], 特別是頁79。

構就是以這為本而在進行的；另一邊則是**建構物**，也就是構成語言的操作所產生的負面產品，或者說是言語因為在言語裡面製造出二者的對比，而得出了這兩樣東西，而這兩樣東西也由此來界定。由此不難看出建構（文化人類學上的）「文化」這一觀念、或（芮克里夫—布朗〔Radcliffe-Brown〕一類、社會人類學的）「社會結構」這一觀念時，同時也暗自建構出「執行」這樣的行為（conduct）的觀念，而和「行為」的首要觀念——單純視作簡單的行為——同時並存。有關「文化」（或「社會結構」）和行為關係的論辯之所以極度混亂，大抵就是因為學者為「行為」建構出來的含意和其中寓含的實作理論，在文化人類學正反兩方的論述裡面，都是潛伏在地下的存在狀態。[30]「客觀論」就這樣，因

---

[30] 反對「文化」概念最力者，如芮克里夫—布朗（Radcliffe-Brown），拿出來和「概念實在論」（realism of the intelligible）抗衡的，充其量也不過就是「天真實在論」；「概念實在論」以「文化」為「超驗之實在」（transcendental reality），具有獨立自主的存在，遵行的是自己的內在律（internal law），即使於其歷史裡面亦然。除此之外，和「文化」作對比的幾則概念，如社會、個人、作為等，於認識論的地位差別都很大。有寥寥幾位學者把「作為」（conduct）這概念，套上一層由操作（operation）作嚴格界定的意義，而和「文化」作對比（例如拉斯韋爾〔H. D. Lasswell〕就有這樣的說法：「若所做的事是合於文化的，那就算是作為；要不也算是行為〔behaviour〕。」請見 "Collective Autism as a Consequence of Culture Contact", *Zeitschrift für Sozialforschung*, 4 [1935], pp. 232-47）；暫且撇開這些學者不論，大部份用這對比的人，對「文化」或「作為」所提出的定義，大部份在認識論上都有扞格，而把「建構物」（constructed object）和「預構資料」（preconstructed datum）作對比，而把「次級建構物」（second constructed object），也就是執行的實作，空下不談。因此——這還不是最糟的例子——哈里斯（M. Harris）

為它的實作理論始終是隱含的狀態，而將它唯一的決定性挑戰給擋在外面；這挑戰攻擊的正是它的實作理論，也正是有關「文化場所」（locus of culture）、有關「結構」的存在類型、有關體系歷史裡的無意識目的性（unconscious finality），更別提大名鼎鼎的「集體意識」（collective consciousness）——這些「形而上學違常」（metaphysical aberration）之所以出現的源頭。

索緒爾模型最大的弱點，也真的就是在索緒爾自己說的「執行面」上；其他的理論只要對其理論建構的基本假設無所懷疑，

才會拿「文化模式」（cutural pattern）和「出自文化模式的行為」（culturally patterned behaviours）作對比，也就是拿「人類學家所建構者」和「社會成員奉行或要求於他人者」作對比（M. Harris, "Riviews of Selected Writings of Edward Sapir, Language, Culture and Personality", *Language*, 27, 3 [1951], pp. 288-333）。克羅孔（Clyde Kluckhohn）和凱利（William H. Kelly）就文化所作的想像對話（請見 "The Concept of Culture", in R. Linton [ed.], *The Science of Man in the World Crisis* [New York: Columbia University Press, 1945], pp. 78-105），就比克洛柏（A. L. Kroeber）和克羅孔在他們合著的《文化：概念和定義的檢討》（*Culture: A Critical Review of Concepts and Definitions*; Papers of the Peabody Museum of American Archaeology and Ethonology, XLVII, I [Cambridge, Mass.: Harvard University Press, 1952]）裡面講的，對這爭論有更簡明但也更活潑的敘述。李區（E. R. Leach）則注意到馬林諾斯基和芮克里夫—布朗的學說，雖然看來涇渭分明，但至少還有一處是一致的，兩人都把（各自語彙裡的）每一「社會」、每一「文化」，視作是「由一批分立的、實證的，類別相當紛歧的『事物』（things），例如一群群人，各種『制度』，習俗，所組成的一個整體」，或者是「由一批限額的、立即可辨的部份所組成的實證的整體」，不同社會作比較時，則要檢視「屬於同一類別的部份」，在每一社會裡面是否都找得到（E. R. Leach, *Rethinking Anthropology* [London: Athlone Press, 1961], p. 6）。

就算有的時候套的是別的名稱，也無不如此。而在說話主體身上
加上可能無窮無盡的孕生能力，不過是將這樣的索緒爾難題給往
後延而已：就算有創發力，做得出無窮無盡的句子，也絕不等於
有同等的能力去作調整，而能在不斷變化的情境裡，將這些句子
全都作恰當的運用。因此，語言學家之所以一直需要去克服索緒
爾的建構從一開始就注定會陷入的難題──只要它為訊息建立結
構屬性的唯一途徑，就是不去管該訊息的功能屬性（functional
properties）（只要把發送者和接收者合一就可以了）──就在於
索緒爾的構建是用在限定情境（determinate situation）裡的，或
說得再精確一點，是用在受制於社會結構的互動裡的。

　　只要一從語言的結構轉進到語言的功能，也就是語言在施為
者實際運用時發揮的用途，就看得出來單單知道**法規**，所能掌握
的實際語言互動其實是非常不完整的。路易・普萊圖（Luis
Prieto）就看出語言元素的含意，由「語言外」（extra-linguistic）
因素所決定者，絕不亞於語言的因素；所謂「語言外」，就是語
言運用時的**背景**（context，語境）和**情境**（situation）。也就是接
收者是從語音抽象對應的一類「符指」（signified）裡面，「挑選」
一個他覺得最適用於他當時感受的狀況的。[31]所以，所接收到的
訊息，有一大部份是要由進行互動的施為者在社會結構裡的客觀

---

[31] L. J. Prieto, *Principes de noölogie* (Paris: Mouton, 1964)；以及 J. C. Pariente,
"Veres un nouvel esprit linguistique", *Critique* (April 1966), pp. 334-58。杜克洛
（Oswald Ducrot）也有同樣的看法，指出**預設**（presupposition）是語言運用
的一部份，每一言語行為（speech act）都會帶出假設，而這假設對話者可能
滿意、可能不滿意，可能接受、可能不接受。

位置（像是競爭還是客觀敵對關係，抑或是權力和威權的關係，
諸如此類），有怎樣的客觀結構；某一機緣遇合裡看得到的互動
有怎樣的內容和形式，就是由這在決定的。巴里就曾指出溝通的
內容本身、語言的性質，以及所用的一切表達形式（像姿態、手
勢、擬態〔mimicry〕等等），尤其是**格調**（style）──這可能還
是最重要的──都會因為相關施為者之間的社會關係結構，或說
得更確切一點，他們在年齡、權力、尊貴、文化的層級裡面相對
位置的結構，而受到影響：「我在跟某人講話或者在跟別人講起
他的時候，不由自主就會想到他和我之間有怎樣的關係（輕鬆、
正式、強制、還是公定的）；我不只是不禁會想到他可能對我會
有怎樣的行動，還會去想他的年紀、性別、階級、社會背景；這
些考慮都會影響我選擇哪一種表達方式，以避開可能會有的阻
撓、冒犯、或傷害。需要的話，我用的語言會比較保守、比較謹
慎；比較迂迴，委婉，像蜻蜓點水從表面滑過去，而不會太堅
持。」[32]因此，唯有實際抓到訊號，讓講話的人找到別人在年
齡、財富、權勢、或文化層級裡的位置，而在不知不覺當中以這
些為指南去選擇形式和內容率皆適用於彼此客觀地位的交換類
型，這樣，才真有可能進行溝通。這在雙語的情境裡看得最是清
楚，因為，這時說話人會依環境、談話的主題、對方的社會地位
（兼及對方的文化程度和雙語程度）等等條件，在可用的兩種語
言裡面擇一使用。溝通的全盤內容（不僅只是所用的語言），都
會因為講話各方的關係結構，而在無意識當中進行修正。因此，

---

[32] Bally, *le language et la vie*, p. 21.

有社會條件（socially qualified）的客觀情境是有壓力的，經由肢
體模仿，某種情境依其客觀條件，就是要用上某一套講話方式、
某一類笑話、某一種腔調，有時甚至連口音也包括在內；反過
來，也等於排除了其他，不管下再大的功夫也都不適合。

　　只是，縱使語言學家和人類學家想借「背景」或「情境」之
助去「矯正」結構論模型裡面他們覺得失真和抽象的部份，卻還
是陷在他們想要換掉也理當換掉的理論模型的邏輯裡面不得脫
身。他們用的方法叫「情境分析」（situational analysis），[33]做法
是「觀察各類社會情境裡的人」，以判定「個人在有明確條件的
社會結構的限度裡面，如何作出選擇」，[34]但這做法也始終嵌在
一套「規則─例外」的架構裡面；李區（E. R. Leach）（提倡「情
境分析」的人常引用他的說法）對這就說得很清楚：「我個人是
假定在結構體系裡面，行使社會行動的途徑，一概有嚴密的制度
規定是不可能的。只要是活的體系，就一定要有地方供個人作自
由的選擇，好讓他可以利用體系來謀求自己的利益。」[35]一旦把
「模型─情勢」、「結構─個別變異」當作是強制的二選一選項，
就注定會反過來走到「結構論抽象」（structuralist abstraction）那
一邊去；而結構論抽象是把變異看作是單純的變體，劃歸到結構

[33] J. Van Velsen, *The Politics of Kinship: A Study in Social manipulation among the Lakeside Tonga* (Manchester: Manchester University Press, 1965; new ed., 1971).

[34] 請見M. Gluckman, "Ethonographic Data in British Social Anthropology", *Sociological Review*, 9, I（March 1961), pp. 5-17。

[35] E. R. Leach, "On Certain Unconsidered Aspects of Double Descent Systems", *Man*, 62 (1962), p. 133.

裡去的。想要「將變體、特例、意外整合起來，放進所描述的規律裡去」，以說明「個人在某一結構裡會如何處理眼前的抉擇──和每一社會裡的人一樣」[36]──反而會倒退回結構論之前的「個人─抉擇」的階段去，而漏掉了結構論謬誤的根本所在。[37]

　　而杭士基確認語言表達的結構屬性，相對於其用法和功能，是獨立的，不可能從形式結構的分析去得出任何推斷──他這樣的立場，明白是站在索緒爾劃分「語言」／「言語」內含的假設上面──而重開了「語法」（syntax）／「語意學」（semantics）有別（進而及於「語法」、「語用學」〔pragmatics〕有別）的討論，或說得更清楚一點，這些不同層次的話語和情勢是依存抑或獨立的討論──這絕對是他不可小覷的成就。

　　總而言之，客觀論不僅沒有辦法建構出實作，反而走到反方向去，以致注定不是把規律現象據以產生的原則完全置之不理，僅以記錄規律自滿，就是將科學建構起來的客體，不管是「文化」、「結構」、還是「生產方式」（modes of production），誤作是具有社會實效的現實，是可以用施為者的身份去做出歷史行為，

---

[36] J. Van Velsn, *The Politics of Kinship*, p. xxvi.

[37] 范維森（J. Van Velsen）在這一點上面雖然有不同的意見，但我自己對親屬關係的策略運用所做的分析（這在我看到《親緣政治學》[*The Politics of Kinship*] 之前就已經寫就），和他的分析大體沒什麼不同：像頁73-74就是一個例子；他在「名義型」親屬（nominal kinsmen）裡面選出「實作型」（practical）親屬；他在頁182將**母系繼嗣**（matrilineal descent）看作是行動的「特有理論解釋」（privileged rationalization），而這行動又是由其他因素在決定的，而交表婚理想化的功能，則是「反制聯姻裡的分裂生殖傾向──也等於是村落的分裂──的手段」。

或有力量去約束實作的，以此謬誤而將抽象予以具象化；再要不就是借助規則或無意識這類模稜的觀念，這樣不必在矛盾的操作理論裡面作選擇，以之來保全面子。「也因此，李維史陀用的無意識觀念，就在沒有任何構造式（structuring）原則即構造出來、而且看來世俗化的結構裡面，把自然形而上學（metaphysics of nature）的『隱德來兮』（entelechy；生命力）予以回復，而把隱性的實作理論孕生的矛盾遮蓋掉了；結構人類學家（structural anthropolist）至少還默認有他們不知道的隱性實作理論存在。」[38]

---

[38] 李維史陀用極富折衷哲學（eclectic philosophy）色彩的典型說法，把心靈（mind）和自然（nature）直接劃上等號，二者間沒有中介，而明白將個人歷史和集體歷史（還有習性包含的一切），都給拿掉了：「由於心靈也是**一件事物**（thing），我們由這一件事物之作用，能了解一些萬事的本質：即使是純粹的反射動作，追根究柢也還是**宇宙的內化**（internalization of the cosmos）」（C. Lévi-Strauss, *The Savage Mind* [London: Weidenfeld and Nicolson, 1966]，粗體字乃作者自加，p. 248）；我在這裡加上粗體字，是要強調這裡所謂的心靈和自然等同，其實在這一句話裡就擺盪在兩種矛盾的解釋之間，先是根本即相等──心靈是一件事物──然後是透過學習而建立起來的等同關係──宇宙的內化──這兩種命題，在另一句模糊的說法裡面合而為一──「世界的形象刻在心靈的建築體內」；*Le cru et le cuit* (Paris: Plon, 1964), p. 346。這種心靈哲學就帶著激進的唯物論（radical materialism）氣味，回歸到一種「唯心論」（idealism）去，肯定邏輯範疇（logical category）的普遍和不滅，但又忽略社會結構和結構型性向（structured disposition）、構造式性向（structuring disposition）之間的辯證──或用比較像十八世紀的說法來講，心靈和自然的辯證──而思維的圖式（scheme of thought）就是在這辯證當中形成、變化的，特別是**劃分原則**（principles of division）這一邏輯範疇，劃分原則透過**勞動分工**的原則，對應的是社會世界的結構，而非自然世界的結構。

我們雖然不想跟著涂爾幹（Durkheim）走，也認為約束主體的規則無一可以「在個人運用規則之際，完全再製出來，因為，規則就算沒有實際運用，也一樣存在」，[39]也不想跟著涂爾幹把他套在所有集體「現實」上面的超驗、永恆的存在（索緒爾也是這樣看待語言的），也套在規則上面；但這時要避開法條主義最粗糙的天真看法，不跟著把實作看作是遵守規則的產物，就只有將**規則**「一詞多義」的性質拿出來一用：規則最常見的用法，是指經過明言，而且得到確認的社會規範，像道德律令或法律條文；有時規則的意思是**理論模型**，指科學為了說明實作而建構出來的構念；但規則還有比較少見的用法，即指實作內含的一套**圖式**（或原則），這一套圖式與其說是無意識的還不如說是隱性的，也就是說是存在於施為者實作的實際狀態裡面，而不是存在於施為者的意識或話語〔discourse〕裡面的。[40]

　　杭士基的看法顯然就切中這裡的要點；杭士基認為文法的規則既是刻在人類的神經—生理機制裡面的，[41]也是施為者約略知

---

[39] E. Durkheim, *Les règles de la méthode sociologique*, 18th ed. (Paris: PUF, 1973; 1st ed. Alcan, 1895), p. 9；英譯：*The Rules of Sociological Method* (New York: Free Press, 1964), p. 7。

[40]「無意識」這觀念具有催眠力量，會將產生實作的圖式，和他們呈現給自己或他人的有關實作的表述——多少都有集體認可——二者間有何關聯的問題，予以蓋掉。這就有礙於學者就不同的實作說法加在實作上的理論或實際上的變形，進行分析。

[41]「熟知某種語言的人，會在腦中形成一套非常抽象的基礎結構，外加一套抽象的規則，以之在自由迭代（free iteration）的時候，可以在無限量的音—義對應裡面作出判別」（參見N. Chomsky, "General Properties of Language", in I.

道的一套套規範體系，最後也還是描述語言的工具。但是重讀李
維史陀《親屬關係之基本結構》（*Les structures élementaires de la
parenté*）二版序裡的一段話，也有一些幫助；而重讀這一段話，
就不禁會要假設作者特別注意他對規範、模型或規則等等辭彙的
用法，因為這一段講的是「優先制」（preferential systems）和
「規約制」（prescriptive systems）的分別：「反過來，**推崇和母系
兄弟之女聯姻的制度，可以叫作規約制，就算這規則**不太看得出
來也罷，反正規定這樣就是要你去做。社會裡面有多少人會遵守
規範，又會遵守到什麼地步，是很有意思的問題，但和該社會在
分類裡面該放在什麼位置，是不一樣的問題。這就足以讓我們體
認到，**知不知道規則，對於**順著規約方向走的聯姻選擇，可能沒
什麼影響，而聯姻若是可以任意選擇，那**傳統**婚姻的比例反而會
比較高，這就看得出來在這樣的社會裡面，是有所謂的母系**操作
元**（operator）在作用的，在發揮主導的功能；有些結盟關係至
少是跟著這母系操作元畫出來的路線在走的，而足以在族譜空間
（genealogical space；系譜境）裡面劃下一道特定的曲線。當然，
這一類曲線不會只有一條，而會有很多局部型曲線（local curve），
大部份只是剛起個頭而已，而且也只有很少見、很特出的一小部
份會形成封閉的循環。但是，這裡一條、那裡一條**結構型**輪廓
線，就足以讓這體系可以去用來做出更嚴謹的概率版，只是這裡
的嚴謹**觀念**完全是理論性的，**社會團體愛訂怎樣的規矩**，在這體

L. Darley [ed.], *Brain Mechanism Underlying Speech and Language* [New York
and London: Grune and Straton, 1967], pp. 73-88）。

制裡的婚姻一定嚴格遵守。」[42]

　　他這一段話的基調就是**規範**，其實這一篇序文通篇都是；不過，《**結構人類學**》（*Structural Anthropology*）一書是用**模型**（model）的語言在寫的──若說是**結構**也可以吧；倒不是說這一類用語在這裡全找不到，因為組織起這一核心段落的「數學─物理」比喻（像是「操作元」〔中文譯者：operator於數學作運算〕，還有「族譜空間」裡的「曲線」，「結構」），就讓人想到理論模型的邏輯，還有相當於**模型**、**規範**的邏輯，只是後二者既有所明言也有所駁斥：「優先制放在模型的層次裡看，會是規約制的，規約制放在現實的層次裡看，則會是優先制的。」[43]但若讀者記得《結構人類學》裡面談語言和親屬關係的段落（例如：「『親屬體系』跟『音標系統』一樣，都是建立在大腦的無意識思想層次裡的」），[44]也記得他捨「文化規範」以及在地人說的「理論解釋」或「次級論說」（secondary argument）、改以「無意識結構」取代的強硬態度，他在一些段落裡面主張「外婚制」（exogamy）是普世皆然的基本規則就更別提了，那麼，他在這裡有所退讓，說有「知道規則」這樣的現象，也把「完全是理論性的」和「嚴謹的制度」切開，就顯得有一點突兀了；他同一篇序文裡其他像這樣的段落，也是如此：「然而，這也是不爭的事實：所謂規約制的經驗型現實（empirical reality），唯有連上民族學家來到之前

---

[42] C. Lévi-Strauss, *The Elementary Structures of Kinship*, rev. ed. (London: Social Science Paperbacks, 1969), p. 33（作者著重）。

[43] Ibid.

[44] C. Lévi-Strauss, *Structural Anthropology* (London: Allen Lane, 1968), p. 34.

在地人自己即已做出來的理論模型，才會有完整的含意」，[45]或再多舉一些：「那些真正做這些事的人都**充份知道**，這類體制的精神是沒辦法化約成這樣的『**套套式命題**』（tautological proposition）的：團體裡的女人都是從『給』的那一方要來的，自己這一方的女兒則都要送給『拿』的那一方。他們也**知道**和母系交表親通婚（也就是和母親兄弟的女兒通婚），是這**規則**最簡單的事例，最能**保證**這樣的規則可以**延續不輟**。但反過來若和父系交表親（父親兄弟的女兒）通婚，則會將這規則破壞殆盡。」[46]

在這裡，就忍不住要用維根斯坦（Wittgenstein）寫過的一段話來作回應；他在這一段話裡把結構人類學家——當然也可以擴大為所有唯智論——迴避的問題輕鬆就兜攏了起來，而將科學建立起來的客觀實相轉移到實作裡去，而這實作，以其本質，原本就不容有建立客觀實相所需的理論性立場存在[47]：「我這是要怎麼說『他做事依循的規則』呢？——可以充份描述他如何遣辭用字的一套假說，而且是我們觀察得到的？還是他選用符號時會參考的規則？或者是我們問他用的是什麼規則的時候，他給我們的答案？——但若觀察也沒辦法讓我們歸納出明確的規則，提問題也問不出一點名堂的時候呢？——因為，在我問他，『N』依他的理解是什麼的時候，他是給了我一種說法，但他也隨時會撤回

---

[45] *Elementary Structures*, p. 32.

[46] Ibid.

[47] 這一種「不當轉移」（unwarranted transfer），就是梅洛・龐蒂說的那一種導致心理學出現「唯智論」和「經驗論」錯誤的轉移（請見 *The Structure of Behaviour*, 特別是頁114和124）。

說法，改變說法的。所以，我是要怎樣去判定他依循的規則是什麼呢？他自己都不清楚啊。——要不這樣問應該會好一點：『他做事依據的規則』這一句話，現在在這裡還剩下什麼含意呢？」[48]

而將「規律」（regularity）——就是依可計量的**頻率**、反覆出現的事——視作刻意訂立也刻意遵守的**規定**（ruling）（這就有解釋起源和實效的意思了），或視作神祕的大腦暨／或社會機制於無意識中的**管制**（regulating），等於是從「現實的模型」（model of reality）遁入「模型的現實」（reality of model）。[49]「想想看這兩句話的差別吧：『火車固定（regular）要遲到兩分鐘』，『火車照慣例（as a rule）要遲到兩分鐘』……後面一句便

---

[48] L. Wittgenstein, *Philosophical Investigations* (Oxford: Blackwell, 1963), pp. 38-39.

[49] 若是把實作外顯，也就是把不言自明的事情講清楚，或是用沒有確切說法的定義標示出規律，真的會導致實作出現根本的變化；那麼，所有的科學客觀化的結果，都必須先加上一句按語：「這全都是因為……」；這一句話跟邏輯裡的限定語一樣，會不斷提醒我們：客觀科學建構出來的概念於認識論到底有怎樣的地位。一切的一切好像都在合力促進概念和理論構念要作具象化，從平常語言的邏輯開始，就一直推著我們要從「**實詞**」（substantive）去推斷本體（substance），或是因為指稱概念的字詞在歷史論述的句子裡面是有動能的，也就是歷史**主體**（historical subject），而在概念上面套上行動的力量。所以，因為**集體擬人化**（personification of collective）（像這樣的句子：「中產階級都覺得……」，或是「勞動階級不會接受……」）而產生的理論（和政治）效應，顯然會跟涂爾幹的「**認信**」（profession of faith）一樣，一定會假定有一團體或階級的「集體意識」存在：在一團體或制度上面加上性向，而這性向又只有在個人的意識裡面才會出現，就算這個人意識是集體條件的產物，像是階級利益的「意識覺醒」（*Prise de conscience*），這時，這些條件的分析就變得不需要了，尤其是可以決定團體於客觀、主觀兩方面的均質程度，還有團體成員意識程度的條件。

給人火車依某種『政策』或『計畫』而要遲到兩分鐘的意思……規則有和計畫或政策連在一起的感覺，規律就沒有……因此，辯稱……自然語言絕對有其規則，等於在說地圖上畫成紅色的馬路在現實裡也一定是紅色的馬路。」[50]所以，一來——在此借用蒯因（Quine）的**符合**（fitting）和**指導**（guiding）之別——我們歸納出來的規則，是以純粹描述性的方式符合我們觀察到的規律；但另一方面，我們訂出一條規則來指導行為時，這規則只有在大家都知道而且公認的情況下，才能指導行為（也才訂得出來）。[51]依蒯因的說法，一般人是有權力像杭士基一樣提出一套「隱性指南」，以之解釋施為者所不察的規則在客觀面所主宰的實作；但也一定不可以把沒有意願遵守但還是遵守的形成機制給掩蓋掉，才有這樣的可能，而這時，就要借助「規則謬思」一用，說規則會暗暗在個別施為者的意識裡面埋下該經驗積累起來的知識，也就是把人類學式描述裡面所帶有的價值，硬套在為了解釋實作而建構起來的理論模型上面。將行為看作是純粹在**執行**模型（這裡的模型有「規範」和「科學構念」雙重的意思），只是客觀論產生的諸多「想像式人類學」（imaginary anthropology）的事例之一；由於客觀論借重一些泯滅「邏輯之事／事之邏輯」（the things of logic / the logic of things）分野的語詞，將實作或結果的客觀含意，當作是製造此一實作或結果的行動的主觀目的，弄出

---

[50] P. Ziff, *Semantic Analysis* (New York: Cornell University Press, 1960), p. 38.

[51] W. V. Quine, "Methodological Reflections on Current Linguistic Theory", in D. Harman and G. Davidson (eds.), *Semantics of Natural Language* (Dordrecht: Reidel, 1972), pp. 442-54.

根本就不可能出現的**經濟人**（homo economicus）把決斷放在理性計算（rational calculation）之下，以致做出行動的人成了演出角色的演員或是只知道跟著模型照本宣科，講話的人成了只是在音素裡面作「選擇」而已。

第二節　個案研究：平表親聯姻

「哲學的目的在將思想依邏輯進行爬梳……沒有了哲學，思想就會變得混沌不明：哲學的使命，就是要廓清思想，為它劃出明確的界線。」[52]這樣子看的話，前述的分析就應該可以納入哲學了。但這又和維根斯坦構想的哲學活動不同；前述分析的目的不在「爬梳命題」。作這些分析是要回應科學的難題，而不是文本的解讀；不僅提供研究方法，也提供驗證的方法，提供在相同實作的互斥說法中間作判斷的途徑，希望有助於克服這樣的難題。聯姻──這是結構論者最愛的地盤──以及平表親（parallel-cousin）聯姻，合起來就成了做這種信度檢驗（truth test）最理想的地方了；平表親聯姻類似半亂倫，對單系繼嗣（unilineal descent）理論和聯姻結盟（marriage alliance）理論都是考驗。[53]

---

[52] L. Wittgenstein, *Tractatus Logico-philosophicus*, 2nd ed. (London: Routledge and Kegan Paul, 1971), p. 49.

[53] 第一節的分析能另有他用，請見P. Bourdieu, "Marriage Strategies as Strategies of Social Reproduction", in R. Forster and O. Ranum (eds.), *Family and Society: Selections from the Annales* (Baltimore: Johns Hopkins University Press, 1976), pp. 117-44。

父系平表親（bent'amm，也就是父親兄弟的女兒）[54]聯姻，
依李維史陀的說法[55]算是不倫，但也只對那些已經把這一類聯姻

[54] 促成這一份研究出現的先期研究，是我在一九六〇至一九七〇年間所做的其
他幾份研究。先是在卡比利亞的幾座村落裡分析他們的經濟的社會結構，然
後到柯洛區（Collo）去，最後是在謝利（Chèlif）和奧瑟尼（Ourarsenis），蒐
集族譜資料，想要約略為幾支因聯姻而結合在一起的團體定出相對的經濟地
位。我在一九六二至六四年間就這些族譜資料所做的統計分析，是確立了一
部份很明顯的關係，像是僧師家族裡的內婚制率比較高，經濟不平等的兩支
團體間的婚姻交換（matrimonial exchange）也不對等。只是，為了統計平表
婚的比率而不得不做的歸類和分配，還是不免讓人覺得有人為加工和抽象的
感覺。在族譜研究只得出消極的資訊後，我放棄了族譜研究，改作儀式的分
析，很快就發現我在儀式的一道道步驟裡觀察到的變異，一開始以為是單純
的「變項」，但在婚姻裡，其實和一件件親事的不同結構還有功能的狀況，
是有對應關係的；不同部落的兩支大家族聯姻，會舉行盛大的婚禮，但遇到
平表婚就會縮減為最簡單的儀式：因此，每一樁婚事（還有每一樁婚事所舉
行的儀式），都像是策略的展現，而該策略依循的原則，要在該類別的客觀
條件裡去找，而不在明白標示出來、切實遵守的規範裡，或說是無意識裡的
「模型」裡去找。因此，若要說明婚姻交換，除了說明婚配兩方單純的宗族關
係之外，也必須將聯姻的兩支團體在社會結構裡面有何地位的客觀關係，雙
方有過的經濟和象徵交換歷史，媒合時的交易狀況，媒合的始末，媒合於婚
配雙方生命中的時點（像是童年還是少年），媒合所用的時間，負責媒合的施
為者，因婚事而孕生的交換行為，特別是嫁妝的價值，諸如此類。換言之，
研究婚姻交換不可以和家族的經濟、社會歷史切開來看，而族譜圖給的只是
一副骷髏骨架。就是因為這樣，我才會著手重建家族的社會史，只是一直未
能真正完成，但其實這工作也可能永無完成之日：這一份研究，除了有助於
具體衡量一般族譜學家會忽略的事，也是本書理論分析的例證大部份的出處。

[55] 參見C. Lévi-Strauss, "Le porblème des relations de parenté", in J. Berque (ed.),
Systèmes de parenté（一九五九年於巴黎法國高等研究實驗學院〔Ecole
Pratique des Hautes Etudes〕穆斯林社會科際研討會論文），pp. 13-14。

沖犯的思想範疇予以內化的人，才算是不倫。**外婚制**是個別世系群可以維繫下去，其先後單位（consecutive unit）得以永存、易於辨認的前提；而父系平表親聯姻對這樣的外婚制就形成了挑戰，也對單系繼嗣的一整套觀念，還有「聯姻就是以女易女的交換」的理論，形成挑戰；後者是「近親禁婚」的，也因此「以女易女」的交換在他們是絕對必要的。外婚制明白將結盟團體（alliance group）和繼嗣團體（descent group）劃分開來，而且，就定義而言，是不可以有交集的；也因此，宗族世系群（genealogical lineage）也一樣有清楚的劃分，因為權力、特權和責任，不是在母系就是在父系裡面作傳承。相較之下，內婚制（endogamy）就會造成世系群的分別出現混淆。因此，若推到極致，真有社會是建立在平表親聯姻的基礎上的話，那麼，這樣的社會裡面，可能就會有人不論是從他父親那邊還是他母親那邊，都可以連到他父系的祖父那邊。但若選擇要把平表親：也就是「半姊妹」，留在世系群裡面，那麼，團體就沒機會從外面引進女子，循而建立起新聯盟關係的機會了。但這樣是否就可以把這一類婚姻視作特例（或是「違常」〔aberration〕），而認定規則是不變的呢？還是要調整思想的範疇，想辦法為這樣的情況找一個位置（也就是名目）來放？或者是必須大力質疑弄出一這類「不可以想」的事情的思想範疇？

　　阿拉伯人、柏柏人的傳統和目前可用的理論有所牴觸，在這裡就有一點用處了：至少可以提醒我們，單系繼嗣的團體還有聯姻結盟的理論，就像路易・杜蒙（Louis Dumont）說的一樣，縱使披上了普遍的外衣，在地理還有認識論兩方面，都只不過是

「區域型理論」（regional theoreis）罷了。[56]即使針對這些理論的某些基礎作出的考證，也沒辦法說是有普遍性的；有的文化傳統的特質，就是會鼓勵甚至強制要做這樣的考證。不過，由於某些對象因為某些特點而一定會出現的普遍問題，這時在考證裡提出來，還是有助於我們做出來的理論可以掙脫地理或認識論區域性。例如，優先婚的概念在嚴格劃分平表親和交表親的外婚制傳統裡面，雖然可以成立，但未足以就此斷定，優先婚的概念在沒有外婚制團體的社會裡面不可以成立。這樣的例外一定有其理由，以致我們不僅要質疑所謂的「規約」或是「優先」，質疑所謂的族譜劃定的團體——這類團體的社會身份和它的劃定標準都一樣固定、一致，套在團體成員身上的社會身份也一概同樣明確、永久不變——另還要質疑所謂的**規則**和**規則主宰的行為**；這裡的規則主宰的行為有兩層意思，一指於客觀面上符合規則的行為，一指因為遵守規則而受限定的行為。

規約、規則這類語言之不足，放在父系婚（patrilineal marriage）裡面看得最是清楚，這就教人不禁想起羅德尼・尼達姆（Rodney Needham）探討過這一類語言的「效力條件」（conditions of validity），只是，這效力可能永遠都沒能達成，而這一類語言充其量也只是法律語言而已。[57]不過，對於規則、規約、優先這一類用得很平常又很廣泛的概念，要質疑其認識論地位，等於是

---

[56] *Introduction à deux théories d'anthropologie sociale* (Paris: Mouton, 1971), p. 119.

[57] R. Needham, "The Formal Analysis of Prescriptive Patrilateral Cross-cousin Marriage", *Southwestern Journal of Anthropology*, 14 (1958), pp. 199-219.

在對這些概念預設的實作理論有所挑戰：也就是說，我們是不是可以——就算只是暗地也好——把馬林諾斯基（Malinowski）說的「親緣代數學」（algebra of kinship），看作是有關親緣實際用途的理論、看作是有關「實作型」親緣的理論，而不必在親屬稱謂（kinship terminology）和「親緣態度」（kinship attitude）二者當中暗自假設會有怎的演繹關係呢？我們是不是可以為這樣的關係套上人類學的含意，而不必去假設親屬之間固定的、有管制的關係是從遵守一套規則而來的呢？雖然芮克里夫—布朗因為心裡不無涂爾幹式疑慮，而說這樣的規則是「權力義務型」（jural），而非「法定」（legal）的，但這樣的規則和法定的規則，一樣對行為是有控制力的。[58]最後，我們是否可以把團體的「族譜學定義」，當作是唯一可以劃分社會單位、唯一可以將施為者劃分到這些團體裡去的方法，而不必暗自假定施為者不論在哪一方面、不論在什麼時候，都是由他所屬的團體來為他作界定，也就是**團體界定施為者暨其利益**的比重，要大於施為者界定**團體利益**的比重呢？

---

[58] 有關親屬稱謂和親屬態度（kinship attitudes）之間的演繹關係，請見 A. R. Radcliffe-Brown, *Structure and Function in Primitive Society* (London: Cohen and West, 1952), p. 62，以及 *African Systems of Kinship and Marriage* (London: Oxford University Press, 1960), introduction, p. 25; C. Lévi-Strauss，《結構人類學》(*Structural Anthropology*), p. 38。有關「法制」（jural）這一個詞，還有芮克里夫—布朗於這一詞的用法，請見 Dumont, *Introduction à deux théories*, p. 41。

問題的現況

平表親聯姻的最新理論，是佛德瑞克・巴特（Fredrik Barth）[59]、羅伯・墨菲（Robert Murphy）、李奧納・卡斯丹（Leonard Kasdan）這幾位提出來的[60]；雖然他們的理論都背道而馳，但還是有一個共同點：三人都把結構主義不是視而不見就是略去不論的**功能**拿出來用；有用的是經濟功能的，像公產（patrimony）要留在世系群裡面不得外流；也有用政治功能的，像鞏固世系群團結。他們若不這樣，一些顯然不具交表親聯姻常見的交換和結盟功能的婚姻，要不會被他們弄得很奇怪，還真是沒辦法。[61]巴特強調內婚制「在派系鬥爭的時候，是團結最小世系群成為共財團體（corporate group）的利器」。反之，墨菲和卡斯丹則批評巴特

---

[59] "Principles of Social Organization in southern Kurdistan", *Universitetets Ethnografiske Museum Bulletin*, no. 7, Oslo, 1953.

[60] R. F. Murphy and L. Kasdan, "The Structure of Parallel Cousin Marriage", *American Anthropologist*, 61（Feb. 1959), p. 17-29.

[61] 早年的研究者，大部份都接受在地人對內婚制的解釋，認為內婚制有將財產留在家族裡的功用，進而以之作為聯姻和繼承有密切關係的證據──而且不是沒有道理。只是，墨菲（Murphy）和卡斯丹（Kasdan）不同意這解釋，而且一樣很有道理；他們認為古蘭經規定兒子繼承的遺產有一半要分給女性，於現實已經少有人在遵守，一戶人家不管怎樣都有嫁入家門的女子，以其遺產挹注夫家的財產 (H. Granqvist, "Marriage Conditions in a Palestinian Village", *Commentationes Humanarum, Societas Scientiarium Fennica*, 3 [1931])；H. Rosenfield, "An Analysis of Marriage Statistics for a Moslem and Christian Arab Village", *International Archives of Ethnography*, 48 (1957), pp. 32-62。

在解釋這樣的制度時，「是透過個別角色扮演者（role player）有意識感覺得到的目標」，來作解釋的；或說得更精確一點，是透過族世系群頭目（lineage head）嚴密控制子姪輩以維繫利益，來作解釋的；這些子姪輩代表的是世系可能的分支點（point of segmentation）。因此，墨菲和卡斯丹都將這類婚姻連到「結構型功能」去，也就是「有助於男系作最大的分裂繁殖（fission），……而且透過內婚制（in-marriage）把父系這一支給包進來」。李維史陀說得沒錯，這兩邊南轅北轍的立場，講的其實是同一回事：巴特的理論其實是把這一類婚姻當作是鞏固世系群團結、限制分裂傾向的手段；墨菲的理論則認為這裡面帶有一項原則，以整合更大單位為目標，而以共通的源頭為基礎，最後連所有的阿拉伯人都可以包括進去。所以，兩方同都承認，平表親聯姻不可以單單放在婚姻交換制度的邏輯裡面來作解釋，任何解釋都必須把外在的經濟或政治功能也考慮進去。[62]

　　居瑟尼耶（Cuisenier）提出過建構，想為每一位觀察者在「模型」和真正的實作當中都注意到的扞格，外加——至少吧——婚姻交換裡的經濟型外在功能，提出解釋，而從這樣的觀察裡導

---

[62] 這兩種理論用的「功能」定義，同都不作分化，而將功能化約成一團體整體的功能。像墨菲和卡斯丹就寫過：「有關父系平表婚的解釋，大部份都是『因果驅動型』（causal-motivational）的，而透過個別角色扮演者所意識到的目的，來解釋制度。本書無意解釋這習俗的來源，而是要將這習俗當作是既有的元素，來分析它的功能，也就是這習俗在貝都人的社會結構裡的操作狀態。經研究，就發現，平表婚在阿拉伯社會裡面，有促進男系極度分裂的效果，而且因為內婚制，也把父系的分支囊括入內」（"Structure of Parallel Cousin Marriage", p. 27）。

出他的推斷。「若要建立解釋模型，真能給我們線索的就是其中
固有的想法。這模型，其實就是兩兄弟分立為主軸，所組織起來
的聯盟；其中一支必須以內婚制來維持團體的統一，另一支則必
須行外婚制，好為團體爭取聯盟。這兄弟對立的兩支主軸，在父
系團體的各層級都看得到；它是用阿拉伯思想常見的族譜詞彙，
來表示非此即彼的選項裡能作的選擇；這些選項可能可以用『偏
序』（partial order）圖來表示，圖裡的a、b，分別以1/3和2/3來
表示。若a代表內婚制，b代表外婚制，跟著二分式的家族樹底
部往上走，a這選項走到最外層的世系群層級裡，會是平表親的
選項（有1/3的案例）。」[63] 看到這裡，實在很想說這真是這模型
的優點，因為，這樣的模型想用統計數字來作說明，有別於傳統
的優先婚理論；傳統的優先婚理論最多只是指出「規範」（或
「規則」）和真正的實作之間的歧異而已。[64] 但在這裡，只要再把
可以歸入平表婚的婚姻再作嚴格一點的定義，就多少會由這神奇
的比例（36%=1/3？）朝外偏出去了；這數字和一條他們固有的

---

[63] J. Cuisenier, "Endogamie et exogamie dans le mariage arabc", *L'Homme*, 2, 2
（May-August 1962), pp. 80-105.

[64]「長久以來大家就都知道，主張奉行某類親族通婚的社會，真正按照規範做
的例子只限少數；昆斯達特（Kunstadter）帶的研究小組，用電腦模擬做出
來的結果，就是明證。不論是生育率或繁殖率、兩性人口比率還是年齡金字
塔，從來沒有平衡到可以保證任何人到了適婚年齡，都可以在規定的親等裡
面找到合適的配偶聯姻，就算親屬稱謂的分類比較寬鬆，同一類別但親疏不
等的親等都會有一點混淆也一樣，以致『同宗』（common descent；共同祖先）
的觀念往往流於紙上談兵的理論」（C. Lévi-Strauss, *Elementary Structures of
Kinship*, p. xxx）。

準則合起來，就會形成一個「理論模型」；而這時，也就不必再借認識論的批判來說明，這模型之所以和事實這麼吻合，純粹是因為這模型就是為了吻合事實而**量身打造**的；也就是說，這模型是專為解釋人造統計值而發明出來的，而不是從有關實作產生的原則的理論裡面，產生出來的。萊布尼茲（Leibniz）說過，每一面的曲線都有一道等式。那現在就一定有數學家可以證明，若有兩人同是另一人的平表親，那這兩人也一定是彼此的平表親……

　　不過，拿族譜作統計分析，至少還有一點好處：可以抓出族譜裡面最基本的屬性：族譜本身就是一樣分析工具，但卻從來未曾作過分析。而由此，也一眼就可以看出，這樣子計算內婚制的比例到底有什麼地方不對勁了，因為，像在這裡，有問題的就正是**內婚制團體**這一觀念，而內婚制團體又是這裡的統計基礎。[65]我們難道光是把族譜作抽象的拆解，就可以了嗎？宗族的範圍可是由團體的記憶在決定的，而團體記憶的結構和範圍，又是由團體確實加在團體記得或遺忘的人身上的**功能**在決定的。彼得斯（E. L. Peters）由於在族譜圖裡看出貝都人（Bedouin）為了對他們現下的關係有「原初的領會」，而在圖上套用了他們的「意識

---

65 依族譜輩份（genealogical level）計算出來的「內婚制比率」，是抽象的「範疇」作失真的交集，以致因為「二級抽象」（second-order abstraction），而把族譜樹裡面同一輩份但年齡差距很大的兩個人，當作是同等的；而這樣的人的婚姻，會因為同一輩份但年齡差距很大，媒合的情況會有很大的差別，就看婚姻市場的狀況而定。或者是反過來，這也會讓人誤把族譜輩份不同但年歲相同的人的婚姻，當成是不同的狀況──例如，有人可能和他的叔伯同時結婚。

型態表述」，[66]而指出這樣的族譜忽略了宗族分支之間真正的權力關係，忘了還有女性存在，也把最基本的生態、人口、和政治因素，當作是「附帶的偶然」（contingent accident）來看。[67]那這是否表示，我們一定要用施為者本身承認的單位，也就是要用未必和宗族有關的標準呢？不過，我們倒是發現，要和'amm女兒合法聯姻的機會有多大，是要看他動員得起來的實際世系群（也包括潛在配偶的數目）有多大，還有他必須在世系群裡聯姻的壓力有多大而定。一旦分家析產，宗族關係也沒有記住或是維持的時候，父親兄弟的女兒於親緣的等級，可能就和其他父系（甚至母系）的親戚差不多了。但另也有情形是，若有兩位親戚同屬一戶關係緊密的人家，在上有同一位長輩作大家長，也共有一份公產，這時，就算他們在宗族裡的關係比較遠，和bent'amm的關係也可能實際是相當的。而且，報導人堅稱現在的人不像以前那

---

[66] "Some Structural Aspects of the Feud among the Camel-herding Bedouin of Cyrenaica", *Africa*, 37, 3 (July 1967), pp. 261-82。墨菲說族譜和操弄族譜最主要的功能，在於把平表婚會分化再內聚在自己身上的社會單位，作垂直的整合；這說的也是同一回事，只是沒有明白歸納出這樣的結論。

[67] 查證得再嚴密的族譜，還是會有體系上的空白（lacunae）：由於一個人在團體記憶庫裡的份量，端看蒐集資料的時候，團體於其人身上加諸的價值而定，因此，男性（以及男性的婚姻）比女性容易在族譜裡面留下印記，尤其是男性子嗣眾多的話（女性若是在世系裡作聯姻，則會是例外）；此外，族譜記的以近鄰通婚多於遠距聯姻，且以單次婚姻為主，個人多次聯姻的完整婚姻史也看不出來（像多婚制，離婚或喪偶後再婚等等）。若有世系的末代子孫後繼無人，或沒有男性子嗣（這其實是同一件事），那報導人把這支世系整個忘了不提，也是大有可能的事。

樣在自己的世系群裡聯姻，說不定是因為未分支的大家族日漸沒落，以致產生錯覺。

親緣的功能：公定親屬和實作親屬

雖然有些田野工作者比較審慎，小心避開平表親一類的優先婚觀念不用，而躲到「世系群內婚制」去，認為這一種模稜又動聽的用語，可以擺脫內婚制這觀念所引發的問題，以及**團體**（group）這見多了的概念所掩蓋的問題；不過，以他們為表率，還是未足以成事。因此，這首先要問的就是：以連接成員的宗族關係來界定團體，而在不自覺中將親緣視作是團體凝聚的必要暨充份條件，這裡面又隱含怎樣的意義呢？只要我們把親屬關係的**功能**明白提出來問，或再直率一點，把親屬的用處提出來問——這是親緣理論家喜歡視作已經解決的問題——就一定會發現，親屬關係裡面可以說是族譜型的用途，是保留給正式場合用的，以建立社會世界的秩序、賦予秩序正當性。[68]在這上面，這就和親

---

68 親屬結構之得以發揮政治功能，在於親屬結構是理解和建構社會世界的工具（這跟宗教和其他所有意識型態一樣）。稱謂和職稱若不是**親屬類別**（category of kinship），那它用在集體、公開譴責（*Kategoreis-thai*）的時候，有何語源學的意義呢？這些名稱本身就內含一整套的規約和禁忌，能有多大的建制力（constituting power），只要略想一下這樣一句話就可以了：「她是你姊妹」——這一句**祈使句**（imperative decalration）是亂倫禁忌僅此唯一的實際陳述。不過，雖然社會關係都是依照「社會字域」（social universe）的表述所組織起來的，而社會字域的表述又是依照親屬類別構造起來的，但若因此把社會實作，就算是親屬的關係，想作是隱含在族譜的定義裡面，也未免失之天真。

屬關係在其他方面的實際用途有別了；這些用途才正是所謂**關係**（connections）發揮作用的地方。人類學家建構出來的親屬關係圖，僅只是將社會結構的**公定**（official）表述再製出來，而且用的是只在**某一方面作主導**的構造原則（structuring principle），也就是限於某些情況、只看某些功能，而做出來的表述。

要觀察「公定親緣」和「實作型親緣」於實作裡是如何作區別的，聯姻是相當好的例子；公定親屬是單純、固定的親屬關係，由族譜規章裡的規範作界定即不再改變；實作型親緣的界線和定義就很多了，依使用者還有使用的場合而變。締結婚約，歸實作型親屬；慶祝聯姻，歸公定親屬。在普通的婚姻裡面，正式提親（akhtab）之前的接觸，還有公定意識型態一般不太去管的，最不需要說破的交涉事宜，例如聯姻的經濟條件、夫家能給妻子的地位、妻子和婆婆的關係等等，就都留給最沒有資格代表該團體的人去做、去發言（因此，必要時可以不予承認），像族裡的老嫗就是這類祕密協商的高手，或是助產士，再要不就是以前常在幾座村子裡面遊走的女性。若雙方是遠距團體，要作協商就會比較困難，這時就要在和「娶妻」的男方關係夠遠、差別夠大的團體裡面，找一位有名聲、有威望的男子出面，這人必須稱得上**中立**，又有辦法和「嫁女」的女方這一邊，和他身份相當的男性代表（必須是朋友或盟友，但非親族）作祕密協商；男方這邊發佈意向（assiwat wawal）的責任，就是由他來做。這一位代表人不可以打開天窗說亮話，而要找機會和「女方」家的人會面，對女方家的男性代表人表明結親的「意思」。正式的提親（akhtab），則要在族裡該負責的人裡挑一位責任最小的來做，像是兄長而不

是父親，像是叔伯而非祖父，諸如此類；再由族裡派出另一支系的一位族人，陪伴出面提親；這人若很年輕，就更應該如此。代表出面提親的人，第一次可以由兄長和母舅（maternal uncle）出面，第二次則由叔伯和族裡比較重要的人出面，第三次同樣由叔伯出面，但陪同的人改成幾位族裡、村裡的重要人士，像taleb，後來會再有村子裡的僧師（marabout），第四次則是父親請鄰村甚至鄰族裡的重要人士陪同出面，等等。就這樣，每一次新郎這邊出面的親屬，其地位和關係都要比前一次更親近、更重要；去提親（ahallal）時面對的女方親屬，在宗族和地緣方面反而是愈來愈遠。到最後，就是由女方親屬裡面最重要但也距離最遠的一個人，在男方邀請之下，擔任和新郎親緣最近、地位最高的人的代表，和女方的父母求親。女方終於願意答應親事（aqbal）的時候，要在族裡盡可能邀集男性族人聚會，再由女方這邊地位最高的男性親屬，表達支持之意，由他向男方地位最高的代表人傳達同意的意思。在交涉一次一次往前推進、愈來愈有希望成功的時候，公定親屬便可以開始取代實作型親屬的位置了；**親屬實用性**（unitily）的高低，幾乎和宗族正當性的高低相反。這原因有好幾個。第一，族裡有些人在宗族和社會上的地位，可能拖累聯姻的主角太多，太早將他們拉進來並不恰當──尤其是在機緣劣勢（conjuctural inferiority）的時候，這情況常和「結構型優勢」（structural superiority）連在一起（因為這人的結婚對象地位比他低）。第二，不是每個人都願意代人求親，因為求親可能遭拒，更不必說還要參與交涉，交涉的過程通常不會好過，也未必會有好結果（像thaj'lts這一件事就是這樣，這是要花錢在準新娘的親

屬裡面請人調解的）。最後，在實際交涉的階段，為了求得最大的效率，要找的人最好要能精通這類交涉技巧，於交涉對象那邊享有威信，或和可以影響決定的某人來往相善。因此，到了正式媒合的階段，原先真正撮合起婚事的人的地位，就要改由他們在宗族裡的地位而定，不再看他們發揮的功能了，他們對這也只能將就；到底，在演完了「代工」（utility man）的角色後，他們是注定要讓位給「主角」的。

　　因此，畫成圖式來看，和實作型親緣成對比的公定親緣，就相當於「正式」和「非正式」對比裡的「正式」（這裡的非正式包括不正規〔unofficial〕和沒面子〔scandalous〕兩種）；相當於「集體」和「個人」對比的「集體」；相當於「公共」和「私下」對比的「公共」，這裡的「公共」，指的是在巫術形式（magical formalism）體系或準司法形式體系（quasi-juridical formalism）裡面有明文規定者，「私下」則是隱性甚至是隱諱的；相當於「集體儀式」和「策略」對比的「集體儀式」，集體儀式指的是沒有主體的實作，隨施為者的表現而變，而施為者又可以依集體的命令而互換，策略則是以滿足個人或團體的實際利益為走向。由簡單的理論性劃分而形成的抽象單位，像這裡的單系繼嗣團體（在別的地方就會是「年齡群」），是不論什麼功能都用得上的，也就是說沒有一定的功能；而且，也只在最符合**公定條件**的親屬用途裡，才會實際存在；至於**表述型親屬**（representation kinship），不過是一支團體的自體表述，而且依這自我形象（self-image）來表現自我時，也會很像戲劇演出。反之，實作型團體只有在執行他們**實際動員**所要履行的功能時，才算存在，而且，

也只為這些功能而存在；另外，這樣的團體之得以可以繼續存在，會是因為還有用處、還有維護工作要做（包括他們促成的婚姻交換），也因為他們的性向（習性）和利益結成了共同體，以之共同持有物質和象徵性財產。

　　人類學的傳統，以其隱性的實作理論，把親屬關係放在馬克思說的「事物或直覺裡面」去看，而沒看作是依確實的實作功能而在製造、再製或是運用親屬關係的實作；而把親屬關係當作是一群人**製造**出來的，目的是要去**做**些什麼，這就不僅是在拿「功能論」的詮釋去取代「結構論」的詮釋，像目前的分類法會推著人朝這方向去想的一般，還根本就是在對人類學的這一隱性的實作理論，提出質疑。姻親關係，更別提也是這樣的；這樣的關係，唯有在成為**既成事實**後作事後的記錄，像人類學家畫族譜圖一樣，大家才會忘記這些關係原本是（有意識或無意識的）策略的產物，這些策略又是為了滿足物質暨象徵性的利益，而以一套限定的經濟和社會條件所組織起來的。只要一忘記從產品推斷產品生成原理、從**實施成果**推斷**實施手法**會暗帶一些什麼東西，就注定會把合於規格的產品，看作是依規則製造出來的東西。[69]

　　像為了「名字」（first name）的繼承問題而引發的競爭和衝突，就是觀察這類「宗族記號」（genealogical marker）有何實作和政治功能的機會：宗族位置的記號（像：某某某，某某某之子，某某某之子之子，等等）同時也像是**徽章**（emblem），代表

---

[69] 這中間的錯誤是：所有的學院派，都是以倒回去看的角度，先從產品上面歸納出規則，再以這規則去限定生產。

一支世系群所累積的象徵性資本（symbolic capital）；徵用
（appropriate）這些記號，形如拿到頭銜，有特別的權力可以享有
團體的財產。當代親屬關係裡的武力、威權關係，會決定團體的
集體歷史；但是，相互競爭的個人或團體之間的權力關係，在這
上面的象徵性投射，也可以鞏固最初的事態，因為，這會讓居支
配地位的人，有權力去選擇最能賦與他們現有利益正當性的過去
歷史，宣示崇奉。拿偉大先人的名字當作新生兒的名字，不僅是
在盡孝，也像是為孩子定下了命運，要取這名字的孩子，把他的
名祖「帶回人世」（isakrad djeki-s：「他把祖父『帶回人世』
了」）；也就是等於繼承了這位先人的責任和權力。[70]

---

[70] 一般是不會拿在世親人的名字來為新生兒命名的；因為，這樣等於是別人還
沒死就「要人還陽」，形如羞辱性的挑戰，更糟的是，這也等於在對方下了
詛咒，因此以避開為宜；就算共財後來分產，還以正式分產作過祝聖，或分
家後有支系移居到城市或法國，也一樣。作父親的不能把自己的名字給兒子
用，若有作兒子的真和父親同名，那就表示父親「將他留在母親的腹中」而
先過世。不過，這件事跟別的事一樣，都不乏找藉口、鑽漏洞的事例。有
時，孩子的名字取好後，還會因為父親或是祖父過世，名字可以沿用了，而
再改名（這時，原名就留在私家供孩子的母親暨家族裡的女性成員使用）。
有時，同一個名字還略作一點變化，同時給好幾個孩子一起使用，像這裡加
一點什麼、那裡少一點什麼（例如，Johand Ourabah 改作 Rabah 或倒過來；
Akli 改成 Mohand Akli 或倒過來），或這裡、那裡略改一下（像 Mohand
Ameziane 改成 Beza，Ahmed 改成 Himimi 或 Dahmine，Ali 改成 Ouali 或
Alilou，或者 Meziane Mohand、Ameziane 改成 Seghir、Seghir Johand ── 這
是阿拉伯語的用法）。同理，雖然弟弟不宜和兄長同名，但很像的名字或是
從同一名字孕生出來的名字，就很討喜了（像 Ahcène 和 lhocin，Ahmed 和
ohamed，Sighir、Meziane 和 Moqrane），其中一個若是祖先的名字就更好

　　名聲響亮的名字，像是最好的土地，都是管制類競爭
（regulated competition）的標的；有些祖先的名字因為在團體
內、外流傳，不斷宣示這名字和名祖在宗族裡有怎樣的關係，以
致是眾所垂涎的目標；而徵用這類名字的「權利」所比照的順
序，就類似復仇時行使「榮譽使命」（obligation of honour）的順
序，或出售團體土地所有權時的優先順序。由於名字是在直系父
系家族這一支裡面繼承的，因此，作父親的沒辦法把自己'amm
或兄弟（也是孩子的'amm）的名字，在他們都有子嗣而可以用
自己父親的名字為自己的孩子或孫子命名的時候，拿來用作自己
的孩子的名字。不管是在這裡還是哪裡，都絕對不要被規範和義
務一類很好用的用語（例如：一定……不能……等等），拉到錯
誤的方向去：所以，曾有作弟弟的利用權力天平對他有利之便，
把他地位很高但身後只留下年幼子女的過世兄長的名字，拿來為
自己的孩子命名；他兄長的孩子後來便以要回父親名字為他的榮
辱點，認為自己才是有資格用這名字的人——就算有混淆關係的
危險也不管。這樣的競爭，在同時有幾個兄弟都搶著要把自己父
親的名字給自己的孩子用的時候，最是明顯：雖然，為了不想讓
這名字湮滅無聞，補上缺口，是需要把名字傳給名祖過世後出生

了。由於家族愈是團結，不可以用的名字就愈多，由成員取的名字，就可以
窺知這一支世系群的「感情強度」（strength of feeling）。同一個名字，或一
系列同源的名字，就此會在族譜裡面並存，在平行的支系裡面傳世：和源頭
隔得愈遠（或說是次團體〔sub-group〕之間的凝聚力愈弱），用同一名字的
正當性就愈強，而讓同一批祖先可在各自愈來愈獨立的世系群裡一直延續下
去。

的第一個兒子，但長子還是有權暫時不把名字用掉，但也不給自己弟弟的兒子用，而是要留著給他自己的孫子用，以致在傳承上面跳過了一級的輩份。但也有情況是有名字因為沒有男性的後代，而有充公之危，這時，讓這名字「復活」的責任，就落在旁系親屬的身上了，也就等於是落在一整支團體的身上，而團體在這個時候，也就需要展現他們團結之強固、展現他們男性人力眾多，有辦法挽救所有直系祖先的名字不致失傳；不只，連別的地方出現的缺口，他們也有能力補得上（像有'amm身後無子，這時，和他女兒結婚的功能之一，就在讓女兒可以監督自己父親的名字不致失傳）。

民族學家以其地位，特別難以看出公定親屬和實作型親屬之間的差別：這是因為民族學家在處理親緣的時候（至少在處理別人的親緣的時候），都以認知方面的用法為限，以致容易把報導人的說法當作是公定的論述，而奉作絕對的真理，只要報導人自認有代言人的身份，有責任傳達所屬團體對自身的公定說法，就會把自己的說法看作是公定的說法。他沒有理由察覺得出來，是他自己任由這有關社會現實的**公定定義**——也就是支配或壓制其他定義的版本——外加在他身上的。數代以降的人類學家，拚命要證實或是否定有「優先制」交表婚存在，即為此之明證。只要把聯姻的問題，放在純粹宗族的關係裡看，跟一般報導人的做法一樣，來講和bent'amm聯姻，這時再作進一步的討論就會有限度了；只要能用宗族關係的用語來表達，不管是怎樣的做法都算可行……民族學家以其共謀的關係，而致和報導人的公定意識型態綁在一起，很難掙脫；結果是可以用別的方法來解讀（像是手

足關係）、**也**向來是以別的原則（例如經濟或是政治）為基礎所
建立起來的關係，卻也只放在父子或是聯姻的宗族關係裡看了，
這樣的做法裡面暗含有前提，若是沒辦法把這一親緣的特殊用法
放在施為者實際用的各種用途裡去看，那民族學家是無以排除這
前提的。人類學家一把在地人的親屬稱謂，當作是一套由純粹邏
輯關係組成的封閉、連貫的體系，由文化傳統內含的隱性公理定
於一尊之後即不再改變，等於是在不知不覺當中，把親屬稱謂和
親屬關係加上括號，不宜再去理解其間有何不同的實作功能，因
而也等於是不准自己去理解一樣實作的認識論狀態，這認識論狀
態跟他自己一樣，都以這些稱謂和關係的實作功能已經中和為前
提，作了祝聖。

　　人類學家建構出來的邏輯關係，和「實際」關係——因為不
斷在使用、維持、培養，所以是實際的——是成對比的，一如地
圖上的幾何空間和人跡走過的路徑之比；地圖的幾何空間是理論
上可能成立的所有道路和路線的想像表述，人跡走過的路徑就是
因慣常使用而愈益實用的路徑。人類學家建構出來的族譜樹，是
一幅空間圖，一眼即可**盡收**眼底，從任何方向看都沒有差別；以
致累積數代親屬關係方才組織得起來的一整套網路，變得像是純
粹理論裡的東西，**一體同時並存**。[71]公定關係若未能長久維繫下

---

[71] 把族譜調查裡面夾帶的隱性需求——所有的調查都帶有隱性的需求——徹底
　　外顯，必須先就族譜工具的社會史有過一番研究，對於製造出人類學家的傳
　　統，之所以製造、再製出此一族譜工具的需求的那些功能，也就是繼承
　　（inheritance）和繼嗣（succession）的問題，更要特別注意。這一族譜的
　　「社會性族譜」（social genealogy），還必須擴張至這工具於「科學」用途和

去，在族譜學家眼裡，是很容易變成理論型關係，像古地圖上的廢棄道路。總之，親緣的邏輯關係在實作裡面，只有透過施為者做出來的公定和非公定用途——而且也只為這些用途——才得以存在；而施為者要維持這些關係發揮作用、維持這些關係發揮最大效用——還因為使用頻繁而愈來愈好用——的心理，會隨著這些親屬關係於他們實際或可能發揮的必要功能愈多，而變得愈強；或說得再清楚一點，會隨著這些關係能夠滿足的重大物質和象徵利益愈大，而變得愈強；而結構論者卻在這樣的關係上面，就經濟因素，套上了多少算是完整的自主性，連帶也像是加上了近乎完美的內在連貫性。[72]

公定策略

　　光是談內婚制，光是為了立論嚴謹這一可取的目標，而想為內婚制訂出等級，還是等於預設了有一種完全符合宗族定義的世系群存在。但其實，每一成年男子不管身在族譜樹裡的哪一輩

　　社會用途二者關係的社會史。但最重要的還是要對研究模式作認識論方面的探討；研究模式是族譜圖之得以產生的先決條件。這目的是要完全掌握這方面會出現的「本體論變形」（ontological transmutation）；由於親屬關係的學術研究有半理論的要求，以致和直接連到功能去的實作型關係是接不起來的，本體論變形就是因此才會出現。

[72]「實作關係網絡」是蓋在「宗族關係網絡」裡面的，而「宗族關係網絡」又是經濟和象徵性交換的歷史產物。這可以從這一個特例來看（P. Bourdieu, *Esquisse d'une théorie de la pratique. Précédé de trois études d'ethnologie kabyle* [Paris and Geneva: Librairie Droz, 1972], pp. 85-88）：施為者是在族譜表述裡面找到可用的劃分法，當作是正當化的工具，而據以組織起他們的實作。

份，都是潛在的分支點，都會為了達成社會目的，而讓分支成真。因此，我們把宗族起點在族譜的時間、空間裡愈往過去推——在這樣的抽象空間裡面，是可以推到無限遠的古代裡去，無所限制——就等於把世系群的**界線**愈往過去推，宗族意識型態的**吸收力**跟著也就愈強，卻會犧牲掉族譜的**區別**效力；我們唯有把共通的起點拉得近一點，族譜的區別力才會強一點。因此，ath（「……之子嗣」，「……之族人」）這個字能有怎樣的用法，遵循的「定位邏輯」（positional logic），類似於艾文斯—普里查（E. E. Evans-Pritchard；1902-73）為cieng這個字的用法所歸納的邏輯；同一個人依環境、場合、談話對象之別，可以說自己是Ath Abba（人家，akham）的一員，或是Ath Isa'd（takharrubth）的一員，也可以是Ath Ousseb'a（adhrum）的一員，再要不就是Ath Yahia（'arch）的一員。施為者之得以操縱他們自己的社會身份，無所限制（或是對手、配偶的社會身份；施為者可以操縱他們各自隸屬的階級界線，而將他們同化或是排除），就在這樣的「絕對相對論」（absolute relativism）上面；這樣的絕對相對論，至少還有推翻「天真實在論」（naïve realism）的優點；主張天真實在論的人只能由直接可見的界線把一群人劃為一支團體。然而，一支團體的結構（團體成員個人的社會身份自也包含在內），是由其建構、組織所本的功能在決定的。這也是一些想要擺脫族譜抽象（genealogical abstraction）的人常會忘記的事；這些人拿繼嗣世系群和在地區世系群（local line）或地區繼嗣團體（local descent group）作對比，以之擺脫族譜抽象；但是，地區繼嗣團體是單系繼嗣團體裡面單單因為住在同一地區就可以形成

的「團體」。[73]另外，只要一忘記空間距離的效應是由社會關係
所要發揮的功能在決定的，就很容易再度掉到實在論裡去。例
如，我們就不得不承認夥伴的潛在用處，會隨著距離拉開而遞減
（但是「權勢婚」〔prestige marriage〕的情形例外，權勢婚裡，建
立關係的兩方距離愈遠，象徵利益就會愈大）。若住處合一有助
於團體團結，那團體集體動員以發揮同一功能，也有助於將距離
的效應減到最低。總之，在理論上，雖然可以說有多少種功能就
可以有多少種團體，但是，就像在婚姻這樣的例子裡，並不是**任
誰**在**任何狀況**都可以派得上用場，也不是**任誰**都可以為任何人做
一切的事的。因此，若既要避開相對論、又要跳脫實在論，倒是
可以提出這樣的說法：在「可能有用的關係」這一場域裡面（也
就是因為空間距離比較近而確實用得上的關係，和因為有社會權
勢而有用處的關係）的常項（constant），能讓每一團體裡的施為
者經由持續不斷的維繫工作，維持一套實作關係的「優先網絡」
（privileged network）；這一套優先網絡不僅包括處於作用狀態的
所有宗族關係（在這裡叫作「實作型親緣」），也包含為了支應存
在的日常需求，而動員起來的所有非宗族關係（也就是實作型關
係〔practical relationship〕）。

在族譜樹裡，位在同一輩份、公認和同一祖先有同樣關係的
一群人，便是所謂的「實作型團體」（practical group）：宗族世系
的劃分，若也包含（cover：既包且含）其他原則建立起來的單
位，不管這原則是生態的（即：近鄰）、經濟的（未分產）、還是

---

[73] Dumont, *Introduction à deux théories d'anthropologie sociale*, pp. 122-23.

政治的，也都屬於此類。共通的源頭愈近，社會單位愈是有限，族譜標準（genealotical criterion）的描述值（descriptive value）也就愈大，但不表示族譜標準的**統攝效力**（unificatory effect）也跟著上升。但其實，到後面，我們就會看得出來，最親近的宗族關係，也就是兄弟的關係，同時也是宗族裡最緊張的關係，需要不斷下功夫，才有辦法維繫兄弟的利益共同體於不輟。總而言之，宗族關係從來就不會牢固到依這一層關係，就可以完整判定其所連結的個人之間的關係；而且，這類關係唯有在符合共同利益的時候，也就是因為共同持有物質或象徵性公產，因集體持有財產而連帶有集體的弱點，才會有這樣的預測值（predictive value）。實作型親緣涵括的幅度能有多大，就看公定團體裡的成員在尚未分家的生產暨消費團體裡面，化解利益衝突的能耐有多大，以及自認是一「共財」（corporate）單位的團體，維持其公定實作關係的能耐又有多大了。這樣，這類團體就可以享有每一實作型關係為他們帶來的利益，以及他們的實作因為符合公定表述、蒙社會認可而取得之象徵性利益。

　　以產生「規律」（regular）實作為目的的策略，便是能用的**一種公定策略**（officializing strategy），目的在將「自利」、一己、特定的利益（這些觀念只有放在某一社會單位，和在它之上、更大的社會單位的關係裡看，才有辦法界定），變成無私、集體、可作公開宣示、正當的利益。在沒有政治機構可以有效壟斷正當暴力（legitimate violence）的情況下，政治行為本身只有靠公定（offiialization）的效力來發揮了，也因此，預設了這團體要**有能力**（經社會以公共權威〔**public authority**〕承認的能力）去

操縱團體對「情勢」的定義，拉近它和公定的情勢定義的距離，以掌握動員最大團體的途徑；反向的策略，則會把同一情勢化約成純粹私人的事務。[74]只要掌握「權威資本」（authority capital），可以強行為情勢下定義——特別是有危機，集體的判斷會猶豫不決的時刻——就可以將一件原屬私人的事件，拉到莊嚴、公定進而普遍的層次，而將團體全都動員起來（也就是把某一特定女子身受的侮辱，放大為團體全體「神聖不可侵犯」〔hurma〕這一屬性遭到侮辱）。但也可以作反動員（demobilize），把有直接關係的個人斥逐出團體之外，把這一位沒辦法將小我的利益和大我的利益劃上等號的人，貶到純粹個人、小我的地位去，判定其人所欲強加之私人理由為「無理」——也就是希臘文裡的idiotes（白癡，笨蛋，傻子），卡比爾人說的amahbul。

其實，團體要求的「法條形式主義」，比我們想的都要小得多，但比「不跟著玩」的人所願意給的，要多得多。團體裡面懂

---

[74] 戰鬥裡的儀式化暴力，無疑是策略和儀式兩方辯證最典形的表現：雖然戰鬥差不多都是因為經濟或象徵性利益受損而起——像是養的動物被偷，團體裡的成員受辱，例如牧羊人——戰鬥的界線還是由「榮譽戰爭」（war of honour）的儀式規範在作劃定的；這若用在季節性的競賽還會更嚴格；季節性的競賽一樣有儀式的功能，例如秋天和春天打的球賽（請見Bourdieu, *Esquisse*, pp. 21-23）。用這邏輯就可以理解何以遠距團體的聯姻儀式會特別嚴格，因為，這種將暴力作象徵性搬演的儀式，對於有仇外傳統的團體，因遇到外人而容易出現緊張狀態，可以有化解之功。習性和利益漸趨一致，可以確保實作會作自動的協調，而規則和儀式若愈來愈不需要仰賴實作作自動協調，就會變得愈來愈必要了（這就可以大體用來解釋互動的儀式化何以會跟個人或團體的距離、還有團體的大小，成等比的關係了）。

得**負責任**的人所做的實作，會出自管制型習性（regulated habitus），其「優越」會直接符合公定的規則，因此比較容易發揮代表人和發言人的功能；**不負責**的人，則不僅不以打破規則為滿足，還毫不掩飾他違法犯紀之處；而團體就是要在這兩種人當中找一塊餘地，供**善意的違紀者**活動；這種人會刻意擺出守規矩的樣子或意思，也就是說，對他沒辦法遵守但也沒辦法否定的規矩，還是願意**承認**它是規矩，而對規則的存續──還完全是公定的規則──有所助益。而「公定」和「有用」二者的辯證特區，自然就是政治：施為者在爭奪政治權的時候，既要把團體的代表權攬在自己身上，又要把代表權從競爭對手身上拿掉，這時，他能做的就以儀式策略（ritual strategy）和策略儀式（strategic ritual）為限，二者都是私人利益集體化和公定利益作象徵性分配所得的產品。

　　不過，正當暴力的壟斷權縱然有鬥爭──也就是說在沒有經濟型累積（economic accumulation）的情況下，要以爭取集體承認的信用來累積象徵性資本──我們也不該因此忘了，「正式」和「非正式」二者間，必然隱藏有對比的關係。正式權力的爭奪只限於男性可行；至於女性，就算加入爭奪權力的戰局，所爭奪者，一般也只限於**非正式**的權力，或屬於隱蔽、祕傳的權力。其實，我們在政治的領域裡面，就看得到這樣的分工模式，而把宗教──公共的、正式的、莊嚴的、集體的──劃歸屬於男子，巫術──神祕的、隱蔽的、個人的──則劃歸屬於女子。在這樣的競爭裡面，正式機構全都握在男性的手中，從「神話─禮儀」（mythico-ritual）的表述和親緣關係的表述開始，盡歸屬於男子，而將正式和私人的對比，化約成外、內的對比，也等於是

男、女的對比，循而建立起一套階級體系，把女性之干涉貶為可
恥、隱密，就算不是壞事，也是非正式的存在。就算有女子真的
掌握實權——婚姻大事就常是如此——她在行使權力的時候，也
要將權力的表相，亦即權力的正式展現，留給男性去做，才能充
分行使她這權力；女性若要掌握實權，一定要願意隱身幕後當**灰
衣主教**（éminence grise；幕後操縱者），行使非正式的權力才可
以；也就是，她行使的這一份權力，是一項**屈就型權力**
（dominated power），而和正式的權力相反，只能套在正式權威的
外衣下面，藉由代行的方式來施展，另也和不守規矩的顛覆型排
斥（subversive refusal）相反，因為她這權力依然在為她所利用
的權威在服務。

親屬關係也是社會世界據以構造（structuration）出來的根
本，也因此始終有其政治功能需要履行；這樣的親屬關係之確實
狀態，從同一宗族關係範疇於男性、女性兩邊的不同用途，看得
最為清楚，尤其是宗族關係比較曖昧的親緣束縛，在男性、女性
兩邊會有何不同的「解讀」和「運用」（這在聯姻的選項比較窄
的情況下，是相當常見的事）。

只要宗族關係曖昧，關係再遠的親戚也可以因為強調「親」
這一面，而拉近距離，但若強調「疏」，關係再近的親戚也可以
拉遠距離。這類操縱手法，若以沒人會受騙上當為由而斥為無
稽，未免太過天真；這類操縱手法玩的是團體的實際界線，這界
線可以因之而重劃，既可以打出去，也可以縮進來，而把某一個
人拉進來或推出去。這一點從khal（用得嚴格一點，指母親的兄
弟）這一稱謂的用法，可以略窺一點堂奧：這個稱謂若是僧師用

來指俗家、普通的農民，等於是在合乎禮法的限度內，指明雙方
沒有任何合法的親屬關係，以之抬高自己的身價；但若是農民用
來彼此互稱，就表示雙方都還假設彼此有拉得很遠的姻親關係，
而至少算得上是親戚。

　　人類學家若有幸蒙報導人之助，將二等父系平表親可以聯姻
的關係──這時，雙方至少要有一人是平表婚的子嗣，若雙方都
是，就更不必提了（像一對兄弟的兒子拿自己這邊的女性互換聯
姻就是如此）──放進平表婚裡去，那他接受的，就會是正式的
解讀。「男性」，也就是支配方的解讀，一定會特別強調所有公
共、正式的情境──總而言之，就是重名之人彼此對話時的各種
榮辱關係──他在多面關係（multi-faceted relationship）裡面，
會以最高貴者，也就是最值得作公開聲明的部份為優先，而把可
以和他父系祖先放在一起的人，透過他這些父系祖先，而和共同
的父系祖先連起來。但這樣做，會把另一條可行的路線給壓下
去：也就是從女方這一邊去走的路線；雖然這一條路線有時可能
還更直接一點，於實際往往也更方便一點。因此，依族譜禮法
（genealogical propriety），Zoubir便要看作是Aldja娶了他祖父兄
弟之子的女兒，或他父親兄弟之女的女兒，而不是他母親兄弟的
女兒，就算情形可能跟這裡的案例一樣，後者的關係才是這一椿
婚姻的源頭（參見圖一，案例一）；或再從同一族譜裡舉另一例
子來看，Khedoudja應該要看作是她丈夫Ahmed祖父兄弟之子的
女兒，而不能看作是一位「交表親」（也就是父親姊妹的女兒），
雖然這也是她的身份（案例二）。異端的解讀法，則會以女性這
邊的關係為優先，而這是正式說法會排除不談的；這樣的解讀，

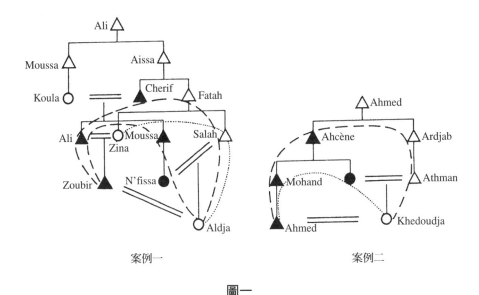

案例一　　　　　　　　　　　　　案例二

圖一

除了巫術施法的場合，就只限於私下的場合才會用得上，而且，這樣的解讀法會跟罵人一樣，把倒楣鬼說成是「他母親的兒子」，而不說是「他父親的兒子」。女性在談到女性的親屬關係時，用女方這邊的親屬稱謂，是合情合理的事；除此之外，這樣的稱謂在居家生活最親密的領域，也可以通用，像女子和父親、父親的兄弟，或和丈夫、兒子交談的時候，甚至和她丈夫的兄弟交談的時候，都可以用，而用這樣的稱謂，即在肯定交談的各方具有親密的關係，而當事人於她和她選定的對象間的親密關係，也因此能作象徵性的參與。在族譜空間裡，兩點連得上關係而能走的各種途徑，真要探究起來，其實也只有人類學家算得上是純粹而且不帶利害關係的研究者：在實作上，是要選這一條還是那

一條、是要選女方還是男方，都會把聯姻的方向帶到不同的世系群裡去；要如何決定，就看各家內單位（domestic unit）的權力關係是如何的了，而且，促成聯姻決定的權力關係，還因為取得了正當性，而益形鞏固。

集體信念和白色小謊

由這裡，就推進到了策略的模稜地帶，不由得就此要問：平表婚難道就該看作是聯姻選項裡面不太容易實現但很理想的姻緣？抑或是該看作是合乎倫理的規範（攸關榮譽的責任），是每一位適婚的人都應該遵守的禮法，但（在情勢不容許的時候）也不是牢不可破的？再要不就是某些情勢裡面建議採用的「招數」？以上皆然；正也因為如此，才會讓平表婚成為眾所愛用的手法來操縱。在這一個例子裡，採用次級策略的目標其實是在當障眼法，表面看來謹守規則，其實是在掩飾一級策略（first order strategy）以及一級策略謀求的好處；這樣的做法之得以出現，靠的就是這做法有其模稜的地方，於客觀面可以作雙重的解讀，一是宗族方面的解讀，這是所有條件齊聚的方向，另一就是經濟和政治方面的解讀，但在這上面，就需要聯姻的兩支團體先能就資訊作充份的交換才可以了。但這裡的意識型態陷阱，就會像雙面刃一樣：太相信在地人的說法，會讓人弄出了意識型態的屏障，卻當作是在地的實作規範；太不相信，又會教人忽略在地人因社會條件而想出來的謊言也有其社會功能；施為者因為迫於其他需求而不得不採行的策略，其所造成的象徵效應若要修正，能走的途徑，此是其一。[75]

　　平表婚於在地人的說法裡面，享有極為特出的地位 —— 也因此照搬進民族誌的記載裡去 —— 原因就在於平表婚最符合性別分工的「神話—禮儀」表述，尤其符合男、女兩性在跨團體（intergroup）的關係所分配到的功能。首先，他們不把姻親關係看作是姻親關係，就在這裡有最徹底的確認；也就是說，這一類婚事，看起來不像是在對血緣關係作單純的再製：他們特別讚許平表婚，因為所生的子女（「出身單純，血脈乾淨」）可以透過父親或母親而連到同一世系群（「他的母舅是從根源那裡來的」——ichathel，ikhawel，或用阿拉伯人的說法，「母舅即叔伯」——khalu ‘ammu）。但我們另也知道作丈夫的（在理論上）有權隨意休妻，而從外地娶進來的妻子在生下兒子之前，也跟外地人差不多，有時就算生下了兒子也還是外地人。我們另也知道姪甥輩和母舅（khal）之間的關係比較矛盾：「他沒敵人？那等著看他姊妹的兒子好了。」（也就是說：對榮譽不屑一顧的人，盡可以等著接收他母親那邊留給他的東西。）

　　但是，神話裡將女性刻劃成不潔、褻瀆之源而會污染世系群的說法，就算沒有為他們不承認姻親關係提供基礎（「女子沒有

---

75 因此，聯姻的協商過程，和結婚儀式裡面看來儀式性最強的事 —— 而且這儀式的莊嚴程度又有附帶的功能：宣示婚事的社會意義（social significance）（婚禮的莊嚴程度有多高，就看家族在社會階級組織裡的地位有多高，還有雙方家族於族譜裡的距離有多遠）—— 就是一次又一次的機會，可以供當事人運用策略，搬弄雙方關係裡面從來就不會完全明白擺出來的客觀含意，而讓他們可以選擇不得不然的做法 —— 也就是不得已的做法 —— 去完全跟著禮數走，或者是用婚禮的儀式來掩蓋婚事的客觀意義。

「親」或「疏」的作用」；thamattuth ur thazeddi ur theferreq），也至少有鞏固的作用。凡是女性招徠的東西，不會全都是好的：女性只會給人招來邪惡，就算不是大害，起碼也是小禍，女性的邪惡，只有靠她的軟弱來彌補（「神知道牠在驢子身上做出了什麼，神沒給牠犄角」）。而這小禍，眾惡裡的好事，還是因為有男性給女性保護和糾正，才會出現。所以，就有俗諺說：「恥辱是女的」—— al'ar thaqchichth —— 而女婿有時也就叫作settar la'yub，意思是「蓋住恥辱的紗巾。」[76]由此可知，女性在世系群裡的價值，永遠不會比同一世系群裡的男性要高。由此另也可知，女性裡最好的人，或說是沒那麼不好的女性，會是出現在世系群裡的男性這邊，也就是父系平表親這一邊，男性特質最重的女性——這一類想法最極端的例子，也是父權想像裡最離奇的虛構，便是希臘神話的女神雅典娜（Athene），她是從她父親宙斯（Zeus）的頭裡蹦出來的。「娶你'amma的女兒吧，就算她會咬你幾口也絕不會吃了你。」父系平表親在他們看，都是有教養的馴良女子，和母系平表親正好相反；母系平表親就是野性未馴、古怪難纏、生性邪惡、污穢不潔的女性；這對比，跟**男方的女性**（male-female）之於**女方的女性**（female-female）的對比，是一樣的，符合組織起家屋、農民曆二者的「神話空間」（mythic space）結構（即a：b：b1：b2這一類）。[77]和父親兄弟的女兒

---

[76] 這就解釋了早婚的一部份原因；未嫁女子形如一團體的弱點；有俗諺就說：「最正直的人也會被折成鐮刀」。所以，當父親的最在意的，就是要盡早把女兒送進另一個男人的保護裡去，免得有這危險。

結婚，是各式聯姻裡最得祝福的一類，也是最容易贏得團體祝福
的一類。這一類婚事會被選作結婚季作開始的儀式，而像同源的
「耕犁祭」（rite of ploughing）一樣，意在將「男—女」、「水—
火」、「天—地」、「犁—田」因結合而必然行褻瀆之事所孕生的
威脅，予以祓除。[78]

　　神話思想的範疇於親屬關係所做的投射，會帶出來「對
比」，但這對比再帶出來的區別，若不符合家內政治（domestic
politics）最基本的區別，那這對比就沒那麼真切了：作母親的為
了鞏固她在婆家的地位，會找一位自己世系群裡的女性帶進婆家

---

[77] 契霍德（J. Chelhod）有研究指「在〔今之敘利亞〕阿列波（Aleppo）的低
階語言（low language）裡面，妓女叫作『姨母〔maternal aunt〕的女兒』」，
也引用敘利亞的一則俗諺，對和姨母的女兒聯姻不表苟同：「他因為秉性不
潔，所以娶了他姨母的女兒」（"Le mariage avec la cousine parallèle dans le
système arabe", *L'Homme*, 4, 3-4 [July-December 1964], pp. 113-73）。卡比利亞
的男子要表達彼此沒有一點宗族關係的時候，一樣會說：「你是我什麼人
啊？你連我姨媽的女兒的兒子（*mis illis khalti*）都不是。」

[78] 有一件事可以間接證實平表婚的含意：主持開耕禮和主持婚禮是同源的，而
主持開耕禮的人是**沒有政治角色**的，他的職責純屬榮譽，或可以說是**象徵性**
的，也就是既輕鬆又尊貴。這樣一位身負「聖性」（baraka）的人，名號不
一，有「首位」（*amezwar*）、「信者」（*aneflus*）、「長老」（*aqdhim*）、「老
者」（*amghar*）、「幸者」（*amas'us amezawar*），或確切的用法：「首位，信
者，耕牛或犁群長老」（*amezwar, aneflus, amghar nat-yuga*）。但最重要的一
個詞，無疑就是「主婚人」（*boula'ras*），因為這一個詞明白指出了「耕」、
「婚」同源之義，另還有無數的跡象也都有此同一指證。同樣的含意在另一
個稱呼上面也看得到——「幸運之鑰，由他**開啟**」（*mefthah n ss'ad*）（請見
E. Laoust, *Mots et choses berbères: notes de linguistique et d'ethnographie* [Paris:
Challamel, 1920]）。

裡來；但作父親的在安排兒子的婚事時，秉其男人的天職，又會和自己的親屬、兄弟或父系這邊的其他親人作協議，以之鞏固男系親屬這一邊，進而鞏固他自己在家內單位裡的地位；這時，母親的利益和父親的利益於客觀面就會有衝突了。

嫁進來的女子（thislith），看她是和公公搭得上關係（在這方面，等於是說她是從她自己的父親這邊，或拉得更大一些，從她家族那邊的男子，和公公搭得上關係，還是從她母親這邊搭上關係的），還是和她婆婆搭得上關係（在這方面，則是從她父親還是母親這邊和婆婆搭上關係的），在她和婆婆（thamgharth）兩人的權力關係裡能佔多大份量，會有很大的影響；而這權力關係，顯然又因為她婆婆和世系群裡的男性有何宗族關係（也就是她婆婆和她公公的關係），又會有所不同。因此，以父系平表親的關係嫁進夫家的女子，一開始就會發現她和世系群外嫁進來的「女性長輩」相處的時候，頗有優勢；而嫁進來的媳婦（thislith）若是這「女性長輩」姊妹的女兒──若是她兄弟的女兒，就更不必提了──那她和媳婦的關係就佔優勢，而她和她自己丈夫的關係也會間接有所加強。由於父、母兩方的利益（於某些方面），是有結構性對比的關係，因此，兒子娶媳婦是會引發衝突──只是，這衝突會是祕而不宣的，因為，女性是沒有辦法運用公定策略的──父母這兩方裡面，以父親這邊會比較喜歡在世系群裡面聯姻，這樣的婚姻在神話表述裡面是最好的婚姻，因為男性的主宰地位在神話裡面享有意識型態的正當性；至於母親這邊，則會暗中和她那邊的世系群接觸，再適時要她丈夫對她牽成的姻緣給予正式的批准。女性在為聯姻作試探的時候，不會將她因性別分

工而擁有的各式機巧和功夫,全都用盡,至少在男性可以建立正式對話之前都會如此;若否,那男性之子的婚姻大事就大有可能會顛覆他們自己的權力了,而致家內經濟出現危機,使得消耗(consumption,lakhla ukham,家室一空)取代資產累積(accumulation of stocks,la'mara ukham,家室滿溢),終致公產共財制崩潰。順帶一提,這另也表示「男性長輩」(amghar)和「女性長輩」(thamgharth)兩方的利益,未必一定相剋:男性長輩知道,若挑一位能夠全然服膺於女性長輩的年輕媳婦,而女性長輩又能全然忠於她嫁進來的世系群,那對他自己其實還是有利的,這時,男性長輩就會准許女性長輩到她出身的世系群,去挑溫馴的女孩來作媳婦:此外,由於親屬之間的實作型關係的整個結構,都會顯現在每一關係裡面,因此,男性長輩也可能故意挑他自己姊妹的女兒(父系交表親)來聯姻,或暗地裡促成妻子讓兒子和妻子兄弟的女兒(母系交表親)聯姻,而不讓兒子去娶一位(因年齡或威望)已經很強勢的兄弟的女兒,以免這位兄弟的地位因聯姻而更為鞏固。

平表婚在有些時候,就算不是宗族的規則,也可能有其必要。這類婚配雖然理想,但在實作裡,卻常是**不得不然**的選擇,大家有時會把這樣的選擇硬當作是理想的「積極選擇」(positive choice),非做不可。依在地人的「理論」,每個人都有搶在平表親前面的優先權;走「法條形式主義」路線的人,對這理論都相當熱衷;但這樣的理論無疑不過又是「男尊」的意識型態的另一種說法;這類意識型態賦予男性優越的地位,在兩性的關係方面,自然也就具有主動權,尤以聯姻這件事為然。

　　你絕難找到有報導人或人類學家不會肯定表示，阿拉伯和柏柏人的國家裡的每一個男孩，都有「權力」擁有他的平表親：「男孩若想要他叔伯的女兒，他就有權力把她要到手。若他不想，就沒人會去徵詢他的意向。土地方面的事也是如此。」這說法，雖然比人類學界的法條主義要更貼近實作的真相很多——人類學界的法條派還根本就想不到，男性和他世系群女性的關係是和他和土地的關係系出同源的——但這位報導人的說法套上了正式的法律用語，卻只會讓一個人和他平表親原本要複雜得多的真正關係，反而被遮蓋掉了。男性於他bent'amm——也就是他叔伯的女兒——所謂的權力，其實很可能不過是**責任**，依循的原則，和為親人復仇，或買回外人覬覦的家族土地一樣，也因此，只有在非常特殊、甚至要到例外的情況下，才有完全的約束力。[79] 有關土地的**優先權**（ach'fa），就算在習得的法律傳統（learned legal tradition）（配有制度化的權力機構，也有法庭作履行的保證）和「習俗」（qanun）裡，都有明文的規定和成文的法條，也絕不表示司法或習慣法的規則，就是土地易手所循的實作原則。屬於公

---

[79] 「你一定要娶你叔伯之女，就算她無人聞問亦然。」還有許多俗諺也都有類似的意思：「路轉人就轉。你'amma的女兒若被人拋棄〔休耕〕，就娶你'amma的女兒」；「就算被人拋棄，她也還是你'amma的女兒；路就算彎曲，也還是平靜的道路」。由這些比喻（彎曲的路和筆直的路相比），可知平表婚（像娶進兄弟的寡妻）在他們的看法裡，通常不是不得已，而最好是自動聽從榮譽的召喚而作此犧牲。「你若不娶你'amma的女兒，那誰會娶她？該娶她的人就是你，不管你願不願意。」「就算她長得醜，又沒身價，她的叔伯還是該將她娶進門作媳婦的；若作叔伯的另覓良緣，會遭人恥笑，說他：『這人跑去找了一個外地人來當媳婦，卻扔下自己兄弟的女兒不要。』」

產的土地若要買賣，再怎樣也都是世系群裡的家務事；因此，一
支團體若是訴諸權力機關（像氏族大會或村民大會），把榮譽使
命變成權力，絕對只是特例；但若真有訴諸權力或**優先權**的習
俗，一定也和法律權（像是要向買地的人**挑戰**，而以非法買賣之
嫌為名目，要求將買賣作廢），還有大部份土地買賣實作的原
則，都沒有關係。至於把處境類似廢耕農地的女子娶進門的責任
（athbur，未嫁之女；el bur，廢耕之地），也沒有像買回族人求售
的土地或遭外人買去的土地那麼急迫；這些都是保護不當或擁有
權不當的土地；再比起為遇害的族人復仇，急迫的程度就更是小
了很多。這些事的責任有多重大，端看施為者在宗族裡的位置，
當然也包括他們的**性向**。因此，在復仇的事上面，有些人可能會
把榮譽使命看作是榮譽的權力（right to honour）（同一宗命案可
能會報兩次仇）；另有些人則會退縮，或只有在壓力的逼迫下才
不得不復仇。在土地的事情上面，買地的實質利益顯然很清楚，
享有榮譽的排序和購買的責任也都很明白，也因此比較常遭侵
犯：族裡覺得有責任買下土地但買不起的人，和責任權比較小但
買得起的人，二者間就常會有衝突和複雜的交易出現。

　　平表婚在實作裡，並沒有正式說法說的那一種理想的意義和
功能；只有凝聚力夠強的家族，才會要用這種方式來加強他們的
凝聚力。唯有在極端的情況下，才會有必要這樣子做，像是絕後
的男子（amengur）的女兒，因為他沒有生出男性的子嗣。在這
種情況下，利益和責任就會合流，而要當事人考慮平表婚，因
為，**絕後男子**的兄弟暨其子女不管怎樣，不只會繼承這一位絕後
男子的土地和房屋，也還會繼承他對他女兒的責任（尤其碰上守

寡或被休的情況）；此外，平表婚也是避開娶進外人（awrith）而
致威脅到族人的榮譽、可能還累及公產，唯一的方法。

　　女兒若找不到婆家，或至少找不到門當戶對的婆家的時候，
平表婚一樣就是必要的了：「作父親的沒把女兒嫁出去，是為父
的恥辱」；「作父親的在女兒長大後嫁不出去，與其苟活還不如
赴死。」作兄弟的在有兄弟要求將女兒嫁給自己兒子的時候，是
絕對不能拒絕的，尤其是提出這一要求的人是兄長的話。像這種
極限狀況：作叔伯的事先就已答應姪女的親事而代男方向女方提
親，這時，授受雙方就都在同一邊，因為，他也等於是父親，是
父親的替身，要再規避這樣的責任就難以想像了；而要把自己這
邊的女孩嫁出去，卻沒事先和自己的兄弟知會一聲，徵詢意見，
對自己的兄弟會是嚴重的侮辱；而兄弟的反對意見，往往會是當
事人拒絕對方求婚的理由，倒未必一定是儀式性的託辭。若作父
親的不顧任何禮法，以最委婉的暗示，要將自己的女兒嫁給姪子
輩（因為，一般都是由男方向中意的女方「要人」的），維持團
結的約束力就更大了，想都別想要拒絕；只是，做這樣的事有違
習俗，當事人必須和兄弟極為親密，有牢固的關係來當靠山才可
以。不過，由於榮、辱都是整體概括承受的事，因此，兩個作兄
弟的都有需要「遮羞」；或用象徵性利益來看，就是必須在家族
的象徵性資本因為女兒在婚姻市場裡面沒有別的追求者而告貶值
之前，趕快「遮羞」。[80]所以，就算這類極限的狀況裡，平表婚

---

80 但這裡一樣是各種妥協──當然還有各種策略──都看得到：雖然在土地方
　面，最據優勢的親屬可能知道，隔得比較遠的親戚會很想要搶在他前面，拿

是勢所必然的選擇，也還是沒有必要以道德或法律方面的規則，來解釋當事人在有意或無意之間，為了謀得某一類限定式的物質或象徵性利益，以某種策略而做出來的事。所謂榮譽倫理（ethic of honour），其實是社會構成體、團體或階級的自利型倫理，而象徵性資本在他們的公產裡，是佔很重的份量的。唯有完全不了解玷污世系群的女性榮譽是何等可怕、永久的損失，才會把遵守道德倫理或法律規則看作是預防、掩蓋，或者是補償侮辱等行為的原則。

　　因此，兩件婚事就算在宗族裡的位置一模一樣，其意義和功能也可能很不一樣，甚至相反，端看當事人採取的是怎樣的策略。真要確實掌握其間的意義和功能，唯有將雙方關係所繫之一整套體系，還有雙方關係在當時那一時點所處的狀態，重建起來，才有可能。只要考慮的條件不僅包括已經撮合成的婚姻、族譜學家已經納入記載、作好分類的婚姻，也考慮當事人有意、無意間採用的策略，還有聯姻之得以成功或不得不然的客觀條件，也就是聯姻所能發揮的個別或集體功能，這時，就不會不注意到平表親之所以聯姻，狀況絕不相同；這要看聯姻是在父系祖父尚

下這麼好的一筆生意裡的象徵和實質利益；或像報仇雪恥，尋仇的敵方就等著要搶進來報仇，掙回他要的面子；但聯姻就不會有這類的狀況了，要退出，還是有很多門路可以走的：像有的時候，是作兒子的在父母親的默許下，演出逃婚記，而逃婚是作父母的唯一拿得出來搪塞自己兄弟的藉口。就算不走到這極端的一步，「窮親戚」要扛起責任娶進沒人要的女孩，也不是多罕見的事；團體裡的「窮親戚」身上，都綁著對其他有錢成員的各式責任。而平表婚（或娶進父系堂姊妹，不管隔得多遠）的**意識型態**功能，最好的說明莫過乎他們標榜這類完美的婚事在他們能有怎樣的用途了。

在世的時候就完成了，甚至是祖父本人促成的（當然要由雙方父親同意，或甚至「當頭訓令」），還是相反的情況：是由兄弟兩人直接撮合子女的婚事；若是後面一種的狀況，就再要考慮婚事是在兩人年紀還小就訂下來了，還是到了適婚年齡才安排的（女方已過適婚年齡就更別提了）；另也要看兩位兄弟是分開來居住、工作，還是農事（土地、牲口等財產）和家內經濟（共用一口爐灶）都還是合產共財的，更別提共財只是表相的情況了；再也要看是作哥哥的（dadda）把女兒嫁給弟弟的兒子，還是反過來由弟弟的兒子把哥哥的女兒娶進來；年齡不同，特別是排行上有差別，有時都有社會階級、威望方面的差別；至於把女兒嫁出去的那一方，是有子嗣還是**絕後**，婚事談成的時候，兩兄弟是否都還在世或只有一位在世，再說得更精確一點，在世的那一位是男方的父親身兼女方的保護人，而把女方娶過來當兒子的媳婦（特別是女方沒有成年的兄弟的時候），還是反過來，在世的那一位是女方的父親，利用他的優勢地位掌握女婿的忠誠，也都需要考慮。這類婚姻的曖昧狀況還不止於此，我們另也知道身為世系群裡最寒微人家的男子，為了替族人「遮羞」，像保護犯罪嫌疑人或貌寢的女子，不得不挺身而出、犧牲自己，也不是罕見的事；而他若是衷心要履行他對'amm女兒的榮辱責任，或甚至要履行他身為世系群一員的權力，那他做這一件「義舉」就不顯得困難，不僅有其實惠，也值得讚揚。[81]

---

81 一團體若嚴格排除單身女子或甚至單身男子可以擁有社會地位（所以，就算是鰥夫也有責任急著再婚），生理和心理有問題就會是非常難處理的問題

　　報導人口中各種矛盾不一的說法，不斷提醒我們：婚姻從來
就沒辦法光靠宗族關係，就可以作完整的說明，而是依聯姻時的
決定條件，而有不同甚至相反的意義和功能。這另也提醒我們：
平表婚可以是最好的選擇，也可以是最壞的選擇，端看是自願還
是被迫，也就是說，要看雙方家族在社會結構裡的相對位置。平
表婚若是最好的選擇（「將'amm的女兒娶進門，等於是蜂蜜入
口」），不僅是因為神話就這麼說，也因為有實作上的報償可得；
因為，這樣的婚姻，在經濟和社會這兩方面，都是負擔最輕的
──雙方的交易和物質暨象徵方面的資本，都可以降到最低──
同時也是最保險的一種：他們把遠距聯姻（distant marriage）和
近鄰聯姻（close marriage）的比較，視作農民在市場上作直接交
易。[82]但平表婚也可能是最不好的選擇（「一想到叔伯輩──

　　了。尤其這些問題若被他們放在「神話─儀式」的範疇裡來看待、詮釋的
　　話，就更麻煩了：像娶進左撇子、半盲、跛足、駝背（駝背是懷孕的身形反
　　過來的樣子），或甚至只是體弱多病的女子，這些全都是不孕、邪惡的惡
　　兆，而在作妻子的可以因為命中帶衰的名義而被斥逐的世界，想想看，娶進
　　這樣的女子會是多大的犧牲。

[82]「送出去小麥，收回來大麥。」「送小麥進一嘴爛牙。」「用泥土塑造子孫：
　　要不到烹飪鍋也要得到庫斯庫斯。」在我蒐集到的平表婚頌辭裡面，以這幾
　　句為典型：「女方不會跟你多要東西，婚禮也不必花太多錢。」「男方對自
　　己兄弟的女兒可以為所欲為，女方則不會招來禍事。這樣，男方和自己兄弟
　　相處得可以更融洽，做到父親叮囑的手足情深（*thaymats*）：『女人嘴，不可
　　聽！』」「外地女子會瞧不起你，自認比你高貴，娶進門會辱及祖先。至於
　　你'*amma*的女兒，你祖父和她祖父是同一人，就絕不會『詛咒你父親的父
　　親』。你'*amma*的女兒絕不會拋棄你。你若沒茶喝，她就不會跟你要茶喝，
　　就算要餓死在你家裡，她也會忍耐下來，絕對不跟你抱怨。」

azwaj el 'la'mum ——聯姻，我心就苦澀難當；神啊，求求你，別
讓我陷入此等不幸」），[83]若還因為是團體無技可施而被迫如此，
就會是最丟臉的選擇了（「來的朋友一個個都比你有光彩；你就
一直這樣下去，一直在暗處裡」）。總而言之，報導人的說法看來
矛盾不一的地方，正好可以要我們去注意：一件婚事就算在**宗族
裡的位置**（也就是意識型態）**清楚明白**，其功能也會有模糊不清
的地方；進而再注意到因為有這一層「模糊加清楚」，而容許兼
助長了實作的客觀意義和結果可以作人為的操縱。

　　而這人為操縱唯一的受害者，可能就是人類學家了：人類學
家把所有父系平表婚（還有可以類比的婚事），不管其於相關的
個人或團體有怎樣的功能，全都歸到同一類裡去，而等於是把實
作在族譜模型納入的各層面的實作差別，全都合而為一。這裡只
需要舉一個例子，就可以了解遮蓋在宗族關係裡的「類屬型平表
親」（classificatory parallel cousin），其實在經濟和象徵方面並不
平等，進而點出，在這一層關係的正當性裡面，藏著有純屬**政治**
考量的策略。這一對配偶是貝萊德（Belaïd）家的人，這是一戶
家大（達工作年齡的男子可能就有十人，全家總數約四十人）、
業也大（經濟資本）的人家。由於「合產」向來只是因為「不肯
分家」而已，因此，特別能感受到家族內不同分支所能分到的
「份」、所能做的貢獻，是有差別的。所以，新娘出身的Ahmen這
一支的子嗣，男丁數目就比新郎出身的Youcef這一支要多，也因

---

[83] A. Hanoteau, *Poésies populaires de la Kabylie du Djurdjura* (Paris: Imprimerie Impériale, 1867), p. 475.

此，新娘家的地要比新郎家要多。由於男丁代表生產力，因此，家族裡的男丁眾多，代表後代的男丁會更興旺；只要知道怎樣發揮家族裡的這一份資本，男丁眾多也就等於優勢強大，而其中最重要的一項，便是指揮家族內外事務的威權：「男丁眾多之家，遠勝牲口眾多之家。」（akham irgazen if akham izgaren）而這一支人家在族裡高人一等的地位，從他們可以把族裡遠祖的名字拿來用，即可見一斑；Ahcène的名字就是這樣來的；這樣的人家有權在對外的大事上面，不管是衝突還是儀式，代表族人出面；Ahmed則是族裡的「智者」，由他負責仲裁和諮詢等事務，保障團體的團結。新娘的父親（Youcef）則完全被排除在權力之外，主因倒不在於他和叔伯（Ahcène和Ahmed）的年齡差距，因為Ahmed的兒子雖然比他年紀小得多，但有權參與決定；最主要還是因為他自動斬斷自己和男性之間的競爭，斬斷了他做任何特殊貢獻的機會，甚至也有一點斬斷了他從事耕作的能力。（他因為身為獨子，特別是「寡母的獨子」，是世系群繼嗣的唯一希望，因而備受身邊的女人呵護（像母親、阿姨、嬸嬸等等），不讓他跟其他小孩一起遊戲、工作，只要他專心上學念書，以致一輩子都只能在團體的邊緣打轉。他在入伍服役然後出外從事農耕一陣子之後，重返村裡，利用他名下公產很多但只需要養一小撮人的優勢，只肯做一些監督、園藝、管理（磨坊、菜圃、乾果加工）的事──都只是不必太主動、責任也最小的事；總而言之，男人家的事裡最不需要男人的事。這些因素，便是真要了解貝萊德家的婚事有怎樣的內、外政治功能，所需一併考慮在內的──也就是Amar最小的兒子和Youcef的女兒Yasmina Amar的婚事；Amar

是Ahmed的兒子，也是Youcef的叔伯輩，新娘Yasmina Amar則
是貝萊德家的類屬型平表親，也就是祖父兄弟之子的女兒。這一
件婚姻事由Ahmed和Ahcène撮合成的，兩人都是族裡掌權的人
──而且，照例不必和Youcef商量，害得Youcef的太太很不滿
意，這一樁婚事根本沒多少好處，但也抗議無效──像是鞏固優
勢世系群的地位，加強這一支世系群和土地多的世系群之間的關
係，但又不會減損自己的世系群對外的威望，因為，家內權力的
結構從來就不會明示在外，也因為世系群裡再窮的人家，也還是
可以分享世系群的榮耀。因此，這一件婚事的真相，就在它的雙
重形象上面。這一件婚事的公定形象，是大家族裡有兩位平表親
聯姻，這家族急著要以這一件婚事，來加強族裡的團結，同時向
外界展示他們遵守古禮最神聖的一條規則；但這公定形象，卻也
不會擋下大家不去知道這一件婚事的客觀事實：這兩個社會單
位，彼此的關係雖然不佳，但想藉此一強迫**聯盟**，不管怎樣都要
在宗族裡強迫兩家經由聯姻，而將財富結合起來作互補；即使對
這一支團體不熟的外人，也會如此看待；這些外人都有足夠的知
識，知道絕對不要被別人擺給他們看的表相給騙了。這類「集體
自欺」（collective bad faith）的例子還多得很。

可想而知，有些說法是會從「自發的詮釋」（spontaneous
hermeneutics）岔出去，走向失真但體面的道德、責任動機，而
遮蓋掉其間的約束和利益；集體判斷碰上這一類巧妙手法所製作
出來的事情時，難免也會有所猶疑。但也沒有哪一件婚事的客觀
含意會有鮮明的標示，而沒有作象徵性變形（symbolic
transfiguration）的絲毫餘地。所以，所謂mechrut的聯姻──就

是沒有兒子的人把女兒許配給一位「嗣子」（awrith），條件是女婿要住到岳父家——之所以只會在故事或人類學的教科書裡面才看得到，而且還有「買賣」的意思，像是看中女婿的生產、繁殖能力而把他買了回家，就正是因為把卡比爾世界觀裡的正式原則作機械化的運用。[84] 報導人說起這件事，不管他人是在哪一地區，若說這在他們那裡是從沒聽說過的，這樣的事只有在別人的地方才找得到，說的全都是實話。就算在族譜和家族史裡面作再仔細的檢查，都絕對找不到有例子會完全符合這一類婚姻的定義（「我把女兒嫁給你，但你必須住進我家來。」）但若要說他們沒有一戶人家的家裡沒住著至少一位嗣子，也一樣沒錯；這一位嗣子不過是用「同伴」（associate）或「義子」（adopted son）的公定形象作掩護，住在他們家裡罷了。Awrith這個字，也就是「嗣子」，是公定的客套話，用來讓人可以幫找不到名份的人找一個

---

[84]「法制派」（jurist）由於放不下母系親屬存續的問題，所以很注意*awrith*的情況，這情況用他們的話來說，就是訂立一份「收養成年男子契約」（這種事在阿爾及利亞的狀況，請見G. H. Bousquet, "Note sur le mariage mechrouth dans la région de Gouraya", *Revue Algérienne* [January-February 1934], pp. 9-11，還有L. Lefévre, *Recherches sur la condition de la femme kabyle* [Algiers: Carbonel, 1939]；在摩洛哥的情況，請見G. Marcy, "Le mariage en droit coutumier zemmoûr", Revue Algérienne, *Tunisienne et Marocaine de Législation et Jurisprudence* [July 1930]，還有 "Les vestiges de la parenté maternelle en droit coutumier berbère", *Revue Africaine*, no. 85 [1941], pp. 187-211；Capitaine Bendaoud, "L'adoption des adultes par contrat mixte de mariage et de travail chez les Beni Mguild", *Revue Marocaine de Législation*, Doctrine, Jurisprudence Chérifiennes, no. 2 (1935), pp. 34-40；Capitaine Turbet, "L'adoption des adultes chez les Ighezrane", Ibid., p. 40, and no. 3 [1935], p. 41）。

名份，這人在接納他的人家裡面，只能看作是他妻子的丈夫。顯然，重名之人若想照規矩來，以領養之名掩飾聯姻之實，那他要靠的，就是自己族人善意的同謀了；因為，這類的聯姻真要挑剔來看，等於是顛覆了所有體面的聯姻類型，對awrith來講是很丟臉的，而且，丟臉的程度還不亞於自私的親人用女兒來換取免費的家務勞動（大家會說「那個扮新娘的就是他。」）至於團體裡的其他成員，對於加入這場精心佈局的謊言也不落人後，好掩飾他們沒辦法找到體面的方式，來幫助絕後男子不必因為不想「破產」（lakhla），而用上這麼極端的一招。

但宗族裡面也有一些例子，就很難理解他們怎麼會從這一類的同謀裡面獲利。例如，有一支很有威望的世系群，於其歷史裡面就找得到好幾宗例子，是從外面買進來的女婿，但既沒被他們看作是mechrut，也未曾正式宣佈他們是mechrut，而且，他們加入那一支世系群的原因並不是必要，而是族裡為了要增加男丁的資本而採行這一「準系統性」（quasi-systematic）的做法；由這來看，就不禁教人覺得家醜的味道更強了。而有一個這種「名不正言不順」的女婿，是一位僧師；他婚後先在自己家裡住了幾個月（只是做做樣子罷了），才住進妻子的家中（由此可見，他妻子的地位要比他高），因此，他在那一戶人家裡的名義，想必就是「義子」；但他僧師的身份無疑可以為他「義子」的名份加分。儘管如此，他們還是會用幾類障眼法，來解決女婿住進女方家裡的問題：像磨坊歸這位女婿管，這樣他就可以離家遠一點；而依慣例，他吃的東西都要由家裡送到他工作的磨坊去。之後，族長會再小心暗示他應該到外面找事做；這是很巧妙的手法，因為，

這樣一來，他們還是可以保有他工作的收入，二來又免掉了大家因為他出現在妻子家中的尷尬。這作妻子的在丈夫死後改嫁，生了一個兒子，她在第二任丈夫死後把這兒子帶回自己生身的世系群，後來，這位兒子由母舅作主，替他娶進族裡照顧的一位孤女，將他綁在她身邊，這時，這兒子也不是嗣子的身份。理由是他們把這位「準兒子」（quasi-son）當自己的「親生子」在撫養（雖然他們還是叫他khal，而不叫他dadda，名字則是Ahmed u Agouni，這是跟著他自己親生父親住的村子取的），還把族裡一位「準女兒」（quasi-daughter）嫁給他，這就證明他們是乖乖遵守awrith的公定形象在做事，是把awrith當「嗣子」和「義子」來看，而且集體作了確認。這也便是二級策略可以額外得出意想不到的結果的原因——二級策略會把實作的關係變成公定的關係，而把遵循另一套原則的實作，弄得像是依循宗族定義而**推演**出來的實作——因為，二級策略會給實作加上一層表述，看起來像是專為證明結構論人類學家心裡的表述而做出來的表述。

常例和特例

因此，他們的婚事，絕非有什麼規範要他們在一批公定親屬裡面，強制指定某人必須和某人婚配，而是直接就實作型親緣的關係，來考慮男方這邊可用的人選有誰，女方那邊可用的人選又有誰，還有「族內」的權力關係如何——也就是老一輩的人因通婚而結親的世系群裡的權力關係如何，由這來衡量是要再培養哪一支的關係會比較好，用這樣的方式來撮合親事的。

我們若接受婚姻最主要的功能之一，便是將婚姻之所以得以

締結的社會關係再製一遍，那麼，我們馬上就可以理解，為什麼各式各類的婚姻，和該婚姻之得以締結而且意欲再製的社會關係的特性，會極其契合；而這些婚姻的類型，又可以從結親的雙方家族在客觀面有何性質（例如他們在社會階級組織裡的地位、住所的距離等等），還有婚禮本身的性質，特別是婚禮有多隆重，來作判別。公開具名而有社會認可的公定親屬團體，是公定婚（official marriage）得以成立的條件，也是公定婚何以必要的條件；唯有靠公定婚，公定親屬團體才有機會實際動員起來，再次凝聚成員的向心力，只是，這一份向心力既莊嚴又虛矯，跟凝聚向心力所用的儀式一樣。常例婚（ordinary marriage）則是在實作型親緣裡面締結的，也就是在大家一用再用、不停啟動以利將來再用的關係場域裡面締結的；而且，這樣的婚姻還因為太常見，以致一般都會淹沒在沒什麼特別、司空見慣的日常生活裡面。由此可以推論，一團體在社會階級組織裡的地位愈高——也等於是公定關係就愈繁密——該團體會下工夫將這樣的關係再製下去的比重也就會愈大；至於比較窮苦的家族，由於沒多少資產可以用在儀式上面，就可以利用實作型親緣給他們的保障，湊合著行常例婚。

報導人的說法難免會有扭曲，其中為害最大的，無疑就是他們一般都把特例婚（extraordinary marriage）看得太重；所謂特例婚，就是和常例婚不一樣的婚事，至於這不一樣，有好、好壞。人類學家除了覺得報導人就算全無惡意，給的說法也奇奇怪怪——像是「換婚」（abdal，兩個男子以姊妹互換為妻）；「對偶婚」（thirni，兩兄弟娶進兩姊妹，妹妹算是「加」在姊姊頭上陪

嫁進來的；或是由兒子娶父親二房太太的妹妹甚至女兒為妻）；或是「轉房婚」（levirate，收繼婚，利未婚），這是一種「賠償」式的特殊型婚姻（thiririth，從err來，意思是「給」或「收回」）——報導人的在地說法裡面，也會出現很極端的例子：像平表婚，這是神話裡最完美的聯姻類型，還有氏族或部族的族長聯姻，這是政治上最完美的聯姻類型。

因此，這些故事——這些半儀式化的說教敘述，不過是把寓言或古諺，用道德小故事的形式簡單重講一遍——說的都只是加了記號或有標記作用的婚事。首先，平表婚就有幾種不同的類型，有意在保存政治遺產者，也有意在預防世系群絕後者（萬一只有一位獨生女兒的話）。再來就是最明顯的「錯配」（misalliance），像灰林鴞（tawny owl）配上老鷹的女兒——純屬高攀的典型（於社會算是向上流動，於神話亦然；此處所謂之「上—下」，即如「日—夜」、「光明—黑暗」、「幸福—不幸」、「純潔—不潔」、「榮—辱」之比），出身下層階級的男子，一位awrith，和出身比較高的女子聯姻，兩方因為社會和性別階級的位置都有差距，以致傳統的助力關係整個顛倒了過來。這時就是由地位高的一方在作付出，協助被他收為女婿、扛在背上的那一個人，也就是那一隻灰林鴞，免得他在和年輕的鷹族競爭時會敗下陣來——這一句俗諺：「把女兒交給他，也要給他穀子」，說的就是這種很丟臉的事。

只是，一般的情況正好和公定表述相反；由觀察所得和數據統計可知，在所有觀察的團體裡的聯姻，大部份都屬常例婚，一般都由女性出面安排，在實作型親緣或實作型關係裡面作選擇，

這類的關係是這一類婚事得以成立的基礎，也是這一類婚事所要鞏固的關係。[85] 在這樣的關係裡面結成的婚事，依循的是歷史悠久的慣常模式，一代代奉行不輟，結親的次數頻繁又長久；這一類婚事不需要多作解釋，跟其他天經地義的事一樣，長久以來一直如此——而且，除了生物性繁殖的目的之外，就只在再製婚事之得以成立的那一層社會關係。[86] 這一類的婚姻多半不舉行婚

---

[85] 例如在小卡比利亞（Lesser Kabylia）阿格巴拉（Aghbara）村裡面，有一支大家族，其中二百一十八位男子的婚事（第一次婚姻），有百分之三十四是和部落外的家族結親；只有百分之八的婚姻是和空間、社會距離隔得最遠的家族聯姻，具有「權勢婚」（prestige marriage）該有的所有特質：這樣的婚事，都是因為其中一方，為了要和把自己的身價拉抬到別的世系群上面，而開始作這樣的聯姻。其他遠距聯姻（百分之二十六），就只是在固有的關係上面（也就是「由女方」建立起來的關係，或「由母舅」建立起來的關係，向來以聯姻、送往迎來、喪禮，有時甚至靠大型的聯合工事在維持），親上加親就是了。三分之二的婚事（百分之六十六），是同部落裡的人（共有九處村子）結親：和敵對氏族聯姻的例子除外，這一部份裡的婚事，全都屬於常例婚這一類；和敵對氏族聯姻是很少見的情況（只佔百分之四），而且從雙方是世仇來看，這樣的聯姻向來有其政治意義（特別是在老一輩那邊）。只有百分之六的婚事，是在同一世系群裡面聯姻（和別的世系群聯姻佔百分之十七，以實作型關係作聯姻的佔百分之三十九）：平表婚佔百分之四，和另一支表親聯姻則佔百分之二（在此必須加註一句：這一類婚姻的家族，有三分之二已經放棄共財制）。

[86] 下面這一段話特別有意義：「法蒂瑪在長子一出生後，就開始為他尋覓良緣。任何機會都不放過——隨時隨地睜大眼睛注意，在鄰居家裡，在自己的家族裡，在村子裡，去拜訪朋友，參加婚禮，朝聖，到泉水邊，到遠地，甚至弔唁她都不放過。她就這樣把一個一個孩子的親事全都打理好了，不費吹灰之力，不動聲色」（Yamina Aït Amar Ou Saïd, *Le mariage en Kabylie*; Fichier de Documentation Berbère, [1960], p. 10）。

禮，和特例婚之對比——也就是由不同村或不同族的男性撮合成
的婚事，或說得簡單一點，實作型親緣外的婚事，也因此，一定
要有莊嚴的儀式——一如日常的交換行為，跟婦女為了「維繫交
情」而常交換小禮物（thuntichin）一樣，是和特殊場合所要做的
特殊交換，像公定親屬之間照規矩要交換隆重的禮物且作莊嚴宣
示，形成對比。[87]

　　女性是不准插手特例婚的，平表婚也是；在這方面——也只
在這方面[88]——就和常例婚不同，常例婚根本就沒辦法不准女性
參與。但是，遠距聯姻大不同於兄弟聯姻，或者該說是只要是同
一世系群裡的男系聯姻、蒙族長祝福的婚事，就大不相同；遠距
聯姻於公定層面都屬政治婚姻。這樣的婚事，不是在日常關係裡
面撮合出來的，還要動員眾多團體舉行儀式大肆慶祝；如此大費
周章，唯一合理的解釋，就只有政治目的，跟兩支部族的「頭目」

---

[87] 我在別的文章裡面已經談過（cf. *Esquisse*, pp. 110-12），儀式步驟的密集和莊
　　嚴程度，就看婚事是在沒分家的家族或實作型親屬裡面締結的，還是在近親
　　裡面締結的，抑或是在遠距的實作型親屬裡面締結的，最後是所謂的特例
　　婚，依次遞增。而且，看來是特例婚才讓我們有機會去一窺完整的婚禮之究
　　竟；這婚禮遇到常例婚，就會化約成最簡單的形式了。

[88] 若把纏在純粹父系聯姻上的「神話美化」（血緣，純淨，內部）和「歌功頌
　　德」（榮譽，美德，等等）放在一旁，就會發現這些常例婚在他們的描述
　　裡，和平表婚是沒什麼不同的。例如，娶進父親姊妹的女兒，在他們眼裡，
　　是可以用最小的成本來鞏固女性關係的和諧、鞏固妻子對夫家親屬（也就是
　　媳婦的 khal 和 khalt）的敬意，這都和平表親一樣；不同的團體聯姻，可能因
　　為新嫁娘的地位和生活條件，而暗中引發兩方對立，終致陷入緊張，但在他
　　們這麼親密的關係裡，是沒理由出現的。

為了媾和或結盟而聯姻的這類極限情況（limiting case）一樣。[89]
這類婚事往往也是市場裡的婚事，市場是女性不准進入的中立地
帶，世系群、部族、部落就是在市場裡面慎重會面。談成的婚事
則由傳令員（berrah）在市場上公開發佈，這一點和別的類型的
婚事不同，別的類型的婚事關係到的只是男性親屬，因此不需要
鄭隆邀請。這一類婚事視女性為政治工具，是一類保證或流動資
產，可以用來賺取象徵性利益。締結這樣的婚事，是兩家可以公
開、正式、也因此絕對名正言順展示各自之象徵性資本，拿親族
的人脈來辦展覽的機會，從而再把象徵性資本再往上加，但所需
的經濟支出也不少，因此，這類做法向來信奉的是「累積象徵性
資本」這一條邏輯。所以，若要嫁的那一個外人，是被親族斷絕
了關係而逃到村子裡來的人，就以避開為宜；若要嫁的外人是遠
地的人，那這婚事就算顯貴，因為，這等於證明女方這一世系群
的聲名威震遠地。同理，政治婚姻由於有別於跟著老規矩走的常
例婚，因此不宜重複，也無法重複，因為，結盟的關係若變得司
空見慣，就會貶值。此外，這類婚事基本上是以男性為重的，因

---

89 常例婚必須遵守的限制和禮數，不會用在這類特例婚上面（這一部份原因是
　　因為不會有「續集」：除了落敗的團體（或氏族、部落）必須送給勝利一方
　　一位女子，或雙方各以一位女子互換表示平手的情況之外，有時，勝利的團
　　體，也會以自己這邊的一位女子無償奉送給對方，但這時的婚事，就不會是
　　雙方最重要的家族在聯姻了，而是地位不對等的兩家聯姻：由勝利一方的小
　　戶人家，奉送一位女子嫁進另一方的大戶人家。勝利的這一方用這種不對等
　　的聯姻，來表示他們那邊就算是最寒微的人家，也比對手最尊貴的人家要
　　強。

此常在新娘的父、母之間引發衝突，作母親的通常比較不重視聯姻會帶來哪些象徵性利益，而比較注重婚事會為遠嫁異鄉的女兒（thaghribth，流落異鄉的人，也就是遠赴西方的女子）帶來怎樣的害處。[90]只要一椿婚事直接關係到的雙方家族和世系群，能為所屬的大團體建立起互動的關係，那這婚事就完全合於「公定」的標準，婚禮每一部份的儀式，就都會有嚴格的規定，就連巫術也有定制需要遵守：這絕對是因為這一椿婚事的利害關係既深且重，而出問題的機率又高，以致施為者不敢把這樣的事託付給「協作式習性」（orchestrated habitus）去做「管制型臨場發揮」（regulated improvisation）。

在所謂的「特惠」（priviledged）「子市場」（就是akham），就是由長老和父系集體動用威權劃定出來的一塊「自由區」，就不容在這市場裡面搞高價競標或其他競爭；至於在這一類市場撮合成的婚事，就和特例婚很不一樣了，因為，所需的物質和象徵性的成本都要低很多。這樣的婚事，一般都認為是不待多言的必要之舉，若否，那家裡的女性出面小心調解，也一樣可以撮合婚事。而這樣的婚事，慶祝儀式自然也減到最少。首先，女方家裡用在接待迎親隊伍的花費（thaqufats）不會多，展示新娘財產

---

[90] 作母親的若看到女兒必須嫁到她沒一個認識的人（*thamusni*）、甚至連遠親（*arriha*，味道——她生身土地的味道）也沒有的團體裡去，會說：「嫁到遠地形如流放」（*azwaj lab'adh d'anfi*），「嫁到外面去，就是嫁去流放」（*azwaj ibarra, azwaj elghurba*）。而嫁去流放的女子也會唱這樣的歌：「啊，遠山哪，請為流放的人開放門戶。讓她看看她生身的土地。外地的土壤是死亡的姊妹，男人如此，女人亦然。」

（bridewealth）的儀式（imensi），也只有結親的兩家最重要的代表出席（可能是二十位男性族人）；新娘的嫁衣（ladjaz）只限三件禮服、兩條披肩，外加幾樣小東西（如一雙鞋，一件白布罩袍haïk）；新娘財產多寡會事先由雙方家長商訂，這樣，女方的家長才會知道該上市場去買些什麼作女兒的嫁妝（一張床墊，一個枕頭，一具衣箱，外加一張家傳的手工毯子，由自家人親手織成，母女相傳）；展示新娘財產的時候不會有多少儀式，也不會有大排場或作特別的鋪張；至於婚宴的花費，也因為把婚宴和Aïd合在一起辦而減到最少：充作犧牲的那一隻羊，就已足敷婚宴所需，屆時賓客通常還可能找藉口留在家裡不去赴宴呢。

　　老式的農民道德觀頌揚的是這一類常例婚（這是和聯姻對象落在社會公認的家族範圍之外的婚事，例如「寡婦之女聯姻」作對比而成的）；特例婚和這一類常例婚比起來，不論在哪一方面都不一樣。若是有心要到遠地娶親，就一定要有習慣和「日常」以外的人脈維持關係，才有條件談這樣的婚事；這就表示當事人必須擁有必要的能力，尤其是語言能力，這在這方面是絕對少不了的；此外，擁有龐大的資本也是必要的條件，因為維持遠地的關係是很花錢的，而資本是取得可靠資訊、找人媒合的唯一來源，資訊和媒人又是婚事成功的必要條件。總而言之，有辦法需要的時候就動用這類的資本，是需要事前就作長時間的大量投資的。就舉一個例子來看好了，有一戶僧師人家應要求作媒，其族長所得的報酬可以有很多種：像村子裡的taleb會從主婚人那裡獲贈新衣、新鞋，在iqafafen的隊伍裡面也有份的高階宗教領袖就更不必談了；所得的禮物，如宗教慶典所分到的現金或收成季所

分到的穀物，也都要和他提供的服務相稱；而那一年的Aïd羊要送給他，是為了彌補他向外引進一個教外人的「恥辱」（ihachem udhmis，他臉上蒙羞）（不管這個人擁有多大的權力，他並沒有真的把古蘭經的知識「放在心裡」），兼有勞他用他的信仰、知識為這一樁婚姻祝福。雙方一旦達成協議（可能要付thaj'alts給女方的一位近親），就可以舉行「立誓」（asarus，訂立盟誓，thimristh）的儀式，這等於是一種「分發儀式」（a'ayam，名說，或是a'allam，標記，可以比作耕地犁出來的第一畦；或更精確一點，amlak，跟土地一樣作分配），也幾乎算是婚禮了。女方不只有新娘會收到禮物（新娘會收到「盟誓」，這會是一樣高價珠寶；凡是在那一天會見到新娘的男子，也都要送新娘禮金：tizri），女方家裡的女性也全都會收到禮物；賓客也會帶糧食（像粗麵粉、蜂蜜、奶油）還有牛隻，在餐宴上宰殺供賓客享用，或是送給新娘增加資本。女方家裡的男人則會鳴槍致賀，以震天價響的槍聲證明家裡男丁眾多；在婚禮那一天也是。在這一場餐宴和婚禮之間舉行的每一場餐宴，都是為嫁進來的新婦thislith奉上她的「持分」（el haq）的機會：相隔很遠的大家族相聚的時候，只是交換幾盤庫斯庫斯是不夠的，還要再加上一些符合結親雙方身份的禮物才行。雖然已屬「轉讓」，也就是說她已經「給了出去」、「分了出去」，只能從她拿到的諸多持分「回想起她」，但男方還是不算「要到了」新娘：由於是「榮辱點」，因此女方的家人有權力等一等，也讓男方等一等，愛等多久就等多久。

　　婚禮顯然就是兩支團體出現象徵性正面衝突的高潮，也是花大錢的時候。女方家會收到thaqufats，這至少是二百公斤粗麵

粉，五十公斤麵粉，大量（活體動物）的肉類——送的人知道收禮的人不會全都吃掉——蜂蜜（二十公升），奶油（二十公升）。有人提過一個例子，有一戶人家嫁女兒收到了一隻小牛、五隻活綿羊和一隻宰殺的綿羊。Iqafafen的隊伍人數足足有四十位手持來福槍的男子，族裡因年齡而不必鳴槍的所有男丁，和有頭有臉的人士，也全員到齊——總共有五十人。這情況下的新娘嫁衣，就可以多達三十件了，族裡其他女性也會拿到約當此數的禮物。若有人常聽人說大家族之間是沒有chrut的（就是作父親的在把女兒嫁出去之前預設的條件），這是因為這一類家族本身的地位就是保證，在其他地方需要明言的條件，在這裡都可以略過。雖然新娘財產的價值向來有嚴格的社會監督，但例外的親事還是可以不管族人默許的限度。這從現在依然聽得到的挑釁話語可以證明：「你以為你是什麼啊？十四〔am arba'tach〕的女人啊？」——這「十四」指的是最有錢、男丁最旺的一戶人家花了十四金幣娶進來的一個「主婦」（mistress），這成了身價最高的妻子。這說法若是用在一九〇〇至一九一〇年成婚的女子，那說的就是四十銀元（duro）了；依當時通行的對換標準，應該可以買兩對公牛（「我們為她花的錢『可以買兩對公牛』」，elhaq nasnath natsazwijin）；第二次世界大戰前夕，一般的新娘財產大致在兩千舊法郎（franc；合二十英鎊）上下。一九三六年有一樁豪門聯姻，舉行了盛大的婚禮，族裡的男子幾乎全邀請到了（還有一隊tbal戲班子表演了三天三夜），主婚人花掉的錢，除了他全部的流動資產之外，還包括一塊上等農地（一人得花四天才能犁完）。為了餵飽他的賓客，他還殺了兩頭公牛、一頭小牛、六頭綿羊。

其實，比起imensi的象徵成本，經濟上的花費可能還微不足道。展示新娘財產的儀式，等於是兩支團體徹底的正面衝突，在這衝突當中，經濟的利益不過是指標和藉口。花大錢把女兒嫁出去，或花大錢為兒子娶親，都是證明一個人威望的方式，也是建立威望的途徑：雙方都想證明他們家族的「身價」；不管是知道該怎麼為自己訂價的重名之人在炫耀他們自訂的聯姻價格，還是在炫耀他們花得起多少錢來找相稱的盟友，都是這樣的意思。兩方的家族用反向的叫價手法，以平常的討價還價作掩飾，默許彼此不斷出價而把花費往上拉抬，因為，在婚姻的交易市場裡面，把標記自己產品象徵性價值的明確指標往上拉抬，對雙方都有好處。而新娘的父親在激烈的議價之後，還有辦法將一大部份聘禮鄭重送回，才會是這當中最受人稱道的事。退回的部份愈大，面子就愈大，像是在這一場交易裡用慷慨作壓軸；之所以這樣做，是要把討價還價變成榮譽交換；而這過程在表面會這麼激烈，只在於追求最大物質利益的目標，是蓋在「榮譽競賽」還有追求最大象徵性利益的表相之下的。[91]

　　遠距聯姻裡距離最遠的婚事，絕對不會有含糊的地方，因為，若為了消極的理由而作遠距聯姻，像附近沒有可以聯姻的對象，是根本就不可能的，至少在近代以前是如此。平表婚是常例婚裡唯一可以作積極和正式**標記**的一種，而和所有近鄰聯姻一

[91] 金錢交易普遍化，加上從金錢交易來的算計性向（calculative disposition）普遍化，為破除了這裡面原有的模糊特性，將之化約成雙方就嫁妝討價還價，變得可恥又荒謬，導致這樣的傳統步向衰退（這傳統在鄙俗的交換活動裡面，像牛軛的買賣，倒是維持得比較久）。

樣，往往出現在最窮的世系群裡，或支配世系群裡的最窮的一支
（食客client）裡面；這樣，世系群裡的人就可以用最經濟的聯姻
方式，以最適當的途徑（就算只是為了避開錯配也好），來解決
族裡兩位特別弱勢成員的婚事。但也由於這樣的聯姻，向來都有
凝聚族裡最小單位的客觀效能，進而強化這最小單位有別於其他
單位的特出地位，因此，團體若是急於凸顯它有怎樣的**特出地
位**，就有可能利用這一書婚事。也因此，這一類婚事若要有模糊
的地方，就在於要先弄成像是窮人家的風光婚禮：凡是想借盛大
的排場當障眼法來肯定自家特出地位的人，一如落魄貴族唯有靠
象徵的手法才有辦法擺他不肯降尊紆貴的姿態，這樣的婚事，就
正是他們可以耍的優雅手段；有和祖先的家族斷了關係的世系
群，急著要維持它自己的獨特性，也有家族為了證明自家獨有的
特性，而要更進一步追求血統純正（這幾乎都只發生在僧師的人
家裡面）；或有氏族為了和敵對氏族有別，而要對傳統要求的規
矩守得更嚴（像 Aït Hichem 的 Aït Madhi），諸如此類的情況，就
會如此。由於這樣的婚事看起來會像是最神聖的婚姻，有的時候
還會是最「出眾」的婚姻，因此，也是特例婚裡最便宜的一種，
婚禮的開銷、危險的交涉、還有昂貴的新娘財產，一概都躲了過
去。也因此，遇到這不得已的狀況，或要宣示自己一切按規矩
來，就屬這一招最好用了。

　　不過，任何一椿婚事都只有放在所有可行的聯姻選項裡看，
才有意義（或說得更具體一點，放在所有可能的夥伴裡看）；換
言之，每一椿婚事的位置，都落在平表婚這一頭到異族〔部族〕
通婚——風險最大也最風光——那一頭的連續體裡面，因此，每

一樁婚事都應該從這一條連續體的兩端來看，一來從鞏固凝聚力來看，一來從擴展結盟關係來看。位處兩端的這兩類婚姻，代表兩種價值的極大值，而每一樁婚姻的目的，都在放大這兩種價值：一來要鞏固最小單位的團結和穩定，一來要擴大聯盟關係和自家的威望，也就是說要向外擴展，向陌生的地方擴展。「聚—散」、「內—外」、「安穩—冒險」二者間的選擇，每一樁婚事都會碰上。若為了保障最小單位能夠擁有最大的凝聚力，那平表婚就是在結親的關係上加一層結盟的關係，但也因此重疊，而錯失聯姻所能帶來的新結盟關係。反之，遠距聯姻就是寧取風光的結盟關係，而捨世系群裡的團結和兄弟間的依附關係，而後二者都是父系單位的基礎。在地人的說法不斷重複這一點就是不放。而向心力──標舉安內，保障，自給自足，血統優越，父系團結──即使只是要對抗離心力，也就是風光的結盟，向來都會引發離心力。他們的「無上命令」（categorical imperative），始終都蓋著最大利益和最小利益的盤算，也就是在尋求結盟的最大利益之餘，也希望兼顧兄弟凝聚力的維持和加強。這從報導人用的措辭裡面，就可以看得出來；他們的說法始終不脫「比較好」：「保護你的榮譽〔nif〕比向別人炫耀重要。」「我不會為了麵餅〔adhrum〕而犧牲世系群〔aghrym〕。」「在家總比出外好。」「膽大妄為之首：把'amm的女兒嫁給別人。膽大妄為之次：身無分文到市場去。膽大妄為之三：和山頂的獅群對抗。」最後一句最重要，因為，這一句在徹底譴責遠距聯姻的表相下面，還是明白承認了這一句話背後的邏輯：功勛、幹才、威望。身無分文卻還是要上市場買東西，是需要有很高的威望、過人的膽識，才做得

到的事；和獅群對抗也一樣需要極大的勇氣；而許多創世傳奇裡，也都說開村的祖先都必須從勇敢的外人那裡把妻子贏回來。

聯姻策略和社會性再製

　　一樁婚姻的特性，特別是這一樁婚姻在政治聯姻到平表婚的連續體內佔的是怎樣的定點，全看兩邊的團體採行的集體策略，訂的是怎樣的目標。或說得更確切一點，由於策略的目標本身，和可行的方案是有密切的關係的，分析不同類型的婚姻之得以出現，是如何操作成的，一定會推著我們倒回去分析，婚事之得以談得成——也就是當事人想得出來又做得出來——該有怎樣的條件。聯姻的賽局和牌局一樣，結果如何，一部份要看發牌，也就是要看手裡拿到了什麼牌（牌的價值由賽局的規則決定，亦即所論之社會構成體），另一部份則由參與者決定：也就是說，最先要看兩邊擁有的物質資本、象徵資本如何，雙方的生產工具和男丁如何，因為，男丁既是生產力也是繁殖力之所在，另在先前所述的賽局裡面，男丁也是戰鬥力之所在，也等於是象徵性的力量；再則要看雙方利用策略發揮手中資本功效的能力如何，也就是掌握（廣義的）經濟定理的實作掌握力；而團體之所以做得出來他們覺得「合理」又符合物質財貨、象徵財貨兩方市場律的實作，就需要有這樣的實作掌握力作前提。

　　（聯姻或任何實作裡面）採行的「招數」，其背後都有集體的策略在推動；這集體策略，又是各利害關係團體行使各種策略所促成的結果而已；各利害關係團體對於各自的利益看得有多重，則由事發當時他們在家內單位的權力結構裡的地位而定。而

聯姻的交涉其實是一支團體全體的事，就要特別注意了。團體裡的每一個人，都會有需要他出馬的時候，而對婚事之成敗，都會有所貢獻。首先，團體裡由女性出面，事先循非正式路線作非定案接觸，可以為雙方打開半正式交涉的大門，但又沒有被對方拒絕而出醜的危險。之後，團體裡面地位最顯赫、最能代表公定關係的人，就會由族人作明白的**委任**，**賦與**發言的權力，出面充當保證人，負起媒合、調解的責任，同時向對方證明請得動威望這麼高的人的團體，其所擁有的象徵性資本一定不凡。最後，就是全族一起參與決策，熱烈討論聯姻的計畫，評估對方代表的提議該如何回應，策劃未來交涉該走的方向。而這連帶也表示——由於有民族學家只用宗族關係來描述婚姻就已經滿足了，為了替他們著想——這些公定親屬為婚事所擺出來的這一番「半表演式」（quasi-theatrical）的表相後面，其實是兩方都已經做過全面的調查，取得各項變數的資料，調查的不僅是這一對新人（年齡，尤其是年齡差距，先前的婚姻史，在家裡的排行，和家族掌權者的理論型和實作親緣關係如何，等等），也調查新人所屬的團體。所要調查的資料有：即將結親的雙方家庭和所屬的團體的經濟和社會歷史；象徵性公產，尤其是名譽資本和這資本的持有人；雙方手中結盟關係的品質如何，雙方有何宿敵；雙方在所屬團體裡的地位如何——這一項條件特別重要，因為明擺出來的尊貴陣仗，可能暗藏的是寒微的地位，只是身在顯赫團體裡面罷了——還有該家族和其他族人的關係，也就是該家族的凝聚力如何（像是否「合產」等等）；該家內單位的權力和權威關係的結構如何（若是要嫁女兒的人家，就要特別注意男方家裡女性在這方面的

權力結構如何），等等。

　　若是社會構成體的走向只求作單純的生產，也就是只求團體
能有生物性繁殖，生產足夠的糧食以供生存和繁殖即可，因此，
將生產得以進行且取得正當性的社會和意識型態的關係再製下
去，自己也包括在內，那麼，社會構成體裡不同類別的施為者，
會採取怎樣的策略，就要看該社會的一整套原則，於客觀面分派
給各類別的人的一整套利益是如何的了；原則體系會決定**再製模
式**（mode of reproduction），而各類別的施為者於家內單位裡的利
益，也可能有所衝突（有許多狀況都會有衝突，像聯姻即是其
一）：這些原則決定了生殖、血緣、居住、繼承、聯姻等等事
情，而且，合起來，還只為了發揮同一功能——謀求團體能作生
物性繁殖和社會性再製——因此，於客觀面上是要作協調的。[92]
在他們的經濟體裡面，生產工具的分配相當平均（一般都由世系
群共有），生產力相當脆弱但又穩定，以致不太可能有大量生
產、大量累積盈餘的情況，也因此不太可能發展出明顯的經濟差
距（不過，在「互助／徭役」的制度：thiwiz裡面，徵收徭役的
時候，就倒還看得出來是有差距的；這種制度是販賣勞動力的變
體）；因此，一戶人家努力的方向，就會以維持家族繁衍為主，
而非資產之生產。

　　若有人堅持要把thiwizi看作是「徭役」（這樣才比較容易把
現實硬塞進——例如——實在論有關生產模式的具象化定義裡

---

[92] 在這樣的體系裡面，繁殖機制失效——像婚姻錯配，不孕導致世系群絕後，
　　合產制破裂等等——無疑都是經濟和社會階級組織發生變化的主因。

面），那他就至少要承認這類「徭役」其實是蓋在互助的表相下面的。其實，thiwizi 有利的，以比較富有的農民為主，還有 taleb（taleb 的農地是由大家集體耕耘、播種的）：貧窮的農民在收成的時候，是用不著人幫忙的；但 thiwizi 也有利於窮人的時候，就是蓋房子的時候（要人幫忙搬運石塊、梁柱）。「放逐」（ostracism）這種懲罰之可怕，不僅在於它之象徵意義：由於技術資源有限，有許多事若沒有團體幫忙，根本就沒辦法進行（像蓋房子、運石塊、搬水車，這在以前可要動用到四十人、連續輪班工作好幾天，才做得來）。還不止，在這麼不保險的經濟體內，協助和餽贈才是最好的資本，甚至是預防「千百種突發狀況」的唯一保障，像是有意外導致牲口死傷或惡劣的天候毀掉農地作物之類；而依馬克思的看法，工作條件之得以維繫或終致喪失，就是由這「上千突發事件」在決定的。

　　在這樣的情況裡，若從嚴格的經濟觀點來看，把團體裡的男丁只看作是「手腳」因此是有「肚皮」要餵飽的話，那男丁眾多，無疑就會是負數。由於政治不安會薰陶出必要的性向，好讓人可以去應付戰爭、打架、搶劫、報仇（reqba）等事，以致反而讓政治不安一直循環下去，這正是把男性當「槍桿子」看——也就是男性不僅是勞動力，也是戰鬥力——的基本原因：土地的價值，不僅是有能力耕作的男子在決定，也是由有能力保護土地的男子在作決定的。由世系的名號作代表的世系群公產，不僅包括這名號名下擁有多少土地和家屋——這些是珍貴的財貨，因此也很脆弱——也包括保護公產的憑藉有多少，也就是男丁的數目；這是因為，土地和女性從來就不會化約成單純的生產或繁殖的工

具，更不會化約成商品甚至「財產」。侵犯土地、住屋、女性，
就等於是侵犯其主人，侵犯其榮譽：nif，侵犯這主人於團體裡
的存在（being）——也就是他的「生殖力」（potency）。讓渡的
土地、未報的強暴和凶殺大仇，表面不同，實則都是同一類侵
犯，都是團體的「榮辱點」，都會引發同一類反應：凶殺的「血
債」是要「血還」的，但若可能，改由凶手的近親或凶手所屬團
體裡面最顯赫的一員來代還，機率還要更大；祖傳的田地流落到
外人手中，就算不是很肥沃，也要**不計代價**把地買回來，好將團
體蒙羞的名譽洗刷乾淨。[93] 依挑戰（challenge）和應戰（riposte）
的邏輯來看，所謂上等的田地，於名義和象徵兩方面，都和公產
有最密切的關係，因此，攻擊一支團體能用的絕招，就包括攻擊
他們團體裡面最重要的代表。

　　「榮譽」的精神特質，不過就是把這些經濟、政治的現實換
一套說法來表達。榮辱點nif和huram，也就是禁忌haram的總
和，是有很鮮明的差別的，這些合起來，便是一團體的弱點所
在，是團體最神聖的所有物（由此可知，挑戰和褻瀆是有差別
的；挑戰只碰到了榮辱點）。[94] 唯有毫不放鬆、主動捍衛榮辱點

---

[93] 這麼多的 *chikayat*（告訴狀），有些還告上了法庭，並不是因為他們性情好
　　鬥，而是為了要發動挑戰或接受挑戰：告上法庭，希望法庭能以「優先佔」
　　（pre-emption）為由宣告土地買賣無效的（罕見）訴訟案，也是如此。

[94] 單純就「榮譽點」提出挑戰（*thirzi nennif*，提出挑戰的舉動）；*sennif*：
　　「我以我之榮譽向你挑戰，我怕你啊！」，和hurma（聖性）遭質疑這一類的
　　冒犯，不可以相提並論。若有暴發戶不懂得榮譽的規則，hurma受辱後為了
　　討回公道，改向侮辱他的人提出挑戰，要和對方比賽誰跑得快或誰拿得出比

nif，才有可能保證名聲 hurma 完整無缺——由於名聲是神聖不可侵犯的，因此注定會有褻瀆的麻煩——唯有維持榮譽不受侵犯，捍衛的榮辱點夠多，才配享有別人的**敬意和尊崇**。[95] 帶有神聖（haram）含意的 hurma，nif，還有帶有尊敬含意的 hurma，是分不開的。一戶人家愈是脆弱，所需要的 nif 就要愈多，才足以保護它的神聖價值於不墜，而這一戶人家所贏得的功績和尊崇也就會愈多；所以，貧窮不僅不會牴觸尊崇或限制尊崇，反而會使人備加傑出，因此，這樣的人雖然特別容易碰上奇恥大辱，但依然懂得奮力捍衛榮譽，贏得尊崇。但反過來，榮辱點只對有事情值得捍衛的人有意義、有功能。手上沒有什麼是神聖不可侵犯的

較多的千元法郎大鈔，是會遭人恥笑的。因為，他把兩種完全不同等級（order）的事給搞混了：一是挑戰的等級，一是冒犯的等級，而冒犯的等級涉及了最寶貴的價值。Hurma 遭到冒犯，一般是不容逃避的，也不可以用 diya 這一類的和解方法來解決；所謂 diya，就是殺人犯的家族對受害人的家族提供賠償。當事人若接受這樣的安排，會遭人物議：「這人竟然同意喝自己兄弟的血；像他這樣的人只顧自己的肚皮。」Hurma 受到侮辱的時候，就算不是直接的、對方也是無心之過，當事人還是會迫於輿論的壓力而非報仇不可：若一直沒有報仇的行動，那這喪失 nif（榮譽）的懦夫只有恥辱和流放外地二途了。

95 帶有「尊貴」意思的榮譽，用字是 sar: essar 指祕密、尊榮、燦爛、「光榮」、「現身」。他們會說一男子「有 essar 跟著，在他身邊閃閃發光」，或一人有「essar 的屏障（zarb nessar）作保護」：擁有 essar 的人會因為 essar 的神祕影響力，在別人心裡引發恐懼（alhiba）以致癱瘓無力，而替自己擋下挑戰和可能的冒犯者。而教人丟臉，就是「把他的 essar 拿走」（或把他的尊貴 lahya 拿走）：essar 是重名之人身上那一股難以名狀的氣質，既脆弱又容易受損，但也幽深難測。卡比爾人就說「essar 是一席大斗篷，輕輕罩在一人的肩上」。

人，也就沒有什麼榮辱點可言，因為他等於毫無弱點。所謂haram（字面的意思是：禁忌），指的是左手的神聖性；至於hurma，指的就是內部的，講得更精確一點，指的是女性的宇域，祕密的世界，屋內的封閉空間，而和外在、公共廣場（thajma'th）的公開世界相反，後者是保留給男性的。右手的神聖是「槍桿子」，也就是父系的團體，「叔伯的子嗣」，成員凡遭殺害一定要血債血還才行，而有責任報此血海深仇的，也是這裡的成員。「槍桿子」則是父系團體的nif的象徵，nif是可以挑戰的，一個人也因為有nif而可以回應挑戰。因此，hurma是消極被動的，於本質上是女性的，而和nif的主動敏銳相反，後者是男性首要的特質。而捍衛團體的物質和象徵性公產——團體的生殖力和弱點，都從這裡來——終究要靠nif，亦即團體（物質和象徵兩方面）的戰鬥力。

　　男性是政治力和象徵力的所在；公產的保護和擴張，團體的安全，財貨免遭暴力侵犯，同時發揮團體的支配力、滿足團體的利益，靠的就這力量。也因此，能威脅到團體的力量者，除了女性不育之外，就只有團體裡的男性因為不和，以致物質和象徵性的公產四分五裂。因此，團體需要有繁殖策略，愈快生出愈多男性子嗣愈好（例如早婚），還要有教育策略，在團體成員的腦中灌輸效忠世系群、效忠榮譽的觀念（也就是把施為者和大家極度脆弱又威脅不斷的物質暨象徵性公產的客觀關係，換個說法來表達），二者合起來鞏固世系群的凝聚力，將侵犯的心態轉向朝外：「土地是銅（nehas）做的，男人的手臂則是銀做的。」這說法模稜的地方——nehas也有妒嫉的意思——正好也指出了他

們的繼承習慣法為了將男性和土地綁在一起而產生的矛盾。繼承的策略,於客觀面是要把愈多男性綁在公產上面愈好,也因此必須把女性從繼承的行列剔除,以確保繼承公平,保障公產完整,就也引發了不可免的矛盾:這樣不僅因為把祖傳的地平均分給眾多子嗣,而讓祖傳的地有四分五裂的危險,更重要的是,這樣的做法於根本就種下了爭奪家內經濟、政治的競爭心理——像父、子之間就會有競爭和衝突,因為,這一類權力傳承的模式,注定要教作兒子的在父親生前只能一直處於臣屬的地位(有許多平表婚都是由族裡的長老在安排的,作父親的還尚未能得徵詢);兄弟或堂兄弟之間也會有競爭和衝突,因為,起碼到了他們自己也成了父執輩的時候,利益終究會有衝突的。[96]政治和經濟共享的象徵性利益,和政治和經濟劃分的物質利益——只要開始懂得作經濟盤算,就不時會朝這方面去想——二者間的對比關係,便是主導父系團體策略走向的主力。打算盤的欲望在男性身上雖然比較壓抑,但在女性身上就表達得比較明白,因為,女性以她們在結構裡的地位,先天就比較不會在乎政治團結的象徵利益,而會比較注重單屬經濟的實作。

　　以女性為分裂、不諧的禍源,就這樣在性別分工的效果上面

---

[96] 的確,對一個人殺害他要繼承的那一個人,習慣法一概訂有罰則,沒有例外;這就證明公開衝突是很常見的事:「一人若心術不正,殺害親戚(這人是該親戚的繼承人)以求繼承遺產,*djemâa*(堂會)得將凶手財物全部沒收。」(艾歐丁族〔Iouadhien〕的卡南 *qunun*,載於 Hanoteau and Letourneux, *La Kabylie et les coutumes kabyles*, vol. III, p. 432;另也請見頁 356,358,368 及其他)。

找到了表面的基礎；先前即已提過，他們的性別分工會使女性對象徵性利益沒那麼敏感，而比較可以去自由追求物質的利益。[97]女性間的借貸，在他們看來是「榮譽交換」的反面；就此而言，女性的借貸行為，也真的比男性做的交易，要更貼近交換這件事的經濟現實。男性一般在想到借貸就羞得一臉慘白：「臉色蠟黃」，重名之人一般深恐「信用」資本消失，若有人隨便向人借東西，特別是錢，他們便會說這樣的人是「借東西（arrtal）跟女人家一樣」。男女兩邊經濟體的對比有多明顯，由此可見一斑：err arrtal 這說法——也有報仇的意思——在男性口裡的意思是**回禮**，是一種交換的行為，但在女性嘴裡的意思就是「歸還東西」了。借貸行為在女性當中當然比較常見，比較自然；女性什麼理由都可以拿來當借貸的藉口；由此可知，藏在以物易物（swapping）裡面的經濟現實，在女性的交換行為裡面沒有藏得那麼深，女性的交換可能都會訂下歸還的明確日期（「我女兒生產那一天」），也會註明借出的確切數量。

---

97 這是合產制破裂的一則典型事例：「現在你再也找不到有兩兄弟是住在一起（zaddi）的了，不是同母的兄弟就更罕見了。我敢說，我甚至想不起來我和 *dadda*〔哥哥〕布拉罕（Braham）的關係是什麼。這是遲早的事，每個人心裡還都希望這樣，每個人都覺得自己為別人付出太多，『我若只有老婆、孩子，就不用這麼辛苦』，或『我就早早榮登「聖殿」〔七重天〕了』。一旦生出了這樣的念頭，就全沒了，一切就都完了。像長瘡一樣。女人已經有了這樣的想法，等男人也加進來開始說同樣的話，就全完了。只要是女人沒一個不這麼想；女人是 zaddi 的天敵，因為魔鬼就住在女人身上：女人就是會想盡一切辦法要污染男人。女人憑她們的決心，從來不會失敗」（Hanoteau and Letourneux, *La Kabylie*, vol. III, p. 423）。

　　總而言之，土地的聯合所有權、結盟的廣度、父系團體的物質和象徵性的權力、望族（akham amoqrane）的榮譽和威望的價值等等內具之**政治暨象徵**性利益，都有助於加強共財的束縛。而反過來，由於金錢交易愈來愈普遍，（隨之而起的）計算心理愈來愈擴散，合產制崩潰也愈來愈常見，和消費有關的（狹義的）**經濟**利益，也就更容易導致公產共有的制度跟著崩潰。[98]

　　就算在家族內掌權的人，很早就開始為繼任的事情作準備，疏導團體成員個人的抱負走向，依兄弟的才能，在家內分工，為各人找出合適的「專長」，內部奪權的競爭還是難免，雖然可以昇華為榮譽之爭，但還是會付出代價，導致團體成員對自己的控制、團體對成員的控制可否得出延續，可能出現問題。只是，土地聯合持有和家族團結的凝聚力——這兩種有彼此加強的作用——還是會不斷和分裂的力量有衝突；例如權力或責任分配不均，生產和消費的貢獻不均（「賣力工作的人的苦勞，都被靠牆

---

[98] 凝聚力削弱（這和象徵性價值衰落有關）、破壞力加強（這和金錢收入的源頭出現、引發農民經濟危機有關），導致大家不再接受長老的威權和農民刻苦、勤儉的生活；年輕一代開始要求自己勞動的利益要歸自己分配，想花在消費財上，而不再用在可以促進家族威望和影響力的象徵性財貨上面。「在以前是沒人敢要分公產的。長老有他的權威。有人敢提這樣的事，準會挨一頓好打、被扔出去，外加詛咒上身：『這傢伙是害家族破產〔lakhla ukham；家事廢弛〕的禍源。』『他要分家』〔itsabib ibbatu〕：長老『不讓他分家』。現在每個人都在要他該得的那一份；這在以前是『乖乖吃你那塊麥餅，別吭聲』：以前當族長的人到市場去坐在 thajma'th 裡，都是有意義的。現在，每個人都知道寡婦家比〔重名之〕人都還要有錢。『昨天還是毛頭小子的人，今天就要管事了！』」

不動的人吃掉了」），都很容易引發妒嫉的心理。[99] 一般而言，分配工作、管制支出、管理公產、決定家族的對外關係（如結盟等等）的威權，其實是集中在一個人身上的；因此，這一個人可以從上市場、出席氏族大會，或特殊一點的部族權貴聚會等等，取得象徵性的利益——就更別提這些權責可以讓他免除必要之日常例行工作了。

　　所以，兄弟在客觀面像是團結的，情況未必更好，因為，在主觀面往往離心離德，就算團結維持不變也一樣。有一位報導人就說，「所謂我的兄弟，在我受辱的時候會為我挺身而出，他會免我受辱但要我羞慚。」另一位報導人則說有一位朋友說過，「所謂我的兄弟，在我死後會娶進我的寡妻而受讚揚。」習性的生產模式有均質的特性（例如生活的物質條件，教育等等），以致人的性向和利益也趨於一致，進而不僅不會擋下競爭，在有些時候反而會引發競爭，而讓在同一生產條件下所生成的人，只認得同一利益、只追逐同一利益，導致這些利益因競爭而變得愈來愈少。家內單位，如韋伯所說，是就限定類財貨（如土地、名字等等）作壟斷式分配而形成之「壟斷群組」（monopolistic grouping），便也是爭奪這一類資本的所在，或說是爭奪這一類資本控制權的所在；而由於這一類爭奪，會破壞這一類資本存續的

99　毋須就這其間的因果關係作揣測，還是可以指出親戚間對「嚴重的嫉妒惡疾」（*atan an-tsismin thissamamin*，尖刻的嫉妒疾病）是很注意的，特別是當母親的人，她們有一整套矯正和預防的儀式，可以派上用場（像要表達極深的仇恨，有一個說法是小男孩因為家裡多了一位新生兒，頓失母親鍾愛，而致日漸消瘦、蒼白，活像「垂死」〔*am'ut*〕之人，或便祕纏身〔*bubran*〕）。

條件，以致這一類爭奪對這一類資本始終難免有摧毀之虞。

　　兄弟關係是家庭組織的基石，也是家庭組織最脆弱的一環，因此有一連串機制設計來支持、鞏固兄弟的關係[100]；平表婚就是排在第一，這是用意識型態來解決這類**繁殖模式特有**的矛盾，有時還在實作裡面實現。若說平表婚是男人家的事，[101]符合的是男人的利益，也就是說，符合的是世系群裡的高階利益，往往不告知女性，甚至還**違反女性的意願**（像有兩兄弟的妻子交惡，其中一人不肯讓另一人的女兒進她家的門，另一人則不肯把自己的女兒送進妯娌的權威之下），即逕自安排婚事，理由就在於，這類聯姻的目的，本來就是要實際反制男性之間的分裂的。他們覺得這是天經地義的事，作父親的在婚禮上給兒子的訓誨（「別聽妻子的話，兄弟間要團結一致。」），在他們自然而然就會聽成「你們的孩子要相互通婚。」

---

[100] 有一點相當重要：習慣法處理家務事，只是偶一為之的特殊狀況，而且向來站在合產制（thidukli bukham 或 *zaddi*）這一邊：「未分家的大家族裡的人，打架也不必罰錢。若分了家，就必須跟別人一樣罰錢」（Hanoteau and Letourneux, *La Kabylie*, vol. III, p. 423）。

[101] 有一位女性報導人談這一類婚事是如何安撮合起來的，她的說法就是典型：「他還不會走路，他父親就為他找好了媳婦。有一天晚上，吃過晚飯，阿臘（Arab）去找他哥哥（*dadda*）。聊了一聊。他哥哥的太太懷裡抱著小女兒；小女孩朝叔叔伸過手去，叔叔抱起小女孩說，『但願她會是 Idir 的妻子！就這樣設定了，好不好，*dadda*？你不會不肯吧？』阿臘的哥哥回答：『你說瞎子要什麼？要光明啊。你若把她給我帶來的煩惱帶走，我就祈禱真主將你的煩惱帶走。我願意把她嫁給你們，連她該得的穀子和粗糠一併都給你們，什麼都不必換！』」（Yamina Aït Amar Ou Saïd, *Le mariage en Kabylie*, p. 10）。

　　有這樣的情況，好像是因為這類的社會構成體必須要在公定的層面給自己一條可能的途徑，好用意識型態解決社會核心裡的緊張關係；只是，這一條路，大部份的社會都會斥為亂倫。但我們若了解他們的ben'amm是用來指敵人，要不也至少用來指關係密切的敵人，而且，這類的敵對關係他們就叫作 thaben'ammts（從父系叔伯子女來的），或許就比較容易了解他們為什麼要推崇ben'amm（平表婚）了。其實，意識型態的凝聚力是體現在長老身上的，也就是djedd，他們的威權是建立在碰上誣衊時有權取消繼承權，尤其是他們信守的thadjadith的價值；他們唯有維持兄弟（還有妯娌）之間於工作（像妯娌要輪流做家務、備餐、提水等等）、消費等都分配得很平均，才有辦法維持兄弟間的關係平衡。也難怪這類積極的凝聚因素一消失，像是父親過世卻沒有一位成年兒子手裡有明確、穩固的權力（因為年齡差距或其他條件作祟），危機馬上跟著就來。但是，不論是在家內單位還是在氏族或部族的大型單位裡面，分、合這兩大動勢極不穩定的相對強度，孰大孰小，都要看團體和外部單位之間的關係如何：若不安定，便會製造出消極的凝聚力，彌補積極力量之不足。[102]「我討厭我兄弟，但我更討厭討厭我兄弟的人。」這類因為共同的弱點

---

[102] 契霍德看得就很正確，他指出學界的觀察所得同都證實：內婚制在遇上戰爭或衝突的時候，常會重新出現或是作特別的強調；而且，內婚制在常年爭戰的游牧部落裡面，比定居部落要顯著（"Le mariage avec la cousine parallèle dans le système arabe", pp. 113-73）。維護合產制的人——或主張合產制的人，所持的理由往往就是，敵對家族團結一致的時候，析家分產會有危險。

而萌生的強迫式消極團結，每逢共財的物質和象徵性公產遇上威
脅的時候，就會增強；而這類的團結，會暫時壓下父系成員因為
對立而產生的分裂傾向，但這團結和分裂，其實是有同一根源
的。所以，從合產的家族到最大的政治單位，神話和宗教意識型
態裡面始終稱揚不止的凝聚力，在團結個人利益於一尊的權力關
係維持不下去的時候，會馬上跟著消失。

　　集體制定的聯姻策略是由家內的權力關係在決定，而不同類
別的施為者在家內的權力關係享有怎樣的利益，又是循何法則決
定的，經此說明之後，這時再指出體系的運作對施為者的利益愈
大、施為者就愈是願意為體系的運作服務，就可以了解聯姻的策
略遵循的是怎樣的基本原則。[103]雖然堅固的凝聚力所帶來的權威
資本，和龐大姻親（nesba）網所帶來的威望資本，二者之保
存、增加、或（因「錯配」而）減損的根源，有一項便是聯姻；
但是，參與婚事安排的家內單位成員，未必個個都會把自己的利

---

[103] 從這定理就可以推知，佔優勢的人會是功能派，因為功能依這樣的定義
　　——也就是依「結構—功能學派」（structural-functionalist school）的定義
　　——就等於是佔優勢的這一邊的利益，或說得更確切一點，是佔優勢的這
　　一邊因將符合他們利益的體系維持下去所能得到的利益。從效應來解釋聯
　　姻策略的人——像墨菲和卡斯丹所說的「分」（fission）、「合」（fussion），
　　是給功能安上了名稱，卻沒有一點用處——偏離實作現實之遠，不亞於用
　　規則的功效來談的人。說平表婚有「分、合」的功效，卻不探討為**誰**分
　　合、**為何**分合、到怎樣的程度、憑的是怎樣的條件，等於是以「目的因」
　　（final causes）來求解釋——當然是有點難為情，而沒去探討一社會構成體
　　是因為怎樣的經濟和社會條件，才會去追求一類限定式利益，而這利益又
　　會促成一類限定式集體效應得以產生。

益和世系群的集體利益劃上等號。

由於聯姻是精密籌劃的策略的產品，所要求的結果，不只在單純的生物性繁殖——也就是不論是內部結盟還是外部結盟，目的都在再製家內和政治的權力關係——因此，聯姻是一種短期兼長期的投資，而由此所得的「母舅」品質，便是投資的標的之一。這樣的關係，可想而知是不太可能輕易解體的，歷史最長久、名聲最響亮的關係，當然會有最好的保護，而不致輕率決裂。若休妻一途實在避免不了，那也會提出各種名目，以免結盟的資本全盤喪失。丈夫這一邊的親戚會去「哀求」女方的親戚讓他們把女方要回來，把離婚歸咎於年紀太輕、行事魯莽、措辭不當，或是作丈夫的太年輕、不懂得珍惜結盟的價值等等；還說男方並沒有把休妻的話連說上三遍，只說了一遍，太輕率了，又沒有證人。離婚案就此變成thutchha（妻子負氣跑回娘家）；甚至還可能提議再辦一次婚禮（imensi和嫁衣俱全）。若休妻已成定局，也還是有幾條「離異」的路可走：婚事愈重要、辦得愈隆重，就表示在婚事上的投資愈大，因此，保存離異那一方關係的利益也就愈大（不管是親屬關係、鄰里團結的關係、還是自利的盤算），離異的過程也就要愈謹慎；女方不會馬上要求歸還新娘財產，若真要求歸還也不會遭到拒絕（無償休妻—— battal ——是很嚴重的侮辱）；甚至在女方再婚之前都不宜做這些事；確實的數量不宜太注重，證人也不宜知道離婚的協議，尤其這證人還是外人的話。

由於他們的繼承制度把女性從繼承權裡剔除，女性在他們的神話世界觀裡面，只算一部份存在而已，女性在她嫁入的世系群

的象徵性資本裡面，也沒有完全的參與權力，性別的勞動分工又
限制她只能從事家內的事務，以致表述的權力就全落在男性的身
上──這些合起來，只讓男性的利益和世系群的物質利益劃上等
號，象徵性利益尤然；而男性於父系團體裡的權威愈大，就愈是
如此。而典型的男系聯姻──平表婚和政治婚姻──更明白證明
了男性利益和世系群的公定利益是直接劃上等號的，他們的策
略，也以強化家內單位的團結，或家族的結盟網路，為最直接的
目標；二者於增加世系群的象徵性資本，都有所助益。

　　至於女性這邊，她們可以打理的婚事會落在常例婚這一邊，
自不意外；或說得更確切一點，她們只能負責不招搖、不鋪張的
婚事。[104]女性既然被排除在表述權的親緣之外，自然就被趕回實
作型親緣裡去，只能將親緣作實際的運用，因此，女性在為子女
尋覓良緣的時候，會比男性要更注意（狹義的）經濟現實。[105]男
性和女性的利益最可能出現分歧的時候，就是女兒要出嫁的時
候。作母親的不僅比較不會去管「家族利益」──這家族利益只

---

[104] *Thamgharth*透過祕密協商，有時還是有辦法插手原本全由男性來作媒合的
　　婚事，而且說服thislith，答應她在家內可以享有完全的權威，警告若否，
　　她就要阻撓婚事。而作兒子的若會懷疑，自己母親給他們找來的妻子都是
　　母親覺得可以輕易主宰的女孩，也不是沒有道理。

[105] 窮人家的婚事（特別是象徵性資本不多的人家）比諸富人家的婚事，**加上
　　必要的修正**（mutatis mutandis），就跟「女系婚」（female marriage）比諸
　　「男系婚」（male marriage）一樣。窮人家是沒本錢在榮譽的事上要求太多
　　的。「窮人家唯一能做的，就是展露嫉妒的心理。」意思就是窮人家跟女
　　人一樣，比較不關心一樁婚事的象徵或政治方面的功能，而比較在乎婚事
　　的實際功能，也因此會比較重視新人的人品。

會把女兒當作是加強父系團體凝聚力的工具，或把女兒當作一種象徵性財貨，可以用來和別的顯赫家族建立結盟關係——作母親的也愛把女兒嫁進她自己的世系群裡去，以強化兩方之間的交換活動，鞏固她自己在家內單位的地位。作主婦的為兒子娶妻，當頭碰上的最大問題，就是她本人在家內經濟的支配地位。她本人的利益只會抵銷世系群的利益：從她出身的世系群裡面娶進來的媳婦，只是重蹈世系群以前走過的覆轍，而若選錯了媳婦，又會在女性之間引發衝突，終致危及父系團體內的團結。

　　男性的利益向來居公定的支配地位，這在現實面也一直如此；父系團體愈是團結，父親的世系群愈是（至少吧）平等的時候，父系利益就會愈強勢。若說一團體的整部通婚史，全都寫在每一椿婚事的內部交易上面，並不為過。世系群的利益，也就是男性的利益，會要求男性不宜娶進一位地位比他高不少的女子，以致在家裡落居臣屬的地位（有俗諺就說，「男人才可以拉抬女人的地位，而不是女人拉抬男人的地位」；「嫁出去的——女兒——一定要嫁進地位比較高或至少對等的人家裡去，娶進來的——媳婦——則一定要地位比較低才行。）負責婚事的男子（或至少負責的是公定的責任），若自己的婚事不是高攀一型，那這婚配的原則就會比較容易施行。其實，這一整套婚配的機制，像新娘財產和婚事的開銷等等，會隨著結親人家的聲望而往上攀高，以致經濟和象徵性資本都無法匹配的團體，到最後還是會被排除在外的（像一方男丁旺盛、另一方田產眾多這一類常見的財富類型不同的情況，也不例外）：有俗諺就說：「男人要結盟，就要找平起平坐的人。」（"tsnassaben (naseb) medden widh m'adhalen."）

　　總之，作出聯姻決定的親屬之間的客觀關係結構，像是男性
還是女性，或是這一支世系群還是那一支世系群，都有助於界定
聯姻所欲結盟的世系群之間的關係結構。[106]其實，更準確的說法
應該是：準新人、還有準親家之間的「限定式關係」（determinate
relationaship），都是由家內的權力結構在決定的。所以，若要充
份描述兩支團體之間的多重面向和多重功能的關係（都是沒辦法
再化約成親緣束縛的關係），以結親的兩家於結親時的經濟和象
徵性資本（依男丁、重名之人的人數，以及家族凝聚力有多強等
等因素來衡量）為基礎，放進空間、經濟、還有社會距離等因素
來考慮，是不夠的。我們一定也要把結親時兩方作這一項物質和
象徵性交換的損益表，也一併納入考慮；也就是要把他們過去由
男性促成或至少由男性出面禮敬的公定、特例的交換的歷史，還
有他們過去由女性在男性默許或有時不知情的情況下所促成的非
公定、常例的交換的歷史，全都納入考慮才行；有這番歷史作中
介，兩支團體的客觀關係才有條件聯繫起來，進而成事。

　　和比較穩定的經濟型資本比起來，象徵性資本就比較不安定
了：地位顯赫的族長過世，很可能導致家族的象徵性資本嚴重受
損。團體的象徵性財富一有變化，團體所要投射出去的整體形

---

106 未婚女子在婚姻市場裡的身價，可以說是和造就她這個人出現的那兩支世
　　系群，在社會裡的價值的直接反映。這在作父親有過多次婚姻的例子裡，
　　看得最清楚：兒子的身價和母親的身價無關，但女兒的身價，就會由她母
　　親那一邊世系群的社會階級，以及她母親於家族中的地位來決定了。

象，還有該團體為聯姻設定的目標——結盟或是團結，跟著就會有變化。也因此，才會有一支大家族在短短兩代的時間內，儘管經濟狀況一直在朝上走，卻從男系聯姻——也就是近親聯姻，或特例婚（男性主導，不在日常領域之內，以結盟為目標）——淪落到一般由女性主導、在自家關係的網絡裡面找對象的常例婚。他們的聯姻政策出現這樣的變化的時候，就正好碰上家族裡輩份最高的兩位兄弟（Hocine 和 Laïd）過世，年紀最大的男性長年不在家裡（到法國去了），thamgarth 因為失明而致權威減弱，族裡的實權旁落到 Boudjemâa 手裡，有幾次還是落在 Athman 的手裡。由於不確定會是由誰繼承 thamgarth——負責維持秩序和沉默戒律的女子（ta'a n thamgarth，da susmi，「聽老女人的話就不要出聲。」）——族內作妻子的人的關係結構，反映的就是丈夫的關係結構，以致主婦的位置形成空缺；而這時，聯姻就很容易朝女性各自所屬的世系群那邊偏過去了。[107]

　　一支世系群在婚姻市場推出的產品，其價值都是由其結構特點在決定的，而這些結構特點顯然又是由次一級的特點，例如準新人的婚姻狀態，準新人的年紀、性別等等在決定的。因此，團體由此所能得出的聯姻策略和婚姻類型，會很不一樣，端看準新郎是「適婚年齡」的單身漢，還是已經「超齡」，或者是已經有了妻室但要再娶二房（co—wife），抑或是鰥夫或離婚想要再婚（而頭一次婚姻是否生有孩子，又會再加進變數）。女方這一邊的變數也一樣，只是結過婚這條件會讓女方**貶值**很多就是了（因為

---

[107] 相關的族譜請見 Bourdieu, *Esquisse*, p. 149。

童貞的價值是很高的，而且，縱然休妻的男子名聲不會太好，被休的女子一樣不好。）

　　這只是男女在婚前處境不平等之一端：俗諺說，「男人就是男人，不管他的處境如何；男人有權自己選擇」（女人就不一樣，女人可能會害自己淪入失格或蒙羞'ar的困境）。由於男人擁有策略的主動權，因此有本錢等：男人絕對娶得到老婆，就算他等的代價，是娶一位結過婚或社會地位比較低或殘障的女子，也還是可以。女性的婚姻大事在傳統上是「等著人來邀」、「等著被人給」的，作父親的若還必須出面為女兒找夫婿，絕對是滑天下之大稽。男、女的另一大差別，是「男人可以等女人〔長到適婚年齡〕，但女人沒辦法等男人」：家中有掌珠待嫁的父親，可以玩弄「時間」這一項條件，盡量延長他手中因「待價而沽」而有的「機緣優勢」（conjunctural advantage），但這也是有限度的，拖太久，手中的商品就會因為被人認定是賣不出去或過了黃金期，而開始貶值。

　　會限制聯姻策略的諸多條件裡面，有一樣就是「著急」，這當然會削弱施為者的優勢。要急著結婚的理由，有父母年紀大了希望早日看兒子成婚、娶進媳婦照顧老人家，或怕他們要娶的女孩子被別人家娶了過去（為了避免出這狀況，作父母的會先「送一隻拖鞋」，早早將女孩子訂下來，有時甚至會唸fatiha〔古蘭經第一章：開宗明義──中譯〕）。身為獨子也會早婚，好盡早傳宗接代。離婚後趕在前一任之前再婚，也有其象徵性利益，因此常見離婚的雙方匆促再婚（也導致這一類的婚姻不太可能長久，這也就是為什麼有些男人好像是「命中注定」要結很多次婚的原

因）。但男女兩性另還有一點也很不平等：一般都認為男性離婚或喪妻後應該再娶，但離過婚的女人則會因為婚姻失敗而告貶值；至於喪夫的女子，就算還很年輕，也會因為必須扶養過世丈夫的孩子，尤其是兒子，而被排除在婚姻市場之外（至於寡婦若只有女兒，一般就會鼓勵再婚，有關這一點的說法是：「女人── 守寡的女人 ── 一不應該為了另一個女人而一直守寡下去」，至於有兒子的寡婦，則會因為她的犧牲而博得讚美，特別是她還很年輕的話，就更值得嘉許，因為，這時，她在妯娌間只能像「外人」一般過日子）。不過，這一位寡婦若是把孩子「扔給」過世先生的夫家而回到娘家，或是帶著孩子一起回到娘家，處境就又會有所不同了（帶著孩子自然沒那麼自由，而比較不容易再婚）。不過，也不是沒有選擇：她可以由夫家的男性接收，娶為妻子（這是公定的做法，若寡婦有的是兒子，還特別適合作這樣的安排），或由她父親的家族、她丈夫的家族出面替她再找一位夫婿（若她沒有孩子，就比較容易採用這一方案）。至於這些策略到底是要採取哪一樣，變數實在太多（當然也包括在地的傳統），實難盡述。

但有一點還是需要牢記：一般都把每一樁婚事當作是獨立的單位來看，但他們正好相反；同一家庭單位裡的孩子（也就是同一父親的孩子，有時甚至是同一祖父的孫子）的婚事，都要參考同一單位裡面的其他人的婚事，也就是把所有適婚子女的處境合成一個**組態**（configuration）來看，像是子女的數目和性別組成，而由這來作決定；也因此，他們的婚事會隨每一個孩子的**地位**（主要是看排行、性別以及他和族長的關係）這一函數，而有

差別。因此，男性和法定有權決定他的婚事的人（可能是父子，也可能是兄弟，或甚至遠房堂兄弟等等）的親緣關係愈近，他的處境就愈有利。此外，雖然最大的孩子（當然是兒子）沒有明訂的特權，但事事還是會偏向對他有利的那一邊，而致損害到他下面弟弟的權益；像他就應該最早成親，且以娶進別的世系群的女子為優先，而不是自己世系群裡的女子；至於排行在後面的弟弟，就注定只能作生產之用，而無法在市場或集會裡和人進行交換，他們只能下田勞動，而不能做對外政治的工作。不過，長子的地位，還是會因為他是家裡幾個兒子裡的長子、是獨生子、抑或是下面有好幾個妹妹的長子因此身負全家厚望，有很大的差別。[108] 有眾多女兒的人家，尤其是沒有（兒子提供）牢靠的保護，以致很脆弱，因此不會有多少結盟的關係，也因此沒多少價值；這樣的人家處境就很不利，就算有人家願意娶進他們家的女兒，往往也因此變成虧欠男方。反之，男丁眾多的人家就有很多施展手腕的空間：可以視情況拿兒子作不同的投資，像用其中的一個兒子擴大結盟的關係，再用另一個兒子加強內部的凝聚力，再讓第三個兒子娶進一位只有女兒的表親的孩子，迫得人家欠下

---

108 從「自發心理」（spontaneous psychology）可以充份解釋「女人家的兒子」（*aqchich bu thaqchichin*）；所謂「女人家的兒子」，自小備受族裡的婦女嬌寵，把他留在身邊的時間比其他男孩子要多，以至於讓他認同於她們為他創造出來的社會角色，而成為多病、孱弱的小孩，「被他那諸多長髮姊妹給吃下了肚」。家族對族裡稀少又珍貴的產品溺愛，不敢作一點冒險——不讓他做農事，多讓他上學，弄得他因為談吐比較文雅、衣服比較乾淨、食物比較精緻而和朋友格格不入——也會因此而為他安排早婚。

人情債，等等。[109]這時，運用策略的技巧，就有空間可以自由施展，不易協調的狀況也可以輕鬆搞定，既鞏固凝聚力，又擴展結盟的關係。至於只生女兒，或是女兒生太多的人家，就只能採行**消極**的策略，所能用的技巧，也只能在可能的結親對象和可能的競爭對象這兩邊裡面施展，拿「遠近親疏」等條件來玩，也就是在近親求婚和外人求親的夾縫裡面施展手腕（好避免因拒絕而冒犯對方，或故意要他等），把力量留待最風光的選項出現的時候再來發揮。

　　由此可知，要在集體的聯姻策略裡面分出目的和手段，會有多武斷。情況之所以如此，在於這些策略是要在維繫（或**反過來**）結盟關係的限度內，以鞏固或加強凝聚力為客觀面的目標，而其邏輯和效力，端看相關的社會單位擁有多少物質和象徵性資本；也就是不僅要看該單位繼承的物質遺產的價值有多少，也要看該單位的象徵性遺產的價值有多少；而他們用的策略，一來要看父系團體的人數有多少（由物質財貨的聯合生產、消費來劃分），

---

[109] 女孩的身價會隨著自己兄弟的人數而攀升，因為兄弟是她榮譽（尤其是童貞）的監護人，也是她未來夫婿的可能盟友。有一則故事，就對有七個兄弟的女孩略有妒意，這女孩像「包在葉叢裡的無花果」，受到七層的保護：「若有女孩子有幸擁有七位兄弟，是該自豪沒錯，也**絕對不缺人追**。這樣的女孩子絕對**左右逢源**，備受歡迎。她結婚的時候，她丈夫，她丈夫的父母，整個家族，甚至鄰居和他們的太太，都會對她**敬重**有加：她不就是有七個兄弟的那一位？她不就是那七兄弟、那七位**保護者**的姊妹？若有爭執，就算是小事，她的兄弟也會出面替她擺平，若他們這一位姊妹犯了錯，甚至弄到被休，他們也會帶她回家，一樣人人尊敬。**他們絕對不會讓恥辱沾上身的。**沒人有膽子去硬闖獅子窩。」

又有多團結，二來要看他們結盟的資本有多少，而這兩類象徵性資本的多寡，顯然又都要看該單位的整體聯姻史的狀況。由此可知，每一樁婚姻走的方向，都偏向於再製該婚姻之得以成事的條件。[110]而聯姻的策略於客觀面的目的，既然是在保存或是擴張一支人數眾多的團體所共有的物質和象徵性資本，那這樣的策略便是屬於再製策略（reproduction strategy）的了；而個人或團體運用策略想把他們在社會結構裡的地位予以再製或是提升，因而運用策略在客觀面將某一限定類生產模式裡的生產關係再製出來，這一類策略的總和，就叫作「再製策略」。[111]

　　這就拉著我們離純粹的「聯姻規則」和「親緣之基本結構」愈來愈遠了──之所以說是「純粹」，就因為愈來愈貧乏。在說明過施為者之所以做得出有規律、管制型的聯姻，也得以實際了

---

[110] 若有特別巧妙的策略，一樣可以將有限的可用資本發揮到最大的效益，像虛張聲勢（但在熟悉的關係裡面不容易施展得開），或者乾脆利用象徵性公產裡的模糊地帶，或公產組合裡的落差，來施展手腕。雖然這也可以看作是象徵性資本的一部份，具有相當的自主性，獨立在純粹經濟的資本之外，但是，透過精明的投資將公產作最大利用的技巧，像是成功的聯姻，又是比較不必依賴它的。因此，窮人家除了品格沒有別的可以賣的時候，就可以拿榮譽向權貴兜售，利用他們女兒的婚事來高攀權貴，結成聯盟，或至少找到有力的靠山。

[111] 只要是屬於繁殖策略，聯姻策略的邏輯，就和依榮譽的辯證而擬定出來要保存或增加象徵性資本的策略，沒什麼不同，不管這牽涉到的是買回土地還是要為受辱、強暴、凶殺等事報仇雪恨；而這每一件事裡，都有一層「弱點」（土地，女人，屋舍，總而言之，hurma）對上保存或增加象徵性資本（威望，信譽，總而言之，hurma）的「保護」（男人，來福槍，面子，總而言之，nif）的辯證關係。

解別的施為者的聯姻做法依據的原則體系是怎樣後，我們就可以運用相關資料的數據分析，來建立相應的結構或個別變數的加權了。施為者做事都有一套原則的，也有一套結合這些原則的法則；施為者據此衡量婚姻市場上的狀況，馬上就看得出來有哪些人是有相配的社會條件的，或是得更確切一點，在實作型親緣裡面依原則可以**許配**給他的女子有哪幾位，而他勉強**可以**去娶的女子又有哪幾位——而且是很明白又確定的，一偏離了最可行的軌道，像是要和別的部族聯姻，就會讓人覺得是在向相關的家族作挑戰，進而等於是在向團體整體作挑戰——也因此，這時重要的就是要將這一套原則（或換個說法，一套變數和操作元）建構出來；一建構出來，施為者的實作就很容易理解了。

第二章

結構和習性

　　「方法學客觀論」（methodological objectivism）是各種研究一定都會走到的一步，由於會斷絕原初經驗，斷絕原初經驗建構起來的客觀關係，以致有「超克」（supersession）的必要。由於「結構實在論」（realism of the structure）會將一套套的客觀關係轉化成已經構造在個人歷史和團體歷史外的一個個「總體」（totality），而將之實體化（hypostatize）；為了避開這樣的「結構實在論」，就有必要從**操作成果**轉進到**操作手法**，從統計規律性（statistical regularity）或代數結構（algebra structure），轉進到這一類觀察到的秩序之所以產生的原理，將實作理論構造出來，或說得再確切一點，建構出實作生產模式的理論；這是替**外在性內化、內在性外化**的辯證，或說得簡單一點：融會（incorporation）和客觀化（objectification），建立成實驗科學（experimental science）的先決條件。

假的兩難式：機械論和目的論

　　習性是由某一類環境內具有的幾種結構──也就是某一類階級狀況（class condition）之得以存在的物質條件──所製造出來的；這是一套套持久的、可以換位（transposable）的**性向**，[1]是

---

[1] 性向一詞似乎特別適合用來表達習性（定義為：一套性向體系）這一概念所涵蓋的一切。性向的首要含意是**一項組織性的行動所得出的結果**，含意類似「結構」這類的用語；性向另也指**存在之道**，**習慣狀態**（特別是身體方面的），更指**秉性**（predisposition），**傾向**（tendency），**脾性**（propensity），**偏好**（inclination）。〔「性向」一詞的「語義叢」（semantic cluster）在法語比英語要廣，但由這一則註釋所譯字面可以得知，二者還是可以算作相等──英譯者。〕

先天就要當「構造性結構」（structuring structure）來用的「造構化結構」（structured structure），也就是實作和表述據以產生、構造的原則；這些實作和表述不必一定要緊跟著規則走，於客觀面就是「有管制」和「有規律」的，也不必先於意識當中設訂目標，或對於達成目標所需的操作擁有明確的實作掌握力，即能於客觀面朝目標走去；總而言之，就是不需要有人出面指揮預作協調，就能展現集體協作的效果。

　　由於習性是產生策略的原則，可以讓施為者據以應付未能預見、變動不居的情勢，因此，習性製造出來的實作，就算看起來像是在實現一件謀劃（project）或是一項計畫顯露在外而且明白表示的目標，這實作也僅只是表面看來像是由未來在決定的。就算實作看起來像是由預期結果在作決定，以致有助長「目的論」（finalism）錯覺的嫌疑，但其實，實作由於會將實作之所以產生的客觀結構予以再製，因此，實作其實是由決定實作產生原理的過往條件在作決定，也就是說，實作是由過去有過的一模一樣或是可以互換的實作所產生的確實結果，在作決定的；而這樣的結果會有多類似，就看實作據以產生的客觀結構，在實作發揮功能的結構裡面，延續的幅度有多大（且**以此為限**）。所以，舉例來看，若有兩位施為者或兩支團體具有相同的習性（就說是A和B好了），那這兩邊的互動看起來就會像是每一個人（A裡的a1）的行為，都是根據別的有相同習性的施為者對他的行為會有何反應（也就是B裡的b1對a1的反應），而做出來的，以致在客觀面看起來，像是這反應會朝它預期會再引發的另一反應（例如a2對b1的反應）的方向走過去的。依這一類目的論（teleology）的說

法，每一行為的目的，都是為了要讓它能夠對它激起的反應再做出它要有的反應（例如A這個人做了a1這件事，像是送了一件禮物或提出一樣挑戰，為的就是要B這個人做出b1這件事，像是回禮或應戰之類，好讓A自己可以進行a2這一步：進一步回禮或挑戰），這就和機械論（mechanism）的說法一樣天真了；機械論把行動和應戰都看作是由機械化配備所設定的一連串行動裡的兩個步驟。但習性才應該是這一連串步驟的源頭；這一連串步驟在客觀面的組織，是要當策略用的，但又不一定真的會付諸實踐——也就是說：這些步驟至少在他們的構想裡面，是當作諸多可行策略裡的一個來看的。[2]

也因此，只要有理論不管在顯性面還是隱性面都把實作當作是機械反應來看，認為實作乃由前置狀態（antecedent condition）所直接決定的，可以完全化約成預定的集合體如「模型」或「角色」的機械化操作，這樣的理論一律應該揚棄——不只，若依這樣的理論，我們就還必須假設這些集合體、模型、角色是無限多的，就像引發這些出現的外部刺激的「機率組態」（chance configuration）會是無限多的一樣，而害得我們可能跟某一位人類學家一樣做出這種誇張又荒唐的事：這一位人類學家一秉實證論者的勇氣，觀察自己太太在廚房裡的一舉一動，而在二十分鐘

---

[2] 最有利的策略通常都是在盤算周全這邊、也有真心誠意的錯覺，而由客觀面上符合客觀結構的習性所產生出來的。而這些不帶策略盤算的策略，卻能為幾乎不算是擬出這些策略的人贏得附帶的利益——因為看起來「無涉私利」（disinterestedness；袪利），而得到「社會認可」（social approval）。

內記下了四百八十類基本行為。[3]然而，揚棄機械論絕不表示我們必須依照另一強制選項，認為創造性的自由意志是有自由、有意志的力量，可以把所指向的目標投射在所引發的變化上面，而即刻為情勢構造出含意，也不表示我們應該將行動和結果裡的客觀意圖暨組成型指意（constituted signification），化約成施為者有意識而且深思熟慮的意圖。

　　不少人把實作看作是策略，而且是明明白白以一樣「自由謀劃」（free project）[4]明訂出來的目的為走向的，有些互動派（interactionist）甚至認為是以預期會引發某種反應的訊號為走向的；針對這類人接受的這一派行動哲學──而且一般都還是暗裡接受的──沙特（Jean-Paul Sartre）提出過特別一致的說法。由於沙特不肯承認有像「持久型性向」（durable disposition）這樣的事，因此，他把每一行動都當作是主體和世界前所未有的第一次正面交鋒。這從《存在與虛無》（*Being and Nothingness*）裡的一

---

3 「這裡就遇上了麻煩，分析裡用的情節鏈（episode chain）只是一大段行為裡的一部份而已；這一大段行為在完整的紀錄裡總共四百八十節的情節。此外，這四百八十節的行為流事件（behaviour stream events）只需要二十分鐘就完成了。若我太太在這裡佔的比例和其他演員差不多的話，那我們就要有心理準備：我們要處理的資料可是每個演員每天工作十六小時做出二萬節情節……在有數百種演員類型的人口裡面，總劇目裡的情節一年的週期可是會高達數百萬之譜的」（M. Harris, *The Nature of Cultural Things* [New York: Random House, 1964], pp. 74-75）。

4 請見 A. Touraine, *Sociologie de l'action* (Paris: Seuil, 1965)，以及 "La raison d'être d'une sociologie de l'action", *Revue Française de Sociologie*, 7(October-December 1966), pp. 518-27。

段文字可以看得很清楚；他認為革命意識（revolutionary consciousness）的覺醒——就是因想像出了變化而致意識跟著「轉化」——由於能夠創造出否定當下的革命性未來，因而具有創造當下含意的力量。「以致，一般的看法有必要顛倒過來，而要去承認一般人之所以會去想像有另一種狀態能讓人人過得更好，並不是因為處境的艱困和痛苦。反而是在我們想出可能有另外一種狀態的那一天，才讓我們看清楚我們的問題和痛苦，也因此才**決定**這樣的情況無法忍受。」[5]若是行動世界（world of action）不過是這一類可以互換的可能做法所組成的宇域，完全聽命於創造出這宇域的意識的訓令，也因此完全沒有**客觀性**，它若動，是因為主體選擇被動，有反叛，是因為主體選擇被反叛，那麼，情感、熱愛、行動，就都只是自欺欺人的遊戲，只是難堪的鬧劇，一個人身在其中，既是蹩腳的演員也是出色的觀眾：「唯物論之嚴肅不是偶然的；而唯物論不論在什麼時候、什麼地方都是革命份子最喜愛的學說，一樣不是偶然。這是因為革命份子都是嚴肅的人。他們對自己的認識，都是先從壓迫他們的世界來的……嚴肅的人都是『屬於世界的』，他自己身上是一無所依的。他甚至不會去設想是否有可能**脫離**世界……這樣的人是**自欺欺人**的。」[6]而無力面對嚴肅——他無法苟同的「嚴肅精神」

---

[5] J. -P. Sartre, *L'etre et le néant* (Paris: Gallimard, 1943), p. 510；英譯：*Being and Nothingness* (London: Methuen, 1957), pp. 434-35；另也請見 Sartre, "Répose à Lefort", *Les Temps Modernes*, no. 89（April 1963), pp. 1571-629.

[6] *L'être et le néant*, p. 669; *Being and Nothingness*, p. 580.

（spirit of seriousness）除外——在他另一篇分析情感的文章裡，一樣看得到；但要特別注意，這裡的情感在他寫的《想像心理學》（*l'imaginaire*）裡，和他在《情感理論架構》（*Sketch for a Theory of the Emotions*）裡沒那麼全然偏向主觀論的說法，是有區隔的：「但是什麼讓我決定要選擇世界的巫術面或技術面的呢？不可能是世界本身，因為世界要等到被發現才會現形。因此，這就需要靠自為（for-itself）於其謀劃裡就要選擇去當顯露世界巫術面或是理性面的那一個；也就是說，自為本身就應該是一件自由謀劃，賦予自己巫術的存在或是理性的存在。而不論是哪一種它都有責任，因為自為唯有選擇自己才成其自為。因此，自為跟它是它意志的基礎一樣，看來也是它情感的自由基礎。我的恐懼是自由的，因此而展現了我的自由。」[7]而提出這類的行動理論，就勢必會走向超驗的社會暨歷史起源論（《辯證理性批判》〔*Critique de la raison dialecque*〕）；早在涂爾幹寫《社會學研究方法論》（*The Rules of Sociological Method*）的時候，好像就已經指到了這方向：「這是因為想像讓心智沒有阻力，以致心智感覺不到一點約束，終致放任心智於無盡的野心，而相信自己可以隨自己的力量和意願去建構——或該說是再建構——世界。」[8]

這一段有關沙特式人類學的分析，在沙特自己的論述裡當然找得到無數段落，可以用來當作反證（特別是在他最早和最晚這

---

[7] *L'être et le néant*, p. 521; *Being and Nothingness*, p. 445.

[8] E. Durkheim, *Les règles de la méthode sociologique*, 18th ed. (Paris: PUF, 1973), p. 18；英譯：*The Rules of Sociological Method* (New York: Free Press, 1964), p. 17.

兩時期的作品裡）；像沙特就承認在組成型意指所組成的字域裡面含有「被動綜合」（passive synthesis），也曾明白向他自己哲學的根本提出挑戰，例如他的《存在與虛無》就有一段文字，想將他自己的立場和笛卡兒的當下自明（instantanéiste）[9]作一區別，在《辯證理性批判》裡面也有一句話，聲明他研究的是「沒有施為者的行動、無加總的生產、反目的性、罪大惡極的循環」。[10]但這並不能抹煞這一點：沙特依然極其厭惡、排斥「那些膠狀的現實，多少還隱隱纏著超個人意識的現實；偏偏還有害羞的有機論（organicism）不管怎樣，都要把它從個別有機體和無機的物質實在所存在的粗糙、複雜但清晰的消極活動（passive activity）的場域裡面，再找回來」[11]；而且，他也不容有任何東西，不管是在「世界的事物」（things of the world）還是在施為者這邊，把他以嚴密的「二元論」（dualism）一刀劃開主體純粹透明和事物如礦物混濁二者的那一道鮮明的分界線，給弄得模糊不清。依這樣的邏輯，「客觀的」社會學只抓得到「惰性社會性」（sociality of inertia），也就是像化約成惰性，亦即化約成「無能」（impotence）這一類的階級或東西或本質，「凝結」在它的「既然」（being），也就是凝結在它的「已然」（having been）裡面的階級：「類別系列（class seriality）讓個人（不管是誰，又是屬於哪一階級）將自己界定為一種人性化的事物⋯⋯階級的另一形

---

[9] *L'être et le néant*, p. 543; *Being and Nothingness*, p. 465.

[10] *Critique de la raison dialectique* (Paris: Gallimard, 1960), p. 161.

[11] *Critique*, p. 305.

式，也就是在實踐（praxis）裡加總起來的團體，是從消極形式的核心孕生出來的否定式。」[12]社會世界是「事物」和「含意」作妥協的處所，經此妥協，將「客觀含意」界定為含意已定之事物（meaning-made-things），將性向界定為含意已定的人（meaning-made-body）；而這社會世界對於只能活在意識或個人「實踐」這種純粹又透明的宇域裡的人，會是積極的挑戰。這類人為論（artificialism），對於自我（ego）的自由有何限度，唯一願意承認的，就只是：自由因為自動放棄誓約或不再自欺而自己設下了界限，自欺就是「異化」的沙特式說法，或說是「他我」在黑格爾式的主、奴鬥爭裡面，因自由異化而強行要自我的自由屈服而生的限度。沙特跟涂爾幹一樣，「在社會安排（social arrangement）裡面只看見人為、也多少算是任意的組合」，[13]就把社會的超越性壓在自我的超越性下面不作他想——這裡的社會的超越性，化約成了束縛和自律二者的相互作用——所以，沙特早年才說：「在這行動的過程裡，個人會發現這樣的辯證是合理透明的，因為，這是他自己做出來的，同時也像是絕對必然的，因為，這辯證他抓不到，或換個說法，**相當簡單**，因為這辯證是別人做出來的；最後，只要他能從超越一己的需求而產生一己的自覺，就也會發覺別人在超越他們自身的需求時強加在他身上的律法（發覺律法不等於屈服於這律法），而發覺他自己的自律是外來的力量（因為他的自律別人也能用，而且天天如此，像唬

---

[12] *Critique*, p. 357.

[13] *Règles*, p. 19; *Rules*, p. 18.

弄、操縱等等）；別人的自律則是不可動搖的鐵律，可以供他用來脅迫別人。」[14]也就是說，社會的超越性終究只是**數量**再現的效應（也因此「系列組」〔series〕才會這麼重要），或說是文化客體再現的物質化效應[15]；異化就是在自動放棄自由、以利應付「受作用物」（worked upon matter）需求的時候出現的：十九世紀的勞工是**自己變成**那樣子的，也就是說，他是看實際需要、以理性在決定他生活開支的順序的——也因此，可以說是在他的自由實踐裡作決定的——他就是依他的自由，在決定他自己以前是怎樣的人、當下是怎樣的人、後來又應該是怎樣的人：一架機器，其工資不過是它的維修費……「實踐—惰性存在」（practico-inert being）這一型的類別存在（class-being），是透過受作用物的被動綜合而由人傳達到人的。[16]在其他地方，由於沙特肯定個人實踐（individual praxis）：構成型理性（constituent Reason），有其高於歷史——組成型理性（constituted Reason）——的「邏輯」優位，以致在談社會起源這問題的時候，用的詞彙和談社會契約的理論家一樣：「歷史是以其整體在決定人類關係的內涵的，而這些關係……又會回歸到萬事萬物。但一般的人類關係，並不是由歷史創造出來的。人，**原本是分立的**客體，之所以產生關係，並不是因為勞力組織和分工的問題。」[17]由於笛卡兒說「創造是

---

14 *Critique*, p. 133.

15 *Critique*, pp. 234, 281.

16 *Critique*, p. 294.

17 *Critique*, p. 179.

連續不斷的」，尚‧華爾（Jean Wahl）就說「時間不是」，由於廣延實體（extended substance）本身並沒有存續的能力──所以，上帝才必須扛起責任，一次次以祂的自由意志，**無中生有**，將世界再造出來──而沙特秉持標準的笛卡兒立場，不接受「客觀潛在」（objective potentialities）和客觀含意「黏滯不透明」的狀態，以致要把社會整體，或說是階級，從「實踐惰性」的惰性狀態拉出來的這一無止無休的工作，他就交到個人或集體的「歷史施為者」──像是黨派（the Party），這是實體化的沙特式主體──握有的絕對主動權去了。他用無限的想像力寫出這一部談自由之死暨其重生的作品，於末尾處就出現雙重動線：一條是「內在性的外在化」，從自由走向異化，從意識走向意識物質化，或像他用的標題一樣：「從實踐到實踐惰性」；另一條則是「外在性的內在化」，因為忽然轉入「意識覺醒」和「意識融合」（fusion of consciousness）的捷徑，而「從團體走向歷史」，從異化後的團體的具象化，走向歷史施為者的真實存在；因這雙重動線，意識和事物在這裡跟一開始的時候一樣，分得一清二楚，無一類似觀察得到或建構得出來的體制或社會所塑造出來的施為者。沙特筆下雖然看得出來有辯證的論述（或論述以辯證的表相出現），但還是蓋不住他在「自在」（in-itself）和「自為」（for-itself）兩方擺盪的痕跡；或用新的說法，在物質性（materiality）和實踐之間擺盪，在化約成「本質」的團體的慣性──也就是化約成它超越的過去及它的必然（但放手扔給了社會學家）──和集體自由謀劃延續不斷的創造二者之間擺盪；他把這集體的自由謀劃看作是一連串承擔的行動，乃拯救團體不致湮滅於純粹物質

性（pure materiality）所不可或缺者。[18]

　　當然，習性會有的回應裡面，一定也可能帶著策略方面的盤算，而想將習性原本的操作方式，在半意識裡改用另一種很不一樣的方式去做；也就是說：去估計過去的成效要轉換成目前的預期目標，成功的機率有多大。但這也不能抹煞這些反應先要放在一套即刻就刻在當下的客觀潛在裡面來作界定，像是什麼可以做、什麼不可以做，什麼可以說、什麼不可以說；再來就是要放在**即將到來**的現實裡面作界定——這即將到來的現實有別於黑格爾說的「絕對或然」（absolute Möglichkeit）的未來，也有別於純粹的「消極自由」（negative freedom）的謀劃所投射出來的未來，而是不容分說就是如此、一定出現、不容思慮作任何籌謀的現實。但若不想動用到「規則」，就必須每次都將習性以及社會構造之情勢二者間的關係，作完整的說明（若是引用規則，就可

---

[18] 沙特式哲學裡的客觀意向，之於其作者之主觀意向（不管所用的語言為何），也就是之於一套恆久的「轉化」（conversion）謀劃，有其恆定的特性；這謀劃在某些詛咒（anathema）裡面表現得最是清楚，感覺也最真誠，這些詛咒若沒帶著有意識或無意識的自我批判，可能還沒那麼猛烈；而我們可以不把習性的恆常歸諸這一類的恆定嗎？（因此，舉個例子來看，若要充份領會後面這樣的句子，就最好要把著名的咖啡廳侍者的分析記在心裡：「認定自己是天使的人，會把鄰人的所作所為都視為荒謬，因為這樣的人會自命超乎在一切人事之上，而不屑參與其中」（*Critique*, pp. 182-83）。沙特在分析福樓拜（Flaubert）和布爾喬亞的關係時，以意識覺醒作為存在和作品成立的基礎，而用他的分析證明了要從階級狀況所製造出來的持久性向裡面解放出來，光是對階級狀況有所覺察是不夠的（參見P. Bourdieu, "Champ du pouvoir, champ intellectual et habitus de class", *Scolies*, I [1971], pp. 7-26, 特別是頁12-14）。

以免了）；習性是由幾種認知和動機結構所組成的一套社會組成型體系（socially constituted system）；社會構造之情勢則是施為者的**利益**據以界定的所在，連帶及於施為者的實作夾帶的客觀功能和主觀動機。由此即可清楚看出韋伯先前就已指出的一點，司法或習俗裡的規則從來就只是決定實作的**次要原則**，是在首要原則、也就是利益使不上力時才會加入。[19]

象徵性刺激（symbolic stimulations）── 也就是**俗成的**（conventional）、**有條件**（conditional）的刺激 ──只有在施為者因制約而感受得到這些刺激的時候，才會發揮作用，而且還是在灌輸任意性反而將灌輸本身和所灌輸的指意兩方裡的任意性同都抹煞的時候，才必然會出現，而且毫無條件。緊急情況，已達成的目標，該發揮的用處和該走的途徑，如胡塞爾說的蒙上「不滅目的論性質」（permanent teleological character）的客體如工具、手段、制度、實用性，等等──這些的世界能給的，只是有條件的自由（liberet si licereti），而且，有一點像萊布尼茲想出來的那一具老愛指向北方的磁針。若是有人老是在科學建構出來的**客觀或然**（也就是取得某一好處的機率）和**主觀期望**（也就是「動機」或「需求」）二者之間看出非常密切的相互關係的話，或換個說

---

[19] 請見〈法制、慣例、習俗〉（Rechtsordnung, Konvention und Sitte）這一章，韋伯在這一章裡分析了習俗、慣例和法律的差別和變遷（*Wirtschaft und Gesellschaft* [Cologne and Berlin: Kiepenhauer und Witsch, 1964], vol. I, pp. 240-50, 特別是頁246-49；英譯："Law, Convention and Custom", *Economy and Society*, eds. G. Roth and C. Wittich [New York: Bedminster Press, 1968], I, pp. 319-33）。

法，在依過去經驗得知的**事後**或**過往**的或然，還有硬套的**先天**或**事前**的或然二者之間，看出有非常密切的相互關係的話，這不是因為施為者在意識裡依成功機率的精確計算而去調整他們的期望，像賭徒依他贏錢機率的完整資訊而去調整他的下注一樣，而是他只要一忘記「不管什麼事都好像……」，他就會在暗裡預設賽局理論或是機率計算全都符合人類學家描述的實作，而這二者都是以自發性習性**為本**而建構出來的。

但反過來，我們也可以把客觀論的走向完全顛倒過來，不再於在或然（或策略）的科學理論裡面找人類學的實作模型，而改去找**自發性詮釋統計學裡**的隱性邏輯帶有哪些**否定性描述**（negative description）的元素（例如，偏重早期經驗的傾向）；科學理論一定內含這些元素，因為科學理論明顯就是以這邏輯為本所建構出來的。估算機率的科學方法，是先以精確的規則蒐集資料，再以對照實驗循一定的方法建構出來的；至於實際去評估既定情勢裡的既定做法有多大的成功機率，就不一樣了，這需要用上一整套學問、格言、常識、道德戒律（「我們這樣的人才不會做那樣的事！」），還有，往內推更深一層，**精神特質**（ethos）內含的無意識原則；精神特質由於是一類限定式的客觀規律在作主導的學習的產物，受制於這些規律的施為者會依精神特質去決定什麼是「合理」的行為，什麼又是「不合理」的行為。[20]休謨

---

[20]「這我們把這叫作主觀的可變或然——它有時會把模稜給排除掉，形成**自成一格**（sui generis）的確定性，而這確定性在別的時候卻又像是隱約的微光而已——也就是**哲學或然性**（philosophical probability），因為這用的是我們

（Hume）在《人性論》（*A Treatise of Human Nature*）裡就說，「一旦體認到任何欲望都談不上滿足，欲望馬上就會消失。」馬克思在《經濟學哲學手稿》（*Economic and Philosophical Manuscripts*）裡面也說：「我若沒錢去旅行，我就不會有去旅行的需要；也就是說我就不會有這種真實的、自動實現的旅行需求。我若是有作學問的才幹，但沒有作學問的錢，那我就不算是有作學問的料，也就是說，我就沒有這一類**真實的、道地的**料。」

　　由於客觀條件（科學在這一部份是透過統計規律，而將之看作是一支團體或階級於客觀面所套上的機率）經長久灌輸而形成的性向，其所孕生的期望和實作，於客觀面都會符合客觀的要求；因此，最不可行的實作，這時就會被看作是**不可以想**，要嘛完全不經過檢驗就予以排除，或者是以**雙重否定**（double negation）來讓施為者遷就現實的必然，也就是說，怎樣也不能做的就不要去做，不做不行的就好好去做。而這種精神特質——**不得不然而樂得必然**——的塑造條件，則會讓精神特質所孕生的預期心理，不太去管機率演算的效度一定要有的限制條件，也就是實驗的條件不得有所修訂。科學的估計在每做過一次實驗之後，都必須依照嚴格的計算規則重作修訂；實際的估計則不同，實際的估計在先前經驗上面放的比重，大得不成比例：限定式存

理解事物秩序和理性的高等官能。每一位理性人（reasonable man）對類似的或然的觀念都有點混淆，這就決定了，或至少證實了，我們稱作**常識**（common sense）的那些無法動搖的信念」（A. Cournot, *Essai sur les fondements de la connaissance et sur les caractères de la critique philosophique* [Paris: Hachette, 1922; 1st ed., 1851], p. 70）。

在條件特具的結構，會在比較獨立自主的家庭關係的宇域上面，蒙上一層經濟和社會的必然性，這結構就透過這樣的必然性，或說得精確一點，透過這類外在的必然性（勞力的性別分工、家內的道德戒律、照顧、鬥爭、品味等等）、於家族內的特有展現，從而製造出習性的結構，這習性的結構又再成為之後所有經驗的感知和體會的基礎。因此，習性成型所循的邏輯裡面，必然暗含**滯後效應**（hysteresis effect），這滯後效應的結果就是習性；所以，實作實際遭遇的環境，和實作於客觀面應該因應的環境，若是相去太遠，向來就很容易引發負面制裁（negative sanction）。這也就是為什麼世代衝突抗爭的，不是自然屬性（natural properties）劃分出來的不同年齡層（age classes）而是不同**世代模式**（mode of generation）所形成的習性，也就是說由不同的存在條件所形成的習性；不同的存在條件對於「可行」、「不可行」、「可望」之類的定義，都不相同，以致一群人覺得自然或合理的做法或期望，另一群人可能就覺得難以想像或者是丟臉了；而反過來也一樣。

結構，習性，實作

　　習性，是由約制性的臨場發揮經長久建置而形成的孕生型原則，其所產生的實作，會將產生此類孕生型原則的客觀條件內含的規律，予以再製出來，同時又能依情勢裡的客觀潛在有何需求，而作調整；而且，這些需求乃由塑造習性的認知和動機結構在作界定。由此即可推知，這些實作既無法從客觀條件裡面直接推演出來——這些客觀條件，指的是看來像是直接引發實作出現

的各種刺激於當下的總和——也無法從產生實作的持久原則所源出的條件裡面直接推演出來。唯有將產生實作的習性所源出的社會條件裡面內具的**客觀結構**，連到習性操作的條件上去——也就是連到**機緣**（conjuncture）上去——才能解釋這些實作；這裡所謂的機緣，說不上激烈的變化，展現的是這一結構當時的特定狀態。在實作上，就是因為有習性，歷史才化成天性；就算不明白承認，習性做的，其實就正是在產生實作之同時，也透過產生實作，而將這兩套關係給連結起來。所謂「無意識」，從來就只是歷史在將它所產生的客觀結構融會到習性的第二天性（second nature）之餘，連帶導致歷史也遭到遺忘：「……我們每個人身上或多或少都帶有一部份昨日之我，只是比重不等；而這昨日之我，注定要在我們當中成為主宰，因為，較諸我們之所以生成、我們之所以如此的那一段漫長的過往比起來，當下實在微不足道。然而，我們對這昨日之我，卻渾然不察，因為，這昨日之我深植在我們之內，成為我們無意識的那一部份。也因此，我們才會完全沒注意它的存在，更不會注意到它對我們有何正當要求。但反過來，我們對時間最為接近的文明成就，卻十分清楚，這是因為時間接近，所以還沒來得及沉澱到我們的無意識裡去。」[21]

由於客觀論把歷史的產物看作是**操作成果、既成事實**來理解，只能援引「預定和諧」（pre-established harmony）的奧祕或是「有意識的協作」（conscious orchestration）的異象，才能解釋

---

[21] E. Durkheim, *L'évolution pedagogique en France* (Paris: Alcan, 1938), p. 16.

放在純粹同步（pure synchrony）裡面像是有客觀含意的事——不管這客觀含意指的是成品裡的內在連貫性（internal coherence），還是神話、儀式、法典之類的典章制度，抑或是同一團體或階級成員（只要性向契合即可）同時展現又預設的和諧或扞格的實作於客觀面所作的協調——以至於「源起健忘症」」（genesis amnesia）（就算不是引發）也有推助之功。

　　每一位施為者，不管是明知、無意、還是莫可奈何，都在製造客觀含意，也都在再製客觀含意。由於施為者的行動和結果都是某一**操作手法**的產品，而這操作手法既不是他自己做出來的，他對這操作手法也不具備有意識的實作掌握力，因此，他的行動和結果就像經院哲學（Scholastics）說的一樣，帶有「客觀意圖」，而且，這客觀意圖始終跑在他自己有意識的意圖前面。施為者學到的思想和表達的圖式，是約制性臨場發揮裡的**無意圖創發**（intentionless invention）的基礎。人和他的語詞始終維持著「傳達兼被傳達」（carry and be carried）的關係，像尼可萊‧哈特曼（Nicolaï Hartmann）說的一樣，而人說的語詞也始終走在人的前面，所以高手（virtuoso）會在**操作成果**裡面為生成語詞的**操作手法**找到新的觸發和支持；以致施為者的說法會不斷自體吞噬，像火車前行帶走鐵軌一樣。[22] 機智妙語一出，說者的驚奇有時也不亞於聽者——而且這「妙」，既在於其具有「倒溯式必然」，也在於「新穎」——原因就在於這是**地底的寶藏**

---

[22] R. Ruyer, *Paradoxes de la conscience et limites de l'automatisme* (Paris: Albin Michel, 1966), p. 136.

（trouvaille；意外之財），像是隨便一伸手就可以把深埋在地底的機會給挖出來，雖然不是蓄意，但也無法抗拒。這是因為嚴格說起來，主體並不知道自己在做什麼，也不知道自己在做的事的含意比自己知道的要多。習性有「普及化中介」（universalizing mediation）的效能，能讓個別施為者的實作，毋須外顯的理由或明示的意向，就可以「合情」、「入理」。至於施為者對於自己做出來的實作都還不甚清楚的地方，正是讓施為者於客觀面依其他實作及其結構來作調整的依據，而這些結構的孕生原則，本身也正就是這些結構的產品。[23]

習性的一大基本協作效應，便是產生「常識世界」（commonsense world），且因眾人對於實作和世界的意涵（sens；感受）具有共識，而賦予常識世界客觀性；換言之，就是施為者的經驗因此得以和諧一致，只要是相近或相同的經驗，不管是個人的還是集體的（像喜慶宴會），不管是臨場發揮還是設定好的（像格言、諺語之類），只要接收到了，無一不會不斷強化。就是因為習性有這樣的均質性，實作和結果才能即刻便能理解、預測，進而視作理所當然——但以同一團體裡的施為者為限，大家做事都會展現相同的（製造和詮釋）圖式。由於這類實際的理解在生活的平常場合裡，不會去詳細分析別人做出來的實作有什麼

---

[23] 這一普遍化的限度，和產生實作、成品的客觀條件裡面的原理，有同樣的限度；而這原理也是客觀條件的產品。這些客觀條件既有普遍化的效應，也有特殊化的效應，因為，這些條件若不先將這些條件所決定且於客觀面形成的一支團體的施為者，和由不同條件所生成的施為者進行區別的話，這些客觀條件就沒辦法將施為者予以均質化。

細微的差異，不會在明裡、暗裡去探究別人做事的意圖（「你這是什麼意思？」），而把現象學家最愛的「意圖」、「意圖轉嫁至他人」（intentional transfer into the Other），給去掉了。由於日常的實作都是自動自發的，不涉及個人判斷的，直接帶有寓意又無意特別要傳達什麼意思，因此，理解起來也一樣自動自發，不涉及個人判斷：給這些日常實作挑選客觀的意向，絕不等於是將做出這些事的施為者「活出來的意向」（lived intention），予以「再生」（reactivation）。[24] 所謂「意識面的交流」（communication of consciousness），即預設要有「無意識面」（也就是語言和文化能力）的契合。解讀實作和結果裡的客觀意圖，無關乎再製「生命體驗」（即「後構」〔Nachbildung〕，狄爾泰〔Dilthey〕早年的說法），也無關乎重組意圖裡的個人獨特性；這樣的重組不僅沒有必要、無法確定，還根本不是實作和結果的真正源頭。

　　團體或階級因為存在條件均質，以致習性隨之具有客觀的均質，所以，實作才可以不需要刻意去作盤算、不需要刻意去引用範式，也不需要**直接的互動**，更不需要外顯的協調，便可以互作調整。萊布尼茲提過，「想想看；若有兩座鐘或錶的時間完全一

---

24 主觀論和道德主義（moralism）的優點裡面有一項，就是其於分析當中將受制於世界（例如海德格說的日常存在和芸芸眾生〔das man〕，或沙特說的「嚴肅精神」）的客觀引誘而生成的行動，斥為「不真」，而以這**謬證**（per absurdum）證明：集合所有先定（pregiven）的指意和客觀的決定作用而形成自由謀劃的「本真存在」（authentic existence），不可能存在。對「本真性」（authecitity）作**純粹道德**的追求，是有閒的思想家才有的特權，這樣的人才負擔得起「不真」的做法所容許的思考經濟。

致。之所以如此，可以有三種原因。第一是相互影響；第二是指定一位巧匠隨時去校訂時間，讓時間一直維持一致；第三是這些鐘錶製作得極其精巧、準確，保證日後走起來絕對同步一致。」[25]所以，只要想法侷限在第一種假設上面，或必要時才會去注意到第二種假設，勢必會忽略「毋須指揮的協作」秉持的真正原則是什麼；團體或階級於其實作所展現的規律、劃一、條理，就都是從這樣的原則來的，就算各自的謀劃沒有自發或外加的組織也一樣；這時，就注定要陷入天真的人為論裡去了，這樣的人為論會認定團體或階級所做的平常或不平常的舉動，都是集體的「共謀」（conspiracy）經刻意協調而有的結果而已。[26]同一團體或階級所做行為的和諧程度，若比施為者自己知道或希望的還要更大、更好，那也是因為萊布尼茲說的：人人「都只是照〔自己的〕規則做事，」但人人的「規則卻都如出一轍。」[27]習性就正是這一類的「內在律」（immanent law；lex insita），由施為者從小的教養灌注在每個人身上；這內在律不僅是人人的實作得以協調的先決

---

[25] G. W. Leibniz, "Second éclaircissement du système de la communication des substances" (1696), in *Oeuvres philosophiques*, ed. P. Janet (Paris: de Lagrange, 1866), vol. II, p. 548.

[26] 因此，由於不知道團體或階級凝聚最穩當也隱藏得最好的基礎何在，導致有一些人（像艾宏〔Aron〕、達爾〔Dahl〕等等）單單因為無法依經驗確立優勢階級的成員其實有其外顯的**政策**，乃由外顯的協調在作明確的推行，以致否定了優勢階級的團結；另一些人（像沙特），則把階級意識的覺醒——也就是一種革命性的我思（cogito），以個人階級為「自為階級」（class for itself），而將階級孕育出來——視作優勢階級團結的唯一基礎。

[27] Leibniz, "Second éclaircissement", p. 548.

條件，也是協調得以進行的先決條件；因為，施為者若知道要作修正和調整，就表示他們事先就有一套共通的法則，也因為進行集體動員的時候，發起動員的施為者（例如先知、政黨領袖等等）的習性，和他們的嚮往及世界觀所訴求的對象的性向，若沒有最起碼的一致呼應，是動員不起來的。

　　所以，就因為實作是性向的產物，而性向又是同一套客觀結構經過內化而於客觀面是協調一致的，因此，同一團體——若是「分化社會」則是同一階級——的成員所做的實作，都會有同樣的客觀含意，既統一，又有系統，凌駕於主觀意圖以及個人或集體有意識的謀劃之上。[28] 而用**互動**、相互校正（mutual adjustment）這樣的語言來描述客觀化和協作的過程，等於忘了互動本身的形式（form），本來就出自正在進行互動的施為者身上的性向之所源出的客觀結構，而當事人於互動等關係裡的相對位置，也是由這客觀結構在作分配的。其實，施為者相互間的每一遭遇，都是在各自所屬團體的相對關係的**客觀結構**所界定出來的**互動**裡面（例如上司對下屬下達命令，同事一起討論學生的事，學者參加研討會等等），將（「自然人」〔natural persons〕帶在身上的）不同的性向體系，湊合在一起，像是語言能力、文化能力等等；而

---

28 若這樣的語言用在另一方面也不會有危險，那就會教人忍不住要說：相較於各形各色的主觀唯意志論（subjectivist voluntarism），階級的團結基本上是建立在「無意識階級」（class unconscious）上的。「階級意識」覺醒，不是原始的激情爆發一陣自由的追求，才將階級構造出來的；其唯一的效能，跟所有的象徵性複製（symbolic reduplication）一樣，都要看這番覺醒把隱含在階級習性裡未意識到一切，帶到意識層面裡的東西有多少。

且，透過這些習性，也將塑造出施為者的客觀結構——唯有體現（embodied）在施為者從特定歷史進程習得的能力裡面才會有作用的結構（例如不同類型的雙語或發音就出自不同的習得模式）——湊合在一起。[29]

因此，講到階級習性的時候，「偶因論」（occasionalism）把實作和情勢內含的屬性連在一起而產生的錯覺，我們就無法苟同了，而要堅決主張：「人際」的關係從來就不是一**人對一人**的關係——除了表相之外，而互動的實相，也未必完全包含在互動裡面。社會心理學、互動論或俗民方法論（ethnomethodology），就是因為忘了這一點，才會把聚集成群的一堆人裡面的客觀結構，化約成為他們身處特定情勢、特定團體之內的互動所展現的機緣結構（conjunctural structure），而想透過某一情勢於實驗控制所展現的特徵，像是參與實驗的人之間的相對空間關係，或是所運用的管道的性質，來解釋實驗裡或觀察到的互動裡的一切。但其實，個別生物體身上帶的是他們現下和過去在社會結構裡的位置，不論何時、何地的位置，全都包括在內，而且，形之於性向

---

[29] 這就帶著我們跳過「涵化」（acculturation）理論自陷於**結構唯實論**（realism of the structure）和**元素唯實論**（realism of the element）的假對立了；結構唯實論將文化或語言間的接觸，表述為不同文化或不同語言間的接觸，受制於通用法則（generic law）（例如借用式再構造〔restructuring of borrowings〕的法則）和個別法則（specific laws）（針對作接觸的文化或語言裡面特有的結構作分析而建立起來的法則）；元素唯實論偏重的是**不同社會**（視作族群〔population〕）之間的接觸，或者至多是這些社會之間的關係結構（優勢，諸如此類）。

之內；因此，性向也等於是**社會地位**的諸多指標，進而也是客觀地位之間的社會距離的指標；這客觀距離，指的是因緣際會而相聚在一起的「社會人」（social person）之間的距離（這是指「物理空間」的距離，有別於「社會空間」）；而由此即可推知，這諸多指標也都是這一類距離以及行為的諸多提示，讓人知道該怎樣去「保持距離」，或用策略去操縱距離——不管是象徵性的還是實質的，像縮短距離（這對居「主」位的人比居「從」位的人要簡單）、拉長距離，或單純維持距離不變（像是「不放肆」、「不狎暱」，總而言之，就是「顧好身段」；或反過來，「不隨興」，「不踰矩」，總而言之，「知所進退」）。

　　而即使有一些互動形式看似最適合用「意圖轉嫁至他人」之類的說法，例如同理心、友誼或愛等等來作描述，但這一類互動也依然是由社會條件關係裡面的客觀結構，透過和諧一致的習性，或說得更準確一點，透過和諧一致的精神特質和品味——這當然會從肢體的**素性**（hexis）所流露出來的幽微訊號感覺得出來——所在宰制的（族群同質性〔class homogamy〕即是明證）。會有「互選」（mutual election）或「命定」（predestination；天命）的錯覺，就是因為不知道審美品味或道德傾向之所以和諧一致，有其社會條件，以致把和諧一致看作是其間具有莫名的親和性（affinity）的證據，只不過，這親和性卻是從這前述的和諧裡來的。

　　總之，習性這歷史的產物，乃依歷史所產生的圖式在塑造個人和集體的實作，進而又再製造出歷史。這一整套性向——也就是存續在當下裡的過去，會展現在依其原則而結構化的實作裡

面，藉之延續至未來；而這又是「內在律」，會再推續「外因律」
（law of external necessities）（無法化約成即刻的機緣限制）使之持
續應用下去──便是延續和規律的原理所在；客觀論在社會世界
裡察覺到了這樣的延續和規律，只是無法給予理性的依據。而這
同時又是變化和「管制型革命」（regulated revolution）的原理所
在；這些變化和管制型革命，不論是機械社會學主義（mechanistic
sociologism）裡的外源（extrinsic）、瞬時（instantaneous）決定論
（determinism），還是唯意志論（voluntarism）或自發式主觀論
（spontaneist subjectivisim）裡的純粹內源（internal）但同樣嚴格
的決定作用，同都無法解釋的。

　　說集體的行動製造出事件，或說集體的行動是事件所製造出
來，都對，也都不對。在實作因隸屬局部或全部相等的客觀必然
（objective necessities）而致可以作客觀協調的時候，能將這樣的
實作轉變成**集體行動**（例如，革命行動）的機緣，就是由**習性**和
客觀事件的辯證關係所組成的；這「習性」就是一套持久操作、
可以轉換的性向，會將過去的經驗融會一氣，無時無刻不是**感
知、體會、行動的基底**（matrix），而能透過圖式的類比式轉移
（analogical transfer），去解決類似的問題，就所得的結果經辯證
而不斷修正結果，去解決形形色色的無數工作；至於**客觀事件**則
有「條件型刺激」（conditional stimulation）的作用，只作限定式
反應，所施加的對象也只限於具有某一類限定式性向而做得出所
要反應的人身上（這一類限定式性向，可以因為「階級意識覺醒」
──也就是直接或間接取得論述而足以對階級習性原則的實作掌
握力建立起象徵性的實作掌握力──而可以進行再製和加強）。

性向和情勢由於是出自不同結構性綿延（structural duration）裡的因果系列組（causal series），因此從來就無法完全協調一致，所以，作共時融合而形成限定式機緣（determinate conjuncture）的性向和情勢，也從來就不會是完全分立的；因為，性向和情勢是由客觀結構所製造出來的；也就是說，追根究柢，性向和情勢其實便是由社會構成體裡面的經濟基礎所孕生出來的。習性的結構再製所需的社會條件，內含「習性滯後」（hysteresis of habitus）的現象，而這現象無疑便是「機會」和「掌握機會的性向」二者會出現「結構差」（structural lag）的根源之一，也因此才會有錯失機會的情況；而碰上歷史危機的時候，常見除了套用過去的感知和思考範疇去作思考外，也別無他法可循──就算這「過去」是一段革命的歷史──就更是因為有這「結構差」的緣故了。

客觀結構會產生認知結構和動機結構，也會將認知結構和動機結構予以再製；若是將這客觀結構和認知結構、動機結構之間的辯證關係略去不管，若是忘記這些客觀結構本身便是歷史實作的產物，而且還會不斷由歷史實作予以再製、改變，而歷史實作的製造原則（productive principle）本身卻又是它嗣後會去再製的客觀結構的產物，這時，就會注定要把不同的「社會作為」（social agencies；instances）當作是「同一句子的不同譯文」──借斯賓諾沙（Spinoza）的比喻一用，這裡面蘊含客觀論有關「表達」（〔articulation〕）的說法的真諦）──而把不同的「社會作為」之間的關係，化約成邏輯公式，可以從這一條推演出另外一條。不同領域的實作的統一原則（unifying principle），在客觀論的分析裡，會劃歸到不同的「子系統」（sub-system）去，像聯姻策略、

再製策略或經濟選擇等等；但這些統一原則不過就是習性罷了，也就是不同場域裡的「表達」實際實現的所在；但客觀論（從帕森斯〔Parsons〕到馬克思的結構論解讀者）只知道將這些場域並排臚列出來，卻找不到途徑去發現其中「結構同源」（structural homology）的真正原理，或二者間於客觀面的變化關係（這不是在否認製造習性且會再製習性的結構是客觀的現實，無法化約成結構在習性裡的展現）。社會思想史上一再有經典的對比論以新面目重複出現，如今的經典對比，便是馬克思主義裡的「人文派」解讀和「結構派」解讀兩方的大戰；只要接受真有這樣的對比存在，而宣示自己就正站在主觀論的正對面，也不等於真的和主觀論作了**斷絕**，反而是墜入盲目崇拜「社會律」（social law）裡去；客觀論為了在結構、實作二者當中建立「虛—實」、「分數—表現」、「本質—生存」之類的關係，不得不向社會律取經，以至於只把主觀論裡面「有創造力的人」（creative man），代換成受制於自然史的死定律的人。「以**個人為最真實的存在**（ens realissimum）」蒙受的批判，到頭來也只教個人的存在變成實體化（hypostatized）的結構的「派生現象」（epiphenomenon），而「產生人類行動產物的客觀結構享有最高地位」的主張，原有堅實的基礎，卻被橫加套上可依自身定律自行發展的能力，可以決定、超定（overdetermine）其他結構——看看這些，我們又如何能夠低估「主觀論／客觀論」這一組意識型態對比的力量呢？

　　以語言（language）和言語（speech）作對比，視語言不過為「執行」，甚至不過是預構物，會把語言的客觀關係和孕生語言能力的性向之間的對比，給遮掩掉；同理，以結構和個人作對

比──而這結構是要打敗個人才能贏取到的，而且還要一贏再贏，無止無休──只會阻礙結構和形成習性的性向兩方之間建立辯證的關係。

有關「文化」和「人格」關係的爭辯，曾經主宰了美國人類學好一大段時期，現在看來卻像是人為硬做出來的、得不出結果；其癥結便是因為這辯論跟一堆邏輯和認識論的謬論一樣，同都是以科學客體（scientific object）的同一種唯實論（realist）、實存論（substantialist）表述所產生的兩種互補的產品為中心，而組織起來的。膨脹得最嚴重的「基本人格」（basic personality）理論，常把人格說成是「文化」（「模製」〔moulding〕出來）的「微型複製品」，在同一社會的每一位成員身上都看得到，只有「偏差」（deviant）的人才會例外。蔻拉‧杜布瓦（Cora Du Bois）就阿洛島（Alor Island）在地人所做的分析，備受讚譽，卻也是「文化」和人格可以互相推演的理論會出現哪些混淆和矛盾的典型事例：這一位心理分析師於臨床觀察到四個案主，在她看起來像是「個性很明顯的人」，「都是由他個人命運裡面獨有的因素所塑造出來的人」；而人類學家認為同樣的影響會塑造出同樣的基本人格，她為了將這觀察和人類學家依前述假設所得出來的研究結果作一番協調，雖然努力要在個人身上找到基本人格的化身，結果卻是不想自打嘴巴、自相矛盾都變得很難。[30]像她先寫了「孟瑪（Mangma）有多典型很難判定。容我大膽指出，他若算典型的話，那他的社會就不可能存續下去」。之後，她又覺得

---

[30] *The People of Alor* (Minneapolis: University of Minnesota Press, 1944).

孟瑪是這四個人裡「最典型」的一個（他的人格符合基本的人格
結構）；李帕達（Ripalda）這一位，被動又有很強的「超我」
（super-ego），就「不算典型」；范丹（Fantan）也是一樣，他
「有最強的性格養成，對女性沒有一點克制力」（極強的異性戀克
制力才是常態），「和其他幾個人的差異之大，形如城市老油條
和鄉下土包子之比。」而第四位，瑪里卡拉（Malekaka），他的
生平就無處不合典型，是著名的預言家，致力於「復興運動」
（revivalist movement），他的人格看起來就很像李帕達；李帕達也
是一位巫師，但先前已經提過這一位的人格「不算典型」。最後，
這位心理分析師還拿她這看法作壓軸：「像孟瑪、李帕達和范丹這
樣的人，任何社會都找得到。」安東尼・華理斯（Anthony F.
Wallace）[31]是這裡這一段批判的出處所在；他是曾正確指出：基
本人格的觀念於運用之際，通常會暗自將差異（進而及於統計數
據）略過不論，而眾趨人格（modal personality）的觀念就有避開
這一類矛盾的優點。只是，這原本只是把檢驗理論構念效度的評
量、核對技巧稍作改良，但到頭來，卻變成在拿一樣東西去取代
另一樣東西：一套有關人格**結構**的假說——於構想中是一套可以
自體平衡（homeostatic）的體系，會依自身的邏輯，重新詮釋外
在的壓力而作改變——就被單純描述某一變項的不同值有何集中
趨勢（central tendency），給取代了，或說是由不同變項的組合給
取代了。以致華理斯得出的是套套式邏輯的結論：在一批圖斯卡
羅拉（Tuscarora）印第安人當中，依二十七項變項歸納出來的

---

[31] *Culture and Personality* (New York: Random House, 1965), p. 86.

「眾趨人格」，只在百分之三十七的研究對象身上看得到。這就好像是把統計規律當作**指標**來解讀，是可以建構「類別精神特質」（class ethos）的手法之一，而且，統一、解釋這些規律的原理，還不必一定要可以化約到這原理展現的規律裡去。總之，宣揚「基本人格」概念的人，由於看不出來這樣的概念只是在告訴我們有一份直接觀察得到的「統計資料」而已——也就是某一社會裡人數最多的「人格類型」——以致也無力以科學客體的同一唯實論表述之名，去質疑另一批拿這理論作統計檢驗的人。

為了讓集體歷史的產物，也就是客觀結構（例如語言、經濟等等），可以在一直受制於相同條件的生物體身上（你要的話，也可以叫作「個人」），也就是一直處於相同物質條件的存在裡的生物體身上，多少可以完整的自行再製出來，形成持久的性向，因而需要借助於「灌輸」和「徵用」；習性便是灌輸和徵用的產物。社會學因而把每一個生物個體視作是劃一的；由於生物個體又是同一類客觀條件的產物，因此也就又是同一套習性的支柱：所以，若以社會階級為一套「客觀決定作用」（objective determinations），那它要連上的就不能是個人，或視作**族群**（population）的「階級」——也就是可以計數、可以測量的生物個體的集合體——而一定要連上階級的習性，也就是連上相同結構裡的所有產物（有一部份）同都具有的同一套性向體系。雖然同一階級裡面不可能人人（就算只有兩個也一樣）都會有同樣的經驗、同樣的處境，但同一階級裡的人，絕對比其他階級的人要更可能遇上同一階級成員最常遇見的情況。科學以統計規律的形式來理解的客觀結構（像是就業率、收入曲線、中等教育機會、

渡假頻率等等），是透過直接、間接但總會聚合在一起的經驗在進行灌輸的；這些經驗便是社會環境「面貌」（physiognomy）的源頭，這裡面有像「關上的門」、「死巷」、「前景」有限等等，也就是像萊布尼茲說的「評估可能性的藝術」，拿捏客觀的未來成真的機會有多大，總而言之，就是「現實感」（sense of reality），而這現實感，說不定正是這些效力隱藏得最好的原則。

生物的個體性從來就沒辦法完全從社會學的論述裡面抽離出來，因為，這樣的關係是即刻有切身感受的（也就是有**屬人性**〔intuitus personae〕的），因此也同時是社會所指定兼認可的（像名字、法定身份，諸如此類），是由**社會軌跡**（social trajectory）所劃定的，而這社會軌跡，嚴格說起來，是無法再作化約的；因此，為了界定階級、習性、和生物個體性之間的關係，倒是可以把習性看作是結構、感知圖式、構想、行動等等同一團體或階級裡的人同都具有、也是一切客觀化和統覺（apperception）的先決條件，經內化而形成的一套主觀但非個人專有的體系：實作於客觀面之協調，世界觀之分享，其基礎，就在個別的實作和世界觀都是完全不限個人的，完全可以互換的。但這樣，也就等於是把所有的實作，或依同一圖式而生成的表述，看作是不屬個人的，可以代換的，而跟康德（Kant）說的一樣：個別的「空間直覺」（intuition of space）根本無法反映個別自我（ego）獨有的特質。其實，同一階級不同成員的個別習性，就是在同源的關聯裡面，在反映製造習性的社會條件特具均質裡有紛歧的這種均質又紛歧的特性裡面，統一起來的；世界觀之「同源」，其實內含系統性差異，因為獨有但又協調的立足點而生成的個人世界觀，就是由

系統差異在作劃分的。由於個人的歷史從來就只不過是團體或階級的集體歷史裡的一則析分〔specification〕，**每一個人的性向體系因此可以看作是所有其他團體或階級習性的結構型變體**，畫出階級內外的不同軌跡和位置的差別。所謂「個人」風格，雖然是同一習性的所有產品上面都有的專屬標記，不管是實作還是結果上面都看得到，但這「個人」風格從來就只不過是所屬時代或階級風格裡的**偏差**；因此，這「個人」風格不僅可以靠一致之處而連到共通的風格上去 ── 像【古希臘雕刻家】菲迪亞斯（Phidias），黑格爾就說他沒有「樣式」（manner）可言 ── 也可以藉差別而連到共通的風格裡去，而且，這些差別，一樣是整體「樣式」裡的一部份。

由於習性是順時的構造式決定作用的產物，無時無刻不在透過產生習性的構造式經驗，而將影響習性結構的構造式經驗予以結構起來；這些個人差異的根源，就在於這樣的習性會把同一階級裡的人於統計算是共有的經驗，融合成獨一無二的合成體，而由人生的早年經驗作主導。也因此，像是從家裡養成的習性，就會是學校經驗進行構作時的基礎（尤以接收、吸收教學特有的訊息為然）；而因學校教育而再出現變化的習性，會趨於多樣，反過來就又會成為日後一切經驗的構造基礎（例如接收、吸收文化產業或工作經驗等等的訊息），依此類推，一直重新構造又再構造下去。

由於習性是從「整合式生命體」（integrative organism）的際遇裡來的，而這整合式生命體又有其相當獨立的因果系列組，例如「生物決定論」（biological determinism）、「社會決定論」

（social determinism）；因此，習性會從意外和偶然裡面製造出一致和必然：例如，習性在「勞動劃分」和「性別劃分」二者當中建立起來的地位等同的關係，無疑就不會是「勞動劃分」和「性別劃分」正好完全吻合的社會所獨有的現象。在階級社會裡面，特定施為者所做的一切，經由必要的超定，都會整體且同時說明他所屬的那一階級──或說得更確切一點，說明他於社會結構裡的位置，還有他起落的軌跡──說明他（或她）的身體──要不就再說得更確切一點，說明他（或她）身上所帶有的一切屬性，始終帶有社會條件的屬性──「性別屬性」當然包括在內，但也有「生理屬性」，不管褒（像力和美）、貶，一概在內。

客觀化和體現的辯證

　　只要教育的工作尚未明確制度化，還不是一門專門的、自主的實作，而是由一整支團體和具有象徵性結構的大環境，不需要有專門從事的施為者，不需要一定的時間，就可以進行無個別特徵也無處不在的教學活動，那麼，界定實作掌握力的**操作模式**，其根本就是經由實作以實作態而在傳衍的，不必拉到論述的層次去。這時，兒童模仿的不是「範型」，而是別人的行為。肢體的**素性**是以個別但又有組織的各種姿態組合成一套模式，而直接訴諸運動功能，因為，肢體素性是連在一整套需要運用身體和工具的技巧上面的，而且帶著一大堆社會含意和價值：不管是怎樣的社會，兒童若覺得有哪一樣動作或姿態在他們覺得是大人該有的樣子，他們就會特別注意──像走路的樣子，擺頭的樣子，臉上的表情，坐的姿態或使用工具的方法等等，而且，這些始終都會

和講話的聲調、講話的風格,還有某種主觀的經驗(還會是別的
嗎?),連在一起。只是,可以透過實作傳衍而不必用上論述或
意識的實作,不表示習性的養成是「嘗試─錯誤」這一類的機械
式學習。沒有條理的體態(figure)系列組,只能透過一再嘗
試、不斷累積可測的進展,慢慢學習起來;數字系列組就不一
樣,學起來比較容易,因為數字系列組裡面帶有結構,不需要一
個個全都記在心裡:至於像格言、俗諺、定理、歌曲、謎語、或
遊戲這些口語的產物,或像工具、房子、村子這類物體,再或像
榮譽競賽、禮物交換、典禮儀式等等實作,卡比爾族的兒童必須
吸收的材料,就都是實作裡面的連貫原理經系統性運用而得出
來的產物[32];也就是說,就算這些材料繁之又繁,他還是輕易就
抓得到這些明確的系列組裡面的**道理**(rationale),輕易即可吸收
成為他自己的原理,以之推演出同一道理所能孕生的其他行為。

　　有關學習的實驗分析,確立了「概念之形成或運用,都不需
要刻意去辨認具體案例裡面有哪些共通的元素或關係,即可以達
成」,[33]而讓我們得以了解客觀化和融會(incorporation)之間的
辯證;有系統的性向經系統性的客觀化後,就在這辯證裡面,再

---

[32] 若說不識字的社會看起來特別傾心做結構型競賽(structural game),而讓人
　　類學家對之著迷,那他們的目的通常僅只為了記憶:卡比利亞村子裡的住家
　　分佈和墓園裡的墳墓分佈之所以那麼像(Aït Hichem, Tizi Hibel),是因為這
　　樣他們才方便找到他們依傳統不作註名的墳墓(在結構原則上面加上代代相
　　傳的確切地標)。

[33] B. Berelson and G. A. Steiner, *Human Behavior* (New York: Harcourt, Brace and
　　World, 1964), p. 193.

產生出有系統的性向：一連串的符號系列——像漢字（赫爾〔Hull〕），或圖樣依其顏色、性質、物像或數量同時遞變（海德布雷德〔Heidbreder〕）——若依任意但有客觀根據的名稱作分類，受測者就算沒辦法說出分類的原則，而只是**隨便猜猜**，得分還是會比他們該得的要高；由此即可證明，就算對分類圖式擁有實作掌握力，也未必等於是對實際應用的流程也具有象徵性的實作掌握力——也就是也有能力於意識中作辨認，於口語裡作表達。艾伯特‧羅德（Albert B. Lord）以他對南斯拉夫吟遊詩人（guslar）作的研究為基礎，分析結構性的材料（structured material）於自然環境裡是如何學到的，就充份證明了實驗裡的發現：要對羅德所謂之「公式」（formula）練就實作掌握力——也就是有能力結合不同的「公式」，依同樣格律習慣用來的字串來表達某一想法，[34]而作臨場發揮——純粹就靠熟能生巧，「靠聽別人吟詩」，[35]學的人自己不必特別注意自己正在學什麼，之後，也不必特別去管自己是依這個公式或那個公式、或這一套、那一套公式[36]：此時，韻腳格律的框架，已然內化成了旋律和含意，不必特別去用心。

　　「實習」（apprenticeship）指的是單單透過熟悉，而讓學的人在不知不覺當中就學到一門「技藝」和「生存之道」的原理——連學徒模仿的實作或結果原本的製作人自己都不知道的部份，也包括在內；「學徒制」的另一端，則是明白運用清楚的規

---

[34] *The Singer of the Tales* (Cambridge, Mass.: Harvard University Press, 1960), p. 30.

[35] Ibid., p. 32.

[36] Ibid., p. 24.

定和法則來傳達知識；每一社會就是在這兩端之間以**結構性操練**（structured exercise），來傳遞這一類型或那一類型的實作掌握力。謎語和儀式競賽（ritual contest）就是這樣，這測的是「儀式語感」（sense of ritual language）；各式競賽也是——每每還依賭注的邏輯作結構化；挑戰或格鬥（決鬥、集體械鬥、打靶等等）亦然，這會要男童依「我們來假裝……」的模式進行；產生榮譽策略（strategies of honour）的圖式也是。[37]再來，日常就不時要參與的禮物交換也是這樣；其間帶有的細膩組成自也在內，這一部份，男童就要從他們當信差的過程裡去，尤其是當女性世界和男性世界的中間人。像是在男人的聚會裡面靜靜觀察大人如何討論事情，留意他們雄辯滔滔的效果，他們的儀式，他們的策略，他們用的儀式策略，還有他們如何運用儀式作策略性發揮，等等。男童在和親戚互動的時候，也會經由反向（reversal），就是子姪輩的人在和自己的子姪輩互動的時候，就要改以叔伯輩的角

---

[37] 因此，兒童早春時玩 *qochra*〔轉木球戲〕時那一顆大家傳遞、保護、爭奪的 qochra（軟木球），就等於是女人。玩這遊戲的時候，一方面要不被球打到，一方面又要搶到這個球，也要保護球不被別人搶去。比賽開始時，比賽的頭目會反覆問上幾次：「這是誰家的女兒？」但沒人會出面認這個女兒、保護這個女兒——女兒對男人永遠都是負債。這時就必須用抽籤的方式來決定花落誰家，抽中的倒楣鬼也只有認了。現在這一顆球就歸他保護，一來不可以讓人搶了去，二來要想辦法把球傳給別人；但做法要符合榮譽的守則和大家認同的規矩。比賽時，這位作「父親」用棍子碰到誰，跟對方說「現在她是你女兒了」，那人就只有承認失敗，像是暫時要向一戶社會地位較低的人家娶進妻子。其他追求者則要想辦法「搶親」，這是光榮的事；作父親的則要想辦法把女兒的監護權送出去，好重新加入遊戲裡去。輸的人會被逐出男人的世界，軟木球就綁在他的襯衫裡面，弄得他像是懷孕的女人。

色來看自己、做事情，而得以從四面八方探索客觀親屬關係裡的結構化空間，從而學到「轉換型圖式」（transformational scheme）的實作掌握力，而能讓一個人從他所在位置隸屬的性向體系，轉換到對面位置的適合體系裡去。像詞彙和文法的替換就是如此（例如「我」和「你」依說話人的關係，指的可以是同一個人），而能將位置掉換、對等互惠，還有各種位置有何限度的觀念等等，灌輸到當事人身上。而且，推到更深一層裡去，這裡面還有父、母的關係，這一層關係因為有「頡頏性互補」（antagonistic complementarity）的不對稱狀況，而讓當事人有機會將**勞動的性別分工和性別的勞動分工**的圖式，同時內化。

但若要找到絕佳的「結構型實習」（structural apprenticeship），好將世界的結構「體現」（em-body）出來，也就是透過軀體的世界去徵用而得以對世界進行徵用──就要在依照「神話─儀式」的對比而構造出來的「軀體─空間」的辯證關係裡面去找。若有社會構成體因為沒有保存象徵性產品的技巧，而且是和「識字」（literacy）有關的技巧，以致有礙象徵性資本作客觀化，尤其是文化資本的客觀化；這時，「居住的空間」，尤其是房子，便會是「孕生性圖式」客觀化的首要場所；而且，由於居住的空間在事物、在人、在實作等方面，都作了區劃和分級，透過這些區劃和分級，這一具體的分類系統就可以將該文化裡的任意規定奠基所在的分類原理，予以不斷灌輸、強化。[38]因此，這跟我們先前

---

[38] 據說以前女人是可以單獨上市場去的，只是女人話太多了，弄得市場一直拖到下個禮拜市場要開始的時候都還沒結束。所以，有一天，一夥男人帶了棍

看過的一樣：右手之「聖潔」和左手之「聖潔」的對比，nif（榮譽）和haram（禁忌）的對比，身負保護、繁衍優點的男性和聖潔卻又邪惡的女性的對比，連帶的，宗教（男性）和巫術（女性）的對比，等等，也在他們空間作男女劃分的事上再製出來，例如會堂、市場、田地是「男性空間」，住屋、花園、haram〔禁忌〕退避所則是「女性空間」。若要發覺這樣的空間組織（時間也依同樣的邏輯而有時間組織作搭配）是如何指揮實作和表述的——這還遠遠超過常見的男性世界—女性世界、會堂—噴泉、公共生活—親密關係等等粗糙的劃分——從而有助於感知、思想和行動的圖式得以施行久遠，就一定要能夠掌握到「客觀化」和「體現」在屋舍空間這一特別場所和早年的學習過程二者之間的辯證關係。

　　而要分析客觀化圖式和已經融會或正在融會的圖式，是有前提的：就是要就屋舍的內部空間，以及這內部空間和外部空間的關係等的社會組織，先作結構的分析；這分析本身不是目的，而是充份掌握「構造式結構」的唯一途徑——「構造式結構」本身並非不證自明，而只能顯現在它所構造的事物裡面——之所以如此，正因為客觀論和所有已經客觀化的事物都有（危險的）親和性。屋舍是一樣**操作成果**，只能以其**操作成果**的樣子供作解碼，而且，此處之解碼，還不能忘記兒童學習如何看待這世界而讀的

子上市場，把婆婆媽媽的閒話給作了了結……這「神話」可以看作是對現下他們因女性的「劣根性」而劃分空間和勞動的「解釋」。若有男人要說這世界顛三倒四的，就會說「女人家上市場了」。

那一本「書」，是用身體在讀的，是透過行動和移位在讀的，也是在行動和移位當中讀的；兒童搬演他們活動的那一方空間，就是由行動和移位所創造出來的，而那一方空間，同時也在塑造兒童。

卡比爾人的房子內部呈長方形，由一道矮牆隔成兩邊：比較大的那一邊比另一邊要略高一些，是留給人住的地方；另一邊則是養牲口的地方，上面加蓋閣樓。兩邊的房間，有一道雙開門互通。上層有爐灶，正對著門放著一具紡織機。下層很暗，是屋裡的黑夜區，是潮濕、綠色的、生鮮等物品所屬的地方——像水罐，這要擺在開往畜欄的門兩邊的長椅上面或靠在「黑暗之牆」上面；或像木頭、綠色飼料——也是自然生物的所在——像公牛、母牛、驢子、騾子——還有本能的活動——如睡覺、性交、生產——當然也包括死亡；和這裡相比的反面，就是又高、又亮、高尚的人類所在，尤其是待客的所在，也是火和火製品、燈、廚房器具、來福槍的所在——來福槍是男性榮譽（nif）的表徵，可以保護女性的榮譽（hurma；神聖不可侵犯）——紡織機：一切保護的象徵；還有兩項要在屋舍裡進行的文化活動：烹飪和紡織，也要在這裡進行。經客觀化而內含在事物或地方上的含意，唯有在依實作而組織起來的圖式構造出來的實作裡面，才能充份揭露（反之亦然）。來了貴客（qabel，這是動詞，也有「起身相迎」、「面向東方」的意思），一定要請他坐在紡織機前面。正對著紡織機的牆，叫作「黑暗之牆」，或「病弱之牆」（wall of invalid：病人睡的床就要放在這面牆邊）。為死者淨身的儀式，要在開往畜欄的門口舉行。黝暗的下層是和上層作對比

的，而且是「女—男」之比：這是親密世界（性交、生殖）最親密的地方。男—女之比也會在屋子的主梁和大柱的對比上面再出現一次：呈刀叉狀，伸向天空。

因此，他們的屋舍是依照一套同源的對比而組織起來的：火—水，熟—生，高—低，明—暗，日—夜，女—男，nif（榮譽）—hurma（禁忌），「授精—受孕」。但這些對比其實也出現在整棟屋舍和屋外的宇宙上面，也就是男性的世界，集會處所，田地，市場。由此可以推知，屋舍裡這兩部份的每一邊，也可以說是有雙重的歸類條件（同理，其間所放的每一樣物品、所做的每一件事，也都是這樣），先是因為屬於屋內宇域的一部份，所以是「女性」的（夜晚的，黑暗的），再來就看是放在屋內宇域對分的哪一邊，而歸為男性還是女性。因此，像「男人是外面的燈，女人是裡面的燈」這一句諺語，它的意思就應該看作是男人是真正的光源，是白晝的光，女人是黑暗裡的光源，是黑夜的光；我們另也知道女人是月亮，男人是太陽。不過，劃分屋舍的這兩套對比系統，不管是屋內的內部組織或是屋子和外面世界的關係，都會有一套需要擺上台前，而那就要看是從男性的觀點還是女性的觀點來看了：不過，在男性這邊，屋舍於他是「出外」大於「入內」，向內走的動線比較適合女性。[39]

只要是用這方式建構起來的空間裡面做的事，一概直接就帶

---

[39] 卡比爾人住屋裡的內部結構，在這裡只能做一些必要的概述，但在 P. Bourdieu, *Esquisse d'une théorie de la pratique* (Paris and Geneva: Librairie Droz, 1972), pp. 45-69 裡面，有完整的分析。

有象徵的歸類條件，每一件事也都是結構型操練；而將巫術的實作和表述組織起來的基本圖式，其實作掌握力就是要透過這麼多的結構型操練，才建立得起來：像是入內，出外，填滿，清空，打開，關閉，左行，右行，西行，東行，諸如此類。由同樣的圖式應用在各形各色、南轅北轍的領域而產生出來的事物世界（world of objects），裡面的每一樣事物都是別的事物的隱喻；每一樣實作都是透過這世界裡的巫術，套上了客觀的含意；這含意是每一樣實作——尤其是儀式——無時無刻都需要顧及的，不管是要把這客觀含意給叫出來還是撤回去。建構事物世界顯然不像新康德學派想的那樣是意識操作獨立自主的表現；建構起事物世界的「心智結構」（mental structure），是建構在事物世界的實作裡的，而這事物世界又是由同一套心智結構所建構起來的。[40]從事物世界孕生出來的心智，並不是以主觀對抗客觀的姿態現形：客觀宇域是由事物所組成的，而事物又是客觀化操作的產物，而且，這客觀化操作的結構又是心智用以進行客觀化結構的同一結構。心智是事物世界的隱喻，而事物世界本身又是隱喻不斷相互對映而形成的無止無休的循環。

---

[40] 這表示掛在艾羅（K. J. Arrow）名下的「從做中學」（learning by doing）假設（請見 K. J. Arrow, "The Economic Implications of Learning by Doing", *Review of Economic Studies*, 29, 3. no. 80, [June 1962], pp. 155-73），是通則裡的特例（其特性需要再作細述）：每一樣製作物（made product）——象徵性產品也包括在內，例如藝術品、遊戲、神話等等——都會經由其所施展的功能，尤其是用途，發揮教育的效果，而有助於薰陶必要的性向，讓這一樣製作物能夠使用得宜。

　　身體經驗—作象徵性操縱（symbolic manipulation），那麼，從神話構造空間裡的移位，也就是像「入內」、「出外」之類的動勢，就會因為人和自然世界的關係，還有兩性在性別勞動分工和勞動性別分工兩方面互補又對立的狀態和活動——衍伸及於生物性繁殖和社會性再製的結果——便都會是用同樣的概念在理解的，以致產生身體空間（body space）和宇宙空間（cosmic space）整合的情況（當然也要付出邏輯寬鬆的代價）。例如，「出外」的動勢，像是朝田地、市場，朝財貨之生產、流通而去的動勢，和「入內」的動勢，像是朝勞動成果的累積、消耗而來的動勢，二者的對比，於象徵面就正符合男性身體和女性身體的對比；男性身體是「自閉式」（self-enclosed）的，是朝外在世界去的；女性身體則像黝暗、陰濕的屋舍，滿是食物、器具、子女，進出都要從同一條難免會沾上泥土的開口通行。[41]

　　男性導向的**離心力**（centrifugal）和女性導向的**向心力**（centripetal）的對比，如先前所言，正是組織家內空間的真正法則，無疑也是兩性和各自「性靈」（psyche）的關係，也就是和各自的身體——或說得更準確一點，和各自的性慾（sexuality）——的關係，立基之所在。只要是男性價值在主導的社會——歐洲社會自不例外，歐洲社會就把政治、歷史、戰爭劃歸為男性，把爐灶、小說、心理學劃歸為女性——男性和性慾獨有的關係，

---

[41] 艾瑞克森（Erikson）對約魯克族（Yoruk）的分析，也可以這樣子看（請見 E. H. Erikson, "Observations on the Yoruk: Childhood and World Image", *University of California Publications in American Archaeology and Ethnology*, 35, 10 [Berkeley: University of California Press, 1943]), pp. 257-302）。

是一種昇華（sublimation）的關係，將之化作榮譽的象徵，一方面拒絕拿性慾作直接的發洩，一方面鼓勵將性慾變型表現在男性雄風上面：由於男性既感覺不到也不在乎女性的性高潮，男性只想用性行為的重複而非延長來肯定他的性能力，因此，男性透過他們既害怕又不屑的女人家的閒話，不是不知道團體的眼睛始終都在威脅他們的親密關係。至於女人這邊，艾瑞克森（Erikson）說的就沒錯，男性的支配是會「限制她們的口語意識（verbal consciousness）」[42]——只要這說的不是絕對不准談性，而是她們談的性一以男性陽剛的價值為尊，以致女性特有的性方面的「利益」，就全都被排除在這一類侵略型而且充滿恥辱感的男性生殖力崇拜之外。

　　心理分析是世界除魅（disenchantment）的「除魅產品」（disenchanting product），其所走向的指意領域，是由神話作超定〔mythically overdetermined〕而形成**致此**的，以致忘了——也害這一點被人給忘了——一個人的身體和別人的身體，都只有透過感知的範疇才能察覺，而且，把這感知的範疇全都連到「性」上面去，未免天真；就算從女人聊天時的笑聲，就算他們對圖畫符號的詮釋——像壁畫、陶器或地毯花樣之類的，證明這些範疇始終會再連到兩性生物屬性的對比上面，有時還非常具體，也還是如此。人身和世界一般是透過瀰漫式（diffuse）灌輸建立起秩序

---

[42] E. H. Erikson, "Childhood and Tradition in Two American Tribes", in *The Psychoanalytic Study of the Child* (New York: International Universities Press, 1945), vol. I, pp. 319-50.

來的;而拿身體和世界的關係作象徵性操縱,將無數瀰漫式灌輸的活動化約到純粹「性」的面向,希望套得上梅蘭妮・克萊恩(Melanie Klein)說的「身體地理學」(body geography),也一樣天真——身體地理學是一門很特殊的地理學,說是「宇宙論」(cosmology)可能還要更貼切。[43]兒童一開始和父母的關係,或換個說法,和父親身體還有母親身體的關係,是體驗神話創作(mythopoeia)實作裡的基本對比最刺激的機會,但這最早的關係,不可以拿來作為掌握構造自我、構造世界的原理的基礎,尤其是每一宗同性戀和異性戀的關係更是如此;除非這最早的關係所建立的對象,其性別是從象徵面而非生物面在作界定的。兒童在建構其**性別認同**的時候,也同時在運用社會世界定出來的同一套密不可分的生物暨社會指標,在建構他自己對性別勞動分工的意象;而性別認同是社會身份的要件。換言之,性別認同的覺醒,還有連在男性、女性社會功能的「限定式社會定義」(determinate social definition)上的融會貫通,是和採行社會界定的性別勞動分工觀念同步並行的。

心理學家就「性別差異」感知所做的研究,即明白指出兒童很早就分得清楚男、女功能有別(約五歲),會把家事劃歸女性和母親,經濟活動則劃歸到男性和父親那一邊。這就在在顯示兒童知道性別差異,是和劃分父職、母職有別是同時並行的。從無數研究兒童對父母感知有別的分析裡面,可以推知,一般人都覺

---

[43] *Contributions to Psycho-analysis 1921-1945* (London: Hogarth Press, 1948), p. 109n1 and p. 260n1.

得父親比母親能幹、嚴格，母親則比父親「溫和」、慈愛，是建立比較有感情、比較愉快的關係的對象。其實，艾默里克（Emmerich）就已正確指出，蓋在這些差別下面的是兒童就是會把比較大的權力劃歸到父親那一邊。

男性和女性的對比若便是劃分社會世界和象徵世界的基本原理，那麼，在建構自我形象（self-image）和「世界圖象」（world-image）的時候，這對比的份量會有多重就不難想像了。即如 nif 這一個字的雙重含意所強調者：「性能力」（sexual potency）和「社會能力」（social potency）是分不開的，由社會對「男性」所下的定義（衍伸出去，自也包括「女性」），會推演出一套政治神話，而由此政治神話去主宰一切的身體經驗，尤其是性經驗本身。因此，男性的性慾：公開的、昇華的，女性的性慾：祕密的、也可以說是「異化的」（以艾瑞克森說的「萬有性能力烏托邦」〔utopia of universal genitality〕而言，也就是「完全性高潮互惠烏托邦」〔utopia of full orgasmic reciprocity〕），二者的對立關係，只是政治的外向性（extraversion）或公共信仰，和心理學的內向性（introversion）或個人巫術二者對比的析分項；個人的巫術是為了彌補大部份儀式的不足而出現的，目的在馴化男性伴侶。

身體素性是政治神話在現實裡的實踐、體現（em-bodied），而且轉化成恆久的性向，轉化在經久不變的站立、講話等活動裡面，進而也包括感覺、思考的模式。神話儀式的邏輯在兩性之間製造出來的對比，組織起一整套的價值體系；而這對比還會反覆在軀體的姿態和動作裡面現形，體現在「彎—直」、「豪放—拘謹」等等的對比裡面。「卡比爾人跟歐石南一樣，寧折不屈。」

重名之人的步調，一定要沉穩、堅定。他走路的樣子、給人的感覺，顯示這人知道自己要往哪裡去，也知道不論有何險阻一定可以準時到達，在在傳達出他的力量和決心，而和遲疑躊躇的步伐（thikli thamahmahth）相反；遲疑躊躇的步伐，給人的感覺是猶疑不決，三心二意（awal amahmah），不敢承諾，無力實踐承諾。男子漢的步伐也會很平均：和「趾高氣昂」、「昂首闊步」、「手舞足蹈」的急促不同——奔跑，在他們看是軟弱、輕浮之舉——「拖著腳走路」，憊懶之人，也一樣。有男子氣概的男人站起來身子挺直，遇到人或歡迎人的時候會直視對方的眼睛；始終精神警醒，因為威脅無處不在，身邊發生的事沒有一樣逃得過他的眼睛；但若眼高於頂或垂頭喪氣，就是不負責任的表徵；一個人一無所懼，表示他在團體裡面也不必負一丁點責任，所以才一無所懼。反之，女人走路就應該躬身碎步輕緩前行，眼光要朝下看，只看她下一步要落腳的地方，尤其是要走過thajma'th身邊的時候；走路時，臀部不可搖得太厲害，大踏步臀部就會搖得比較厲害；身上圍的thimehremth不可以拿下來；thimehremth是披在衣服上的紅、黃、黑條紋的布；也要注意頭巾不可以沒打結而露出頭髮。總而言之，女性專有的美德，lahia，謙抑，矜持，保守，都拖著女性的身體朝下、朝地面、朝內、朝屋子走；男性的優點，nif，則是朝上、朝外、朝其他男性的方向走的。

　　舉凡社會，尤其是「集權體制」（totalitarian institution）——借用高夫曼（Goffman）的話來說——若想要用「去文化」（deculturation）和「再教化」（reculturation）來塑造新的男性的話，就會在服裝、舉止、外貌、言談等等看來最為無聊的小事上面下

工夫；這原因就在於他們把身體當作記憶庫，拿文化的「任意型內涵」（arbitrary content）裡的基本原理，做出「縮小版」和「實作版」，也就是「記憶版」，套在這些事情上面。這樣子體現出來的原理，會落在意識掌握的範圍之外，因此也不是主動、刻意的變化碰得到的，甚至連外顯也沒辦法；世上最難以名狀、最難以傳遞、最難以模仿、也因此也是最珍貴的，莫過乎加上了價值的軀體，由隱性教育裡面潛藏的信念經由「質變」（transubstantiation）而塑造出來的身體；這樣的隱性教育透過一些無聊的訓誡，像是「站要站直」，或「不要用左手拿刀」，而將一整套宇宙觀、倫理學、形而上學、政治哲學，全都灌注到人的腦中。[44]人身所能做的技巧因「圖式轉移」（scheme transfre）的邏輯，而可以**見微知著**（pars totalis），而這樣的邏輯，一般是用**以偏概全**（par pro toto）的謬論在操作的，因此，就算只執一端也能窺見全體，就算是再狹隘、再偶然的習慣動作，也能勾勒出大體的狀況。這種教育理念用的技巧，就在於看來要求的是瑣碎的小事，但無形中卻扭曲了根本：敬重禮數、也懂得禮數，是向既定秩序稱臣最明顯但又隱藏得最好的表現（因為看起來最自然）；這樣將任意式

---

[44] 每一團體都會把這方面最基本、於保存上最不可少的原則，交給「肢體自動作用」（bodily automatism）。沒有紀錄或其他客觀化工具可用的社會裡，知識的傳承就只有靠身體的體現了（embodied state）。由此可以推知，除了其他結果，這些知識是絕不會從承載的肢體裡面脫離出來的，而會像——柏拉圖說的——只有專為召喚這些知識而設計的體操才能取得：**模仿**。因此，肢體會不斷和它所再製的知識混在一起，而永遠無法產生書寫的客觀化過程裡的客觀性和距離。

（the arbitrary）融會到自身，會將雷蒙・魯爾（Raymond Ruyer）說的「偏離的可能」（lateral possibilities），也就是各種古怪、異常的舉止，瘋瘋癲癲的小變體等等，都抹煞掉了。因為**禮貌**而讓步，向來包含**政治讓步**。斯賓諾沙用**盲從**（obsequium）指稱因制約（conditioning）而產生的「恆定意志」（constant will），「國家就是透過〔恆定意志〕在塑造我們為其所用，利其存續」[45]；這一用語也可以用來指稱每一團體要成員做的公開宣示（尤其是在收編co-option的時候），也就是團體訂的個人該付給團體的交換象徵稅。由於這交換和禮物交換一樣，本身便是目的，因此，團體訂的貢品，都是一些小東西，也就是有象徵性儀式的意思（例如「過渡儀式」〔rite of passage〕或禮節儀式等等），是「花不了多少錢」的俗套和虛禮，而且是「天經地義」的要求（「最起碼也要……」、「又花不了他多少錢……」），以致自動放棄不做等於不肯做，甚至形如提出挑戰。[46]

　　產生習性的結構會透過習性去指揮實作，但不是透過機械決

---

[45] A. Matheron, *Individu et société chez Spinoza* (Paris: Editions de Minuit, 1969), p. 349.

[46] 因此，所謂「禮數規則」（rules of politeness）這一類實作掌握力，尤其是將可用的規矩（例如書信的結尾）依可行的稱謂類別作調整，表示預先要對某一類限定式政治秩序（determinate political order）內含的隱性定理裡的對比，要有隱性的實作掌握力──也等於是有所體認──才行：在所論及的例子（法國）裡，這些對比就是「男─女」──前者要求「致敬」，後者需要，「敬禮」或「感情」──還有「長─幼」，「公─私」──官署或商業書信；最後是上司、同輩、下屬之間的階級對比；「敬意」的細膩劃分就是由這些在作決定的。

定論（mechanical determinism）的過程，而是透過結構套在習性另作創發時的定向和約束所在指揮的。[47]由於習性是後天學來的一套孕生型圖式，於客觀面會依它所生成的特定條件而作校正，因此，習性會產生符合該條件的想法、感知和活動，不會有其他。只要還陷在決定論和自由的兩難裡面，還陷在制約和創造的兩難裡面（像杭士基就是，他認為避開布倫菲爾式行為論（Bloomfieldian behaviourism）的唯一出路，就是在人類心智的「結構」——也就是「本性」（nature）——裡面，尋找「自由」和「創意」），就絕難構想得出來這種矛盾的產品，甚至無法可想。由於習性是可以不斷產生產品——思想，感知，表達，行動——的無盡能力，其界線是由它於歷史和社會裡的條件在劃定的，因此，習性所掙得的自由，既受制約、又有制約力，和離奇的創意結晶，或說它是它最早的制約條件所再製出來的簡單機械複製品，都有天壤之別。[48]

---

[47] 之所以用「習性」這名詞的理由之一，就是希望把一般視「習慣」（habit）為機械集合體或預製型圖式的觀念予以排除；黑格爾在 *Phenomenology of mind* 裡說的「熟能生巧」（habit as dexterity），就是後者。

[48] 這些分析於社會學之應用，請見 "Avenir de classse et causalité du probable", *Revue Française de Sociologie*, 15 (January-March 1974), pp. 3-42。英譯即將出版。

第三章

孕生型圖式和實作邏輯

——限度裡的創發

把動作反過來做，像把湯匙倒過來放，應該像是會自動引
發相反的行動才對。有一個fqih（伊斯蘭僧師）的太太在
〔摩洛哥〕姆托加（Mtougga）就做過這樣的事，擋下即將來
襲的大雨。

洛斯特（E. Laoust），

《柏柏人之詞與物》（*Mots et choses berbéres*）

「我想我做出了神學上的大發現……」

「你做出了什麼？」

「手掌朝下翻，祈禱的事情就會反過來！」

舒茲（Charles M. Schulz），

《史努匹》（*There's No One Like You, Snoopy*）

人和其他動物不同之處在人的模仿力（mimetikotaton）最
強，人類最早的學習靠的都是模仿（dia mimeseos）。

亞里斯多德（Aristotle），

《詩學》，1448b

　　客觀論將社會世界想作是呈現在觀者目前的景象；觀者對目
前景象裡的活動，是從自身之「觀點」來作觀察的，而且還會退
後一步，以利觀察，以致將自身和觀察對象之間的關係的原則，
轉移到觀察對象身上，把觀察對象想作是只供認知發揮作用的完
整的一體，而將其間之一切互動，化約成象徵性的交換。此之
「觀點」，乃社會結構裡位在高處的觀點，由此觀點看過去，社會

世界形如表述（這裡的表述，是唯心論哲學的用法，但也包含繪畫和戲劇裡的用法），實作則不過是「執行」，像是舞台角色，演奏樂譜，或是推行計畫之類。循馬克思在《費爾巴哈論綱》的理路，以「實作為實作」（practice as practice）的理論，不同於「實證唯物論」，而認定知識裡的客體都是**建構**出來的；也不同於「唯心唯智論」，而認為這建構的根本，是在以實際功能為導向的實際活動上面。既放棄客觀唯心論組織世界時用的居高臨下的觀點，但又不致將認知化約成純粹的紀錄而不得不放棄理解世界時的「主動面」，也不是不可能的：這樣，就能把我們自己放進「本然的真實活動」裡去，也就是放進自己和世界的實際關係裡去；這一層關係像是「擬身體類」（quasi-bodily）的「準星」，既不會帶出有關身體或世界的表述，更不會帶出身體和世界的關係；也就是世界現形所需借助的「主動涉入」〔active presence〕，而其所附帶的要項：該做或者是該說之事、不得不說或者是不得不做的事等等，也都包括在內；這些，都會直接指揮言行舉止，但又不致將之擺佈成「景象」。

人類學家（也就是所謂的「民族科學」ethnoscience）和社會學家（俗民方法學〔ethnomethodology〕），於分類和分類系統，同都發展出不少論述；兩邊有一處共通的地方：兩邊同都忘了這些認知工具所發揮的功能，都是純粹認知之外的功能。實作始終都不脫認知的操作，於實作操作裡進行建構，透過實際的功能，要組織感知、構造感知的分類體系發揮作用。這些感知、領會、行動的圖式，是歷代的實作在限定式的存在條件裡面操作、累積而成的，要透過實作才能學到，也要放在實際的狀態裡面才能運

用，不需要外顯的表述幫助；這些圖式就是「實作操作元」
（practical operator）；實作操作元之所源出的客觀結構，也要透過
實作操作元才得以在實作裡面就客觀結構進行再製。「實作分類
法」（practical taxonomy）是認知和溝通的工具，這些工具又是建
立含意、為含意凝聚共識的先決條件；實作分類法唯有本身先經
構造，才有辦法施展它構造**結構**的效能。這意思不是說結構分析、
組成分析或其他任何一類純粹**內部**的分析，都可以用來處理這些
圖式；這類內部的分析因為都被人從它生產和運用的條件裡面抽
離出來，以致注定是沒辦法用來理解這些圖式的社會功能的。[1]

同一習性所生成的產品，都看得到一致的地方；形成這一致
性的基礎，別無其他，就在形成此一習性的孕生型原理因社會結
構（也就是不同團體，像是性別或年齡層，或社會階級組織當中
的關係結構）而有一致性；這些孕生型原理既是社會結構的產
品，而且，像涂爾幹和牟斯注意到的一樣，也會將社會結構予以
再製。[2]構造出習性的實作操作元，是要在實作狀態裡面發揮作

---

1 這是反起源論的偏見結合反功能論的偏見；反起源論的偏見會在無意識裡甚
　或公然，拒絕在個人或集體的歷史裡面尋找客觀結構和內化結構的源起；反
　功能論的偏見，則不肯承認象徵體系有其可能的實作功能；結構主義人類學
　則有傾向，把歷史體系裡的連貫性放大到超乎本有或者是發揮功能所需的地
　步去；而反起源論和反功能論這兩種偏見合起來，於這傾向有加強的作用。
　但其實，這些體系即如洛維（Lowie）描述的文化，始終都是「零碎拼湊的
　東西」（things of shreds and patches），就算這些補靪不斷有有意或是無意的再
　構造或是重建，而融入體系裡去，也是如此。

2 潘諾夫斯基寫的透視法歷史（E. Panofsky, "Die Perspektive als 'symbolische
　Form', *Vorträg der Bibliothek Warburg* [Leipzig and Berlin, 1924-25], pp. 258-

用的，像是姿態或言談；而這些實作操作元，又會將對比和階級組織再製成**變化體**，硬插進一套象徵關係的結構裡去；這一套象徵關係結構就是確實組織起社會團體的那些對比和階級組織，而這些對比和階級組織，又再由這一套象徵關係的結構呈現為「誤認體」（misrecognizable form），而取得正當性。

農民曆以及概要圖的錯覺

從分析農民曆可以讓我們以「謬證」（per absurdum）的方式，來證明唯智論就社會分類體系所得的理論有何謬誤。由於農民曆在協調團體活動方面，有極為重要的社會功能，因此確實是社會存在裡面法規化程度最高的面向之一。[3]農民曆裡就實作所

330），算是為傳統的認知與表達模式寫的社會史代表作；為了要和唯心論的「象徵形式」（symbolic form）做徹底的斷絕，無疑是必須將知覺與表述的歷史形式，用更有系統的方式，連上生產、（透過表達或是瀰漫式教育）再製這些歷史形式的社會條件，連上這些團體在社會結構中的位置。

[3] 在固定為知識、當作知識傳授，傳授的知識裡面，習性的法則會客觀化到什麼程度，在不同的活動範圍裡會有很大的差別：由粗略的計算，可知高度法規化的格言、諺語、儀式的相對使用頻率，是從農民曆（還有和農民曆有密切關係的曆法，例如女性的紡織、製陶、烹飪等的曆法，這些曆法的編錄程度會比較低）、往一天日程的劃分或是人類一生的年時這方向下降的，其他明顯屬任意獨斷的事，例如戶內空間組織、身體部位劃分、顏色、動物等等，就更不必提了。人類學家和報導人算是共謀在製造法條形式主義，從他們依客觀化程度排出來的範疇和階級組織，和人類學家在收集資料時各範疇的相對比重多少都很一致，就是很明顯的證據。農民曆以其社會功能的關係，會和伊斯蘭曆，以及和伊斯蘭曆有關的學術或半學術傳統——也就是透過星曆表和天文年曆來傳遞、透過識字的人來傳播的傳統——有競爭的狀況，以致農民曆在傳統的各範疇裡，算是最能直接標示伊斯蘭成份者。

作的組織，並非全部交由習性裡的實作圖式去作決定的：這其實是明白的指令、特別的建議、俗諺、格言、禁忌等等的目標，有類似族譜或慣例在另一種狀況下發揮的功能。這類多少作過法規化的客觀化狀態，雖然頂多只是為了半學術的目的而做出來的合**理化**過程，但在依通行的分類體系而構造出來的習性所生成的一切產物裡面，是社會公認最具代表性、最有成效、最值得集體記憶保存者；也因此，這些又是依分類體系源出的結構而組織起來的。這些也因此都有共通的「面貌」，施為者只要具有相同的語言「感覺」和／或相同的神話根源，馬上就「會懂」，也因此先天就可以用法規化的參考系和嚴格的守則，來補足習性裡的疏漏或不明之處。[4]

問報導人問題，也等於是要他站上半科學的立場；這時得到的回答，會是報導人在他可用的傳統裡選一樣來用，再以他對這

---

[4] 這種知識資本在團體成員間的分配，是不會一致的（不過，差距不會像有教育體系的識字社會那麼大）：依性別或年齡群作分工，或依行業（縱使是原始的形式）作分工（這時農民和學者就是對比，鐵匠和肉販就是對比），使得不同範疇的施為者（他們的實作曆法雖然不同，但客觀上都是相互協調的），會促使不同類別的施為者在累積文化傳統傳下來的不同工具時，程度會大有差別，特別會促使施為者先天就會用很不一樣的方式去背這些已經客觀化、成為法規化（有時還成文化）知識的工具。**私有巫術**、比較不重要又可有可無的儀式、目的只在達成私人需求即可者，例如治療或是求愛的法術，這些通常都會用上透明的象徵和簡單的儀式策略，一般是以老嫗和鐵匠的能力最強，老嫗和鐵匠在團體裡的地位都屬曖昧；至於集體的法術、公定和義務型儀式，就像農耕儀式，由於對團體裡的每一成員都有相同的功能，因此需要全體成員一起參加，這時就以團體權勢最大、最尊榮的家族裡年紀最大的人，是最精通的人。

傳統的知識所拼湊出來的，其中的組成還未必次次一致；而他這些知識，除非是機械化的再製，便都是依他習性裡的圖式、依他以這圖式而臨時做出來的表述為本，而選擇出來的，往往也同時**重作詮釋**。若有人想要畫一張農民曆的概要圖，既結合最常驗證的要項，也標示出最重要的變項（而不只是針對特定的「特徵」而做出一本或一套農民曆），那他碰到的首要難題一定就是：同一時節可以有不同的名稱；還不只，同一名稱用在同一年時限不同、時點也不同的時節更是常見，就看不同地區、部落、村莊甚至報導人是怎麼用的。尤有甚者，就算是同一次的訪問，報導人在不同時候提到農民曆裡的同一時節，給的名稱可能還不一樣（像一下用柏柏人的說法，再一下用伊斯蘭教的說法）。

　　蒐集各類不同的說法，彙整成沒有空白、沒有矛盾的一體，像**記憶譜**一樣，當然是很大的誘惑；有了這樣的記憶譜，報導人說的農民曆就一概是有缺點、不充份的**演出**了。[5]但問題是農民曆只要沒寫下來，就沒辦法理解；而且，只要沒體認到這樣的農民曆只在紙面上才看得到，那就沒辦法真的理解農民曆到底是怎麼運用的（參見圖二）[6]。此外，若要將有用的材料全都盡快傳

---

[5] 這類均質化、統一化的現象，古代的大祭司官僚體系就做得很成功，他們有足夠的權威可以推行真正的**宗教法典**，將儀式訂在固定的日期舉行，而不必去管氣候的不規則變化以及經濟、社會條件有所紛歧。

[6] 這裡用來重組表述、實作固有邏輯的（任意型）表述（因為有表意圖，而有鼓勵「結構論」解讀的風險），即強調出了轉捩點──或說是**門檻**（春，秋），同時將農耕年的特出時點變成線性、有方向的序列（從秋天往夏天走，也就是從西往東走，從晚上往早上走，等等），或者是沿著XY軸對摺的圓上的點。

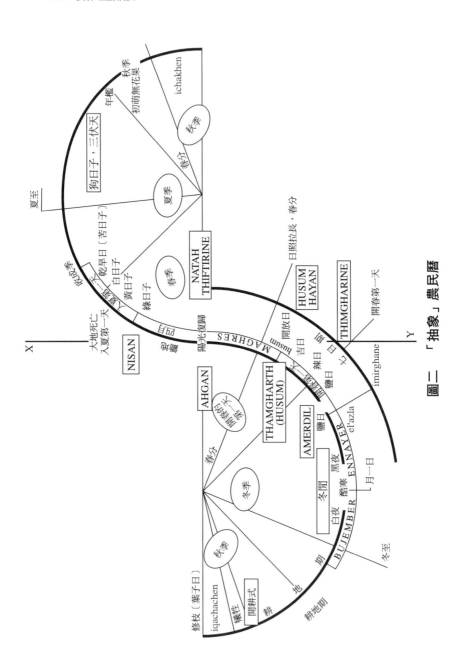

圖二 「抽象」農民曆

達予他人明瞭，效率最好、最方便的方法，莫過乎作線性敘述，這樣才能快速展現一連串的「時節」和「時點」（這時就會把相反的說法當成是「變體」了）。

報導人大部份都自動把秋天（lakhrif）當作一年的開始。有些人則把「儒略曆」（羅馬新曆；Julian calendar）九月一日前後，當作一年之始；再有些人則把八月十五日當作是一年之始，叫這一天作「年檻」（thabburth usuagas），時序在這時候脫離了 *samïm*（夏季）的「狗日子」（三伏天），進入濕季，秋天於焉開始：在這一天，每一戶人家都要拿一隻公雞作獻祭，人際的聯繫和接觸也跟著步入新的一年。但也有一些報導人會把「年檻」放在「耕地期」的第一天（lahlal natsharats 或 lahlal n thagersa），這一天是時序變換最確切的轉捩點。

耕地期（通常叫作lahlal，有時也叫hartadem）的第一天，要進行開耕（awdjeb）；在這一天，要拿一頭大家集資買來的公牛作犧牲（thimechret），宰殺所得的牛肉，由社區（adhrum或村莊）裡的眾人分食。在舉行過開耕儀式（同時也是祈雨儀式）之後，只要田地的濕度夠，就可以立即開始耕地和播種，一直做到十二月中，甚至再久一點，視地區或年頭而定。

把lahlal說成是「時節」絕對不對：這名詞及其所指稱的時間單位，是要放在整個濕季的宇域裡面和 lakhrif〔秋季〕作對比，而以實作來作界定的（lakhrif指的是整地、播種，是和採摘無花果、風乾無花果，在夏園thabhirth裡種菜、做la' laf等工作作對比的；la'laf指的是照顧先前因踩穀而衰憊的公牛，為下一階段的耕地作準備）；但放在這濕季的宇域裡看時，這名詞也可

以和lyali作對比來界定；lyali指冬天的農閒時節。若放在另一套很不一樣的邏輯裡看，像有一些事只可以在某一時節裡進行，否則皆屬haram（不宜，禁忌），這名詞也可以拿來和這樣的時節作對照：例如，lahlal lafth是適合為蕪菁播種的時節（入秋起的第十七天，儒略曆裡的九月三日），lahlal yifer則是適合為無花果樹剪樹枝的時節（九月底），諸如此類。

　　有些報導人會說冬天起自十一月十五日，有些則說是十二月一日，還不必舉行任何儀式（一般即表示秋天和冬天的對比標示得不是很明確）。[7]冬天的核心是在lyali（冬閒）：「夜晚」，「為期四十天」；這時期一般又劃分為兩半，一是lyali thimellaline：白夜，一是 lyali thiberkanine：黑夜（這劃分法從它應用的範圍來看，可知是從一套完全抽象、形式化的劃分原則裡面孕生出來，只是報導人會在氣候變化裡為這樣的劃分找理由）。秋天的工作就算完成，農人還是不得清閒，出不了門的時候，就在家裡修理工具，可以出門就撿些草葉供牛群食用，大雪過後也要掃雪，清出走路的小徑。這是一年的農閒季，是和smaïm（狗日子，三伏天），還有lahlal，如先前所述是農忙期，作對比的；但這時節在另一方面又和時序由冬入春的遞嬗成對比（essba't或essbu'，就是「七日期」〔sevens〕）；若再從另一角度來看，這段時期又是「大夜」（lyali kbira），而和二月、三月的「小夜」（lyali esghira），或和「牧人夜」、「Hayan夜」（Hayan nights）成對比。一月（ennayer）的第一天，正處於隆冬，在農民曆上特別標示要舉行

---

7 其他報導人甚至還說沒有辦法知道入冬第一天應該是哪一天。

一整套「換新」的儀式，也有許多禁忌（尤其是掃地、紡織方面），有些報導人會把這一天拉長到和「酷寒」（isemaden）相等，這「酷寒」是從十二月末到一月初。

Lyali（冬閒）結束的時候，要以el'azla gennayer（祛冬）的儀式來慶祝，表示脫離了ennayer（一月）：生命又從地表竄出，第一株綠芽出現在樹梢，這是「開春」（el ftuh）的時節。農人到田地裡插上幾根夾竹桃樹枝，夾竹桃的樹枝有趕走金龜子蛆（maras）的力量；農人在插夾竹桃枝的時候，嘴裡要唸：「金龜子蛆出來吧！khammes要殺你啊！」據說農人在這一天還要趕在日出前到畜欄裡去，朝公牛的耳朵大叫：「好消息！Ennayer（一月）過去啦！」有些報導人還會把'azri（單身漢）說成'azla（「因為從那一天起，春天降臨人間，開始要慶祝婚事」），他們玩這樣的語言遊戲，無疑也帶有神話的根源。這是一段漫長的轉變時節，一段等待的時光，還蓋在一堆既豐富又混亂的詞彙下面：秋天雖然像某一位報導人說的是「一整塊」的，由冬天轉入春天的時節，就是由一堆時點拼湊出來的了，這一個個時點都沒有確切的定義，還幾乎全都有不好的含意，名稱也不一致。

因此，像thimgharine（意思是「眾老嫗」〔複數〕）和thamgharth（老嫗）（單數），[8] 在大卡比利亞（Great Kabylia）就又叫作amerdil（債），就同時用來指稱月份過渡的時候（像從十

---

8 這些名稱指的是「借來的日子」（borrowed days）的傳說，這故事是冬天（或是一月、二月，諸如此類）曾向下一時節借了幾天過來，好處罰某一個敢挑戰它的老嫗（或山羊、黑人）。

二月轉到一月，從一月轉到二月，或從二月轉到三月，在艾恩阿格貝爾〔Aïn Aghbel〕甚至從三月轉到四月也會用上這個名稱），或用來指稱由冬入春的時候。Husum是出自阿拉伯語的外來語，原意指的是古蘭經裡的一節，但在他們的用法裡就和hayan（或ahgan）並用了，指從furar轉進到maghres〔種植？plantationj〕的過程。[9]只是，他們的巫術邏輯始終認定這時節整體都不穩定，因此要判定哪些時點最不吉利，根本就不可能[10]；也因此，thimgharine或husum這類指稱大凶時節的名詞，有時也用來指一月到三月中旬的過渡時節：這時，這名詞所指的時節，就也包括二月的四個「星期」，合起來叫作essba't（七日期）：這四個星期分別是el mwalah（有時也叫作imirghane）：「鹽日」（salt day），el quarah：「辣日」（pungent days），el swalah：吉日，el fwatah：開放日（open days）。[11]由這一串名稱來看，在這裡就會發現跟

---

9 雖然我們不該忘記：把出現在某一地區的一套特徵匯集起來組成系列組，本身就是全然人工的、合成的操作，圖中還是畫出了三大系列組，即 *imirghane*、*amerdil*、*thamgharth*、*ahgan*，*thiftirine*、*nisan*，*thimgharine*、*hayan*、*nisan*，*el mwalah*、*elqwarah*、*el swalah*、*el fwatch*、*husam*、*natah*、*nisan*。而這些系列（為簡潔故）可以說是對應得上久久拉（Djurdjura）地區、小卡比利亞（Lesser Kabylia）的情形，而後者又等於是伊斯蘭化最深、或說是識字報導人的區域。

10 有一個報導人就是這麼說 *la'didal* 的，這是酷寒時期，什麼時候來，無從預測。有一首歌也提到這件事，是婦女在麵粉磨坊工作時唱的歌：「如果 *la'didal* 對我來說就像 *hayan* 之夜，那就叫牧羊人快逃進村裡去。」而依久久拉地區報導人的說法，在 *bujember* 這個月（沒有人知道這到底是幾月），有一天晚上水會變成血。

一月分成兩半一樣的半外顯式二分法，這類二分法向來帶有合理化的意圖：頭兩個時節是不祥的，落在冬季的末尾；後兩個時節是吉利的，落在春季的開頭。同理，報導人若把 husum 放在橫跨一月末和二月初的那兩星期上面，還把這整個時期專有的特徵全都集中在這兩星期內，那他一樣會劃分吉凶，以第一個星期為不祥的七天，第二個星期為吉利的七天。還有，ahgans（hayans）在許多報導人的說法裡也一樣有吉凶之別（尤其是在久久拉〔Djurdjura〕地區），一是 ahgan bu akli，「黑人的 hayan」，這是「七日大寒」，在這期間以萬事皆休為宜；另一是 ahgan u hari，「自由人的 hayan」，這時期則是「大地回春。」

　　「Hayan 週」（三月的第一個星期）是生命完成工作的時期。人類在這時候絕對不可以下田或到果園工作，免得有所打擾。[12] 動物的成長好像也在這時候完成：要斷奶（el hiyaz），就要趁 hayan 週要結束的時候，也就是春分（adhwal gitij，日照拉長）這一天。在這天要用力敲馬口鐵罐，免得公牛聽到「白晝拉長」

---

[11] 這一半學術性系列組有時叫作 *ma*、*qa*、*sa*、*fin*，這是非洲伊斯蘭僧師的記憶術，每一名稱都以開始的第一個字來代表。報導者差不多也是用這樣的記憶術來背從夏天開始的劃分系列組（*izegzawen*、*iwraghen*、*imellalen*、*iquranen*）；這系列有時候也用柏柏人用的名稱字根的第一個子音來表示：*za*、*ra*、*ma*、*qin*。

[12] *Hayan* 和 *husum* 的其他禁忌：耕作、結婚、性愛；夜間工作；製陶、燒陶；羊毛加工；紡織。在艾恩艾格貝爾，*husum* 期間，有關土地的工作一概禁止——大地這時是 *el faragh*：空的。這時候「開始建築工事、舉行婚宴、舉辦餐宴，或是買進牲口」，皆屬不吉。這時候大體是不宜從事一切關乎未來的活動。

這樣的話——公牛在那一天是聽得懂人類的話的——因為公牛聽到「白晝拉長」，恐怕會因為工作就要加重而心生畏懼。由於husum（hayan）有這樣的地位，因此帶有「起始」（inaugural）——兼「預示」（augural）——的性質，非常類似早晨在一日週期裡的地位（例如，這時若不下雨，那這一整年水井的水都不會到滿水位；若下雨，就表示今年水量會很豐沛；若一開始就下雪，那這一年鷓鴣下的蛋就會很多）；這一天因此也是贖罪（祈福）和占卜的時候。

　　這「老嫗」和husum的時節一旦過去，牲口就算是得救了：接下來就是el fwatah（開放日），是外出的時候；是「生」的時候，既指田地作物的萌生，也指牲口的誕生，不論是幼芽還是幼獸都不致再遭嚴冬酷寒的摧折。這時候，開春的第一天（thafsuth），慶祝新綠和新生命到來的餐宴[13]已經舉行過了。這一段「預言」時節的「起始日」應該舉行的儀式，全都放在喜的符號下，放在可以招徠好運、帶來繁榮的東西下面。孩童成群出外到野地裡去迎春，在空曠處一起吃奶油烘烤的粗粒穀粉。這一天吃的庫斯庫斯，要放在加了塔普斯香膠（adhris；seksu wadhris）的肉湯裡蒸過才可以；塔普斯香膠有膨脹的作用。婦女這時候也不必再遵守耕地期的禁忌，可以用指甲花染指甲了。成群的婦女還十五或二十人一組，出外採回歐石南枝做成掃帚；這類掃帚有很好聽的名字，叫thafarahth，是從farah來的，意思是「喜

13　*Thafsuth*：春天，和*efsu*有關：打開、解開、羊毛抽紗draw wool，被動式則是：擴展、發芽、開花。

樂」；這掃帚既然是在「喜樂」裡做成，自會帶來喜樂。

　　白晝愈來愈長。但沒多少事情可做（除了在無花果園裡犁地之外）；人類得在一旁等待，讓生命自動完成它該做的事。這在大卡比利亞的說法是：「三月時要去看看你的莊稼，看個仔細。」其他地方的說法是：「催著（大家久等的豌豆、菜豆）開花的太陽，教帳篷村（douar）為之一空。」存糧已經耗盡；不准到田裡去（因為natah還沒結束）、不准吃豌豆或其他綠色蔬菜的禁忌，更顯得白晝愈來愈長。所以才會有諺語說：「三月（maghres）像在山坡上爬。」「三月的日子是一天只能吃七片餅乾的日子。」

　　過渡期隨natah或thiftirine步入終點。這兩個名詞指的是同一時節，只有短短幾天，同都出自阿拉伯語，只是久久拉這一帶的農民沒幾個人知道有這樣的說法（當地人改用hayan或ahgan來指在這一時節）。在natah期間，會有「樹木晃動，糾結一團」的情形；也可能會下太多的雨，天氣冷到「公豬在窩裡面發抖」。這時候跟在husum一樣，不可以到田裡或果園裡去（擔心會害某人或某隻動物死亡）。因為natah也是大自然甦醒的季節，作物、生命、婚姻綻放繁盛的季節。這是舉行婚禮和村宴的時節。[14]但是，有些報導人也會套用常見的方式，把thiftirine或natah劃分成吉、凶兩截，凶的這一截會落在三月（苦日子），吉的這一截則

---

14 婚禮不是在秋天舉行，像天、地聯姻，就是在春天的四月中旬舉行；四月中旬依學術傳統的說法，是大地上面萬物結合的時候。這時不孕的婦女，依建議要吃natah期間採摘的水煮草藥。

落在四月（好日子）。

濕季換到旱季的遞嬗，要在natah裡tharurith wazal（azal〔陽光〕復歸）這一天，集體以儀式作一了結[15]；這一天的確切日期依地區而異，因氣候不同，有放在三月「斷奶日」（el hiyaz）後的，有放在四月剪毛日這天或下一天的，或最晚像是放在五月初的：從這一天起，原本早上晚晚才放出去然後早早趕回來的牲口，就要改為早出晚歸——一大清早就放出去，回來後，再於中午過後放出去一次，這次要到日落才趕回來。

壞天氣就此一去不返，綠野和菜園現在都已經準備好要迎接陽光。這是乾燥和成熟的週期之始；ibril是特別吉祥的一個月份（四月的日子就像是走下坡路），無憂無慮、比較富饒的一段時節就此開始。各式各類的工作又開始進行了：田裡最重要的生長階段已經結束，男人又可以開始下田除草；這是這時唯一的大事（這在以前是以誘拐Mata〔瑪塔〕的儀式作開始，Mata〔瑪塔〕是田地的「新娘」；這儀式的目的在召喚雨水，好讓穀物可以抽穗）；菜園裡也可以開始採摘豌豆了。Nisan時節下的吉雨，能為大地的每一生靈帶來多產和富饒；這時節會舉行各式各類的儀式召喚吉雨；同時替綿羊剪羊毛，為新生的羔羊打烙印。而nisan也和其他過渡時節（如natah）一樣，都是模稜兩可的時節，在乾、濕對比這一方面沒有明確的界定，因此沒劃分成吉、凶兩階

---

[15] Azal指白畫，大白天的時候（和夜晚、清晨為對比），特別是夏天最熱的時刻，應該專事休息。「*Azal*復歸」基本上是指日常活動節奏有變；請見下文分析。

段，而是由一連串不祥的時刻（eddbagh，五月一日這天，但確切的時點很神祕，沒人知道）所組成，每一時刻都可不同的禁忌（不宜修枝，不宜接枝，不宜舉行婚宴，不宜粉刷屋舍，不宜架設紡織機，不宜孵蛋，等等）。

他們叫作izegzawen（綠日子）的時期要結束的時候，就是最後一抹綠意要從大地消失的時候；原本「青嫩」（thaleqaqth）如初生嬰兒的穀物，在這時候開始變黃。玉米田裡的景象要開始變了，由這個magu（或mayu）的月份以十日或七日為一週期作劃分所用的名稱，可見一斑。在izegzawen（綠日子）後是iwraghen，這是「黃日子」，然後是 imellalen（白日子），到最後是 iquranen（枯日子）。這時，夏季（anebdhu）就開始了。濕季該做的工作，以（在無花果園裡）犂地和播種為主，這在綠日子裡還是可以做，但在黃日子就絕對不可以了。這時節唯一要關心的，就只是保護快要成熟的穀物不受外力（如冰雹、鳥類、蝗蟲等等）威脅、侵害。他們用來趕走外力侵害的方法——像丟一大堆石頭，大喊大叫（ahahi），架稻草人等——跟集體的驅逐儀式（asifedh）一樣，都在將所欲保護土地上的邪惡力量釘在一樣東西（如人偶）或牲口（如一對小鳥）上面，然後在儀式裡用這樣東西或牲口作犧牲，而將邪惡的力量趕到洞穴、灌木叢或石堆裡去；應用的都是「驅邪」（transference of evil）的圖式；這類圖式在許多疾病，如發燒、發狂〔被djin附身〕、不孕的治療都看得到；某些村子於固定日期舉行的儀式裡面，也看得到。

大部份的報導人都把夏季的開始，訂在magu這個月的第十七天；這一天也叫作mut el ardh，意思是「大地死亡」。[16] Iquraranen

的最後一天，他們叫作「熾熱的灰燼落入水中」（thagli thirgith egwaman），引用的是鍛造鐵器時的回火，這是鐵匠的行當；到了這一天時，每人就都應該開始收割作物（essaïf），而且要在 in sla（夏至，六月二十四日）前後完成；夏至這天，祓濯之火在各地燃燒。[17]再到了「踩穀」和「篩穀」完成的時候，維期四十天的「狗日子」（smaïm，三伏天）也就開始了，這時以萬事皆休為宜（跟在 lyali〔冬閒〕的時候一樣，smaïm〔三伏天〕lyali〔冬閒〕向來是作對比的）。[18]

　　Lakhrif〔秋季〕是收成、踩穀的對比，他們視之為「農耕年」（agrarian year）或說是「穀物週期」（grain cycle）裡的一段清閒期。這也是專事休息、慶祝豐收的時期[19]；慶祝收穫的作物除了剛收成的穀類，還有無花果、葡萄，外加各式新鮮蔬菜、番茄、

16　一如孕育的活動要排除在五月之外，睡眠也要排除在入夏的第一天之外：大家在這一天會特別注意要不要睡著，以免生病、失去勇氣或是榮譽感（榮譽感的根源在肝臟，是 ruh〔男性靈魂〕的所在）。顯然就是因為這樣，這一天挖出來的土要用在巫術儀式裡，以顯示男性的榮辱點（nif）減弱或消失，牲口則會頑劣，難以管教。

17　有時候煙會被看作是一種授精的力量，在 in sla 期主要作用在無花果樹上（無花果樹的週期有一點獨立在穀物週期之外，相關的儀式也比較少，這是因為無花果沒有「忤逆大自然」的狀況）。煙因為從燃燒潮濕的東西來的（例如綠色的植物、樹枝，以及從潮濕的地方採集來的植物，如白楊木或夾竹桃），因此是「濕」、「乾」的綜合體，據信有讓無花果樹「盛產」的力量；煙燻就等於讓無花果授精。

18　有幾則諺語明白把這兩個時節連起來：例如，一般都說 smaim 的時候西洛可風（sirocco）若很嚴重的話，lyali 的時候就會有大冷天，而且下雪。

19　Lakhrif 這個字跟動詞 kherref 有關，意思是「採摘、食用新鮮無花果」，「講

甜椒、葫蘆、甜瓜等等。Lakhrif 有時又說是從八月中旬的 thissemtith〔初萌無花果〕這一天開始（thissemtith，從 semti 來的：開始成熟）；這是第一批成熟的無花果出現的時候，也是 el haq（律法）要開始實施的時候——不准摘無花果，連自家樹上長的無花果都不可以，違者罰款。到了 ichakhen 來時（ichakh lakhrif：到處都是 lakhrif），無花果收成就到了高峰，男男女女、大人小孩這時全都很忙；十月的第一天是 lahal yifer（葉子日），這一天要剪掉無花果的樹葉（achraw，從 chrew 來：修剪），拿去餵公牛。這一天到來，表示「生命告退」的時候到了，是進行 iqachachen（最後幾天）的工作的時候，要把廚房、菜園、果園、田地徹底打掃乾淨，同時要 thaqachachth lakhrif（把樹上僅剩的果實搖下來，把殘留的樹葉剪光），還要「拔光菜園」。待田裡一切生命的跡象全都清除盡淨，大地就準備好可以耕犁了。

只要不再把類比或同源的實作關係放在排序裡單獨（或成對）來看，而改將這些關係同時並置，作系統化堆疊，就會碰上一些問題；將農民曆作這一類的線性圖解（跟所有的論述一樣）既會掩蓋這些問題，又會揭露這些問題。這些問題（雖然會花掉我們不少時間和力氣）固然不值一哂，卻會逼得我們對這些關係之所源生的操作產生質疑，跟族譜的數據分析放在另一情況裡看一樣，以致不去注意也不行。而要做到「嚴謹」，就不僅要利用某些修辭或數學的做法將這些矛盾予以排除，好符合專業的規則，

笑話，講滑稽、通常也屬猥褻的故事，而且用的是吟遊歌手的風格」，有時候則是「胡說八道」（*itskherrif*：他在胡扯」；*akherraf*：笑匠、丑角）。

還必須將這些矛盾拿來作反省的對象，以發現時序對比於實際運用裡的邏輯（這些矛盾就是從這裡來的），還有這類邏輯因學術客觀化而致變型的根源；這兩樣是分不開的。

族譜是拿明確、均質而且一旦確立就不再改變的空間，去取代時空都不相續，而且是應一時需求而排序、組織起來，因積漸、斷續使用而成為實際存在的「親緣孤島」（island of kinship）；地圖也是把不相連屬的一塊塊實際道路空間，用均質、連續的幾何空間來取代；曆法亦然，一樣會以線性、均質、連續的時間，去取代實際的時間，而實際的時間其實是由無法共量（incommensurable）的「時段孤島」（island of duration）所組成的，每一塊孤島自有其節奏，有的時間快如白駒過隙，有的時間慢如牛步蝸行，全看當時做的是什麼事，也就是全看正在進行的事為當時的時間賦與的**功能**而定。在一條連續不斷的線上標出一個個**指示標記**（該進行的儀式、工作），等於是把指示標記變成**劃分標記**，排組成單純的先後系列，而無中生有弄出了時點的間隔和對應的問題，而且，這樣的時點也不再是拓樸等價，而變成是度量等價了。

每個報導人都會提到lyali，這指的並不是「維期四十天的一段時節」（每個報導人說的都是：「我們現在正進入lyali。」），而是他們就時間流逝所作的簡單的節奏劃分；這由各報導人給這時節訂的長短和日期各不相同，可以得證：有一個報導人甚至給ennayer的第一天訂了兩個日期，一在冬季的中點，一在lyali的中點，而且，他設的lyali還不在冬季的（幾何）中點；由此可以證明，他對於促使他把lyali想成是冬季裡的冬季的結構有何實際

的領會，是凌駕在他的「計算理性」（calculative reason）之上的。有好幾項定義含糊的指示標記（像「老嫗」），會依地區、報導人而異，不過從來就不會落在冬天之外。而他們之所以覺得根本不可能說得清楚某一件事在什麼時候一定不能做，也是出自同樣的邏輯；時節在他們看來，不過是夾在兩個指示標記之間的模糊地帶而已。隨口問上一句：「那接下來呢？」，聽起來無害，卻會促使報導人去把兩段「時節」硬放進連續的時間系列裡去（這不過是把族譜或編年圖表裡面暗含的東西明白挑出來罷了），等於是對「時間性」（temporality）強加上看法，但這看法和一般使用時間辭彙時會有的實際看法正好相反。除了提問題要有一定的形式好帶出有組織的答案系列，訪談的關係裡面還在在都透露出提問人自己的「理論」性向（也就是「非實作」性向），而使得報導人也跟著採取半理論式的看法：由進行訪談的情況，就會讓報導人把時間型指示標記及其使用條件給排除在外；提問的過程本身，就會暗暗將原本要用在實際用途上的不連續標記，以年曆來取代；年曆這時就成了**思考對象**（object of thought），是要當述說的對象的，是要以一體的方式展開的，是存在於實際「應用」之外的，也獨立在使用者的需求和利益之外。這就可以解釋報導人在受邀說明所用的年曆時，何以一開始就會先把一串串學術用的連續單位給擺出來，像mwalah、swalah、fwatah、或是izegaweh、iwraghen、imellalen、iquranen之類的。這也可以解釋何以報導人若沒把人類學家（人類學家在他們看來就是學者）和他的學術問題推到別的學者那邊去，他們就會努力做出他們覺得最值得用來回覆學術問題的知識，而盡可能用人為建構出來的

年曆系列，像回曆裡的月份或「宮」，來取代他們實際用來組織實作時會用上的標記。[20]總而言之，有社會性格的施為者──不管是男是女，是成人或牧童，是農人或鐵匠──之所以會用他們的方法去劃分一年，之所以會用他們用的那類時間標記，都有其實際利益的考量；將這些考量暗暗排除，等於是在不知不覺當中做出了一件**東西**，而這東西只靠做出這東西及其用法的無意識建構才得以存在。

　　不同論域（universe of discourse）裡的對比，也就是功能不同的對比，集合起來作累積和排序時，背後會帶有一項隱性旳條件：進行訪談的背景以及作科學紀錄，都會將時間型指示標記的實際功能予以排除。作分析的人所累積的資料，由於都是單一的報導人怎樣都無法獨力掌握的資料──不管怎樣，至少是無法瞬時就全盤掌握──以致作分析的人（因為書寫還有紀錄所需的各式技巧，有**永存不滅**的力量，也因為作分析的人有充份的時間），像是擁有**統合的優勢**。作分析的人也就因為這樣，而抓得到理解這系統內含邏輯的門路；這是只有部份而且零散的觀點的人所抓不到的；但同樣的，作分析的人也很可能會忽略實作及其產品的狀況會因他的做法而橫生出怎樣的變化，以致原來根本沒辦法拿來問實作的問題，也會硬要報導人提出解答，而不會去問自己：這實作的基本性質，是否正會否決了他要問的這問題呢？

20　任何社會構成體，只要並存的正當實作和知識並非對等，可能就看得到類似的效果：屬於工人階級的成員被問到文化實作與偏好的問題時，會選擇他們認為最接近正當實作的主要定義的那一個。

作**圖解**的時候，因為會把不同施為者在不同時期先後用上的時間型對比，一整串全都同時並置在同一空間裡面，而這些對比放在實作裡面，卻又是絕不可能同時全都用上的（因為存在的必要條件裡面，從來就不需要有這樣的概要式理解，反而還會因為這些必要條件有其急迫性，反而會將之打消），以致產生統合的效應，而讓調查關係所產生的**理論中立**（theoretical neutralization）有機會作充份的施展。建立一串系列就此**無中生有**，而在不同層級的名詞和指示標記之間，製造出一整套的關係來（例如同時並行、前後相續，對稱，等等）；而這些由於是在不同的情境裡面製造和應用的，從來就不會放進實作裡作直接的排比，因此，就算在邏輯上有矛盾，在實作裡也可以相容。概要式圖解會把所有蒐集得到、彙整得起來的時間型對比，全都依照前後相續的法則分配位置（例如：[1] y在x後面，x就不可能在y後面；[2] 若y在x後面，而z在y後面，那z就在x後面；[3] y不是在x後面就是在x前面）。這時，原本是一個個產生、一步步應用，而不僅是一個先、一個後的諸多含意，就可以**同時顧及全體**（uno intuitu et tota simul），像笛卡兒說的，或**作整體的掌握**，像胡塞爾說的，[21] 瞄一眼就看得懂了。[22]

---

[21] E. Husserl, *Ideas: General Introduction to Pure Phenomenology*, trans. W. R. Boyce Gibson (New York and London: Collier, 1972), pp. 309-11.

[22] 顧爾諾（Cournot）針對索緒爾（Saussure）第二原理（「能指〔signifer〕隨時間層層開展，而會沾上隨時間來的特色」：F. de Saussure, *Cours de linguistique générale* [Paris: Payot, 1960], p. 103; trans. W. Baskin as *Course in General Linguistics* [New York: Philosophical Library, 1959], p. 70，有過類似

　　因此，就看相關事項的定位要有多精準、相關事項的性質如何、相關施為者的社會地位如何，而有不同的對比系統出現：例如他們說的lyali時節，不僅不是放在其前、其後時節的關係、而且只能放在這樣的關係裡面作界定——像放在純粹縱向的系列作界定，反而是除了可以和smaïm（狗日子，三伏天）作對比外，還可以和el husum和thimgharin作對比；我們先前就已經談過，它也可以像「十二月的lyali」一樣，拿來和「一月的 lyali」作對比；或者，改用另一套邏輯，可以像「大夜」一樣拿來和「furar小夜」、還有「maghres小夜」作對比（由這同一套組合的邏輯，也可以得出「冬季的 essba't〔七日期〕」和「春季的essba't〔七日期〕」的對比，得出「晚春的es-bat'」和「夏季的essba't」的對比，「晚春的es-bat'」包括「綠日子」和「黃日子」，「夏季的essba't」包括「白日子」和「乾旱日」；還有「夏季的smaïm」和「秋季的smaïm」的對比。同一個報導人可能前一刻因為在想儀式的實作，而把一整個lakhrif（「不作劃分的秋季」）和適合耕作的時節lahlal配成對比；下一刻又因為想到了無花果收成的週期，而把lahlal和achraw配成對比，lahlal是lakhrif結束的時候，

評論的一段話，將口語語篇和書寫語篇的性質作比較，說「基本為線性的系列」，其「建構模式逼得我們不得不用前後相續的線性符號系列，來表達心智在同一時間但不同類別接收到或應該接收到的關係」），所以就有了「一覽表；家族樹、歷史地圖、數學表；在這樣的圖表上面，平面區塊多少還可以用來表達系統化的關係和連結，這是在話語之流裡很難做得到的」（A. Cournot, *Essai sur les fondements de la connaissance et sur les caractères de la critique philosophique* [Paris: Hachette, 1922], p. 364）。

也是thaqachachth該做的事項之一，這樣就又等於是暗暗將lahlal 和 thissemtith（初萌無花果）作對比，或是和 achakh（無花果成熟時）作對比。

只要知道還有很多對比可以這樣子配對出來，就可以了解，一股腦兒把層級不同、重要性也很不一樣的單位全放進一份年曆裡去，排成系列，這樣的年曆就有人工的氣味，甚至脫離了現實。有鑑於觀察者手中記錄、累積的大小劃分段落，都是在不同情況、不同場合裡面製造、應用的；因此，這些段落是否連得到上層的單位去，甚或連得到互成對比的「時節」裡的大小分段去的問題，就絕對不會出現在實作裡。容我再提一個有「我族中心」（ethnocentric）嫌疑的類比；有人可能會覺得依先後排序法則建構出來的系列，和先後出現在實作裡而無法套疊進同一時點裡的時間型對比，二者的關係比諸民意級距裡的連續、均質、政治空間和實際政治立場的關係，應該算是同源的；實際政治立場向來是看情況、看說話對象或對手而定的，也會看對話雙方之間的政治差距（左派：右派：：左派裡的左派：左派裡的右派：：左派裡的左派裡的左派：左派裡的左派裡的右派：：諸如此類），而就彼此的分界和區隔作大小不等的調整，以致同一施為者可能會發現自己在幾何學的「絕對」空間裡先是在左、然後在右，而完全牴觸了「第三演替律」（the third law of succession）。

同樣的分析也可以用在劃分社會單位的詞彙上面：這些詞彙都是實作邏輯的產品，因功能和使用的條件而有含糊、模稜的情況；不知道有這些含糊、模稜，會讓人做出一套手工藝品（artefact），有多完美就有多失真。有關「人類學家的科學描述，

比諸透過儀式來描述結構關係，有何根本上的差異」，尤其是人類學家「沒有一絲模稜」的詞彙——人類學家武斷發想出來的概念自也在內——和施為者用在儀式以表達結構關係的概念，有怎樣的對比，人類學家裡面對此感受最敏銳的人，可能就屬愛德蒙・李區（Edmund Leach）。的確，人類學家為柏柏人社會畫的社會組織圖，裡面賣弄的嚴謹，可能才是最難教人信服的東西。珍妮・法佛葉（Jeanne Favret）最近寫的一篇文章即有一例；她跟著韓納陶（Hanoteau）往「田野」（field；疆場）前進，所用的「整體想法」（general ideas）還真是有「將軍想法」（generals' idea）——在此借吳爾芙（Virginia Woolf）的說法一用。若不是因為她有用「挑釁式弔詭」（provocative paradox）的癖好，以致把可敬准將說的「野蠻民族誌」，依專業民族學（這一門學科在這領域的專業程度，正好有一點不足）重新作了歸位，她就不會跑到「韓納陶和勒托諾單純又嚴謹的民族誌」裡去找純粹、完美的政治組織分類法，還拿這分類法和人類學傳統作對比，指責後者比起將軍的軍事人類學「不過比較精細一點而已，但對本身的極限又沒有自覺」，以致看不出韓納陶的研究可以劃出哪些區別。[23] 把這些大體由政府官員、軍人（或法學教授）寫的文章來作更透澈的解讀，可以看出他們用的社會詞彙之所以含糊，只是因為他們對卡比爾的實況相當熟悉，但對理論傳統，以及因理論

---

[23] 見 J. Favret, "La segmentarité au Maghreb", *L'Homme*, 6, 2 (1966), pp. 105-11，以及 "Relations de dépendance et manipulation de la violence en Kabylie", *L'Homme*, 8, 4 (1968), pp. 18-44.

傳統而硬裝出來的理論系統性又很陌生。法佛葉女士就韓納陶蒐
集的詞彙所作的示意圖，在此不作詳細討論，僅僅重申她描述
「艾希肯」（Aït Hichem）村的結構的幾項重點就好[24]；其中的錯
誤，可能就在她對在地人的分類加了太多的「道理」。雖然社會
劃分（social division）的詞彙因地而異，但是，基本社會單位的
階層，也就是 thakharubth 和 adhrum 標示的單位，卻和法佛葉女
士跟著韓納陶而提出的說法正好**相反**。是有幾個例子就看得出
來，像依韓納陶說的， adhrum 包含在 thakharubth 之內，但那可
能是因為一時一地蒐集到的詞彙，代表的是不同**歷史**的結果，標
示著世系的分裂、消失（當然很常見）以及結合。往往另也因為
有一些字可以概括用來指稱同一階層裡的不同社會劃分；西迪‧
艾克（Sidi Aïch）這地區就是這樣；這裡的用語，從限制最嚴格
因此也最貼近現實的單位開始，有：(a) el hara，未曾分家的家族
（叫作 akham，「一家」〔house〕；在艾希肯則叫作 akham n'Aït
Ali），(b) akham，延伸家族，只要冠上同一祖先之名的人就全都
包括在內（可以多達三、四代）──像 Ali ou X，有時加的是可
能是從地形來的詞，因為從一支 akham 轉到另一支 akham，很像
道路轉彎：thaghamurth 的意思是手肘；(c) adhrum，akharub（或
thakharubth），aharum，〔宗族〕共同的祖先可以追溯到四代以前
的族人全包括在內；(d) suff，就是「之上」、「之下」的意思；
(e) 村子，純粹地區型的單位，在這裡包括兩大分支。這裡的同

---

[24] P. Bourdieu, *The Algerians* (Boston: Beacon Press, 1962), pp. 14-20，有更詳細
的說明。

義字應該還要加上 tha'rifth（從 'arf 來，意思是：彼此認識），指一群熟人，約和 akham 或 adhrum 相等（在別的地方，則和 thakharubth 相等）；而同義字可能不是隨便用，因為這些字不是強調團結、內部凝聚（akham 或 adhrum），就是強調和別的團體間的對比（taghamurth, aharum）。Suff，指的是「隨意設定」的單位，是因時制宜的聯盟，和其他指稱同名個人的詞彙（像 Ait）配成對比，一般是和 adhrum 有別，但在艾希肯卻是恰巧合一。這一切就像是順著不知不覺的分級，而從父系家庭走向氏族（adhrum 或 thakharubth），氏族是最基本的社會單位；而夾在其間的一個個單位，就多少像是隨意設定的分支點（由這就可以解釋報導人何以對他們一般掌握得不是很精準的詞彙會猶疑不定了）。這些分支點在發生衝突的時候會特別明顯（因為，這些單位的劃分全在親等的差別而已，像在悼亡的時候，每個人該做的事都略有差別，關係最近的親屬負責提供肉類，其他人也各有其職，有的幫忙烹飪，有的送來一罐罐飲水或蔬菜，關係最遠的親戚——或另一氏族裡的朋友——則在悼亡儀式結束後，負責為死者家屬提供膳食）；這些分支點還不斷會有變化：團體向外擴張的時候，原本虛擬的界線便會就此成真（就因為這樣，在艾希肯原本是一支的 Ait Mendil，後來變成兩支 thakharubth），原本實存的界線反而消失（像 Ait Isaad 就集合了幾支縮小的 Thakharubth，結成一支 thakharubth）。總而言之，從韓納陶到涂爾幹再到法佛葉，這一路「野蠻」或文明的人類學家為交錯連鎖的單位勾畫出來的系統化圖像，都忽略了這些單位有停不下來的動勢，因而一直在形成也一直在重組，也有**模糊**的特質，這是在地人的觀念裡

面無法抹去的組成，既是他們觀念出現的前提，也是他們觀念操作的產品。族譜和政治分類法裡的情形，在農民曆裡的時間分類法也一樣：真正運用到對比的層級是到哪裡為止，在基本上要以當時的情況而定──也就是說，要看分類法所要**劃分**的團體或個人彼此間的關係而定。

邏輯簡約

象徵系統裡的**實作一致性**（practical coherence），也就是實作裡的規則現象，還有實作裡的不規則甚至不一致的現象（後二者同屬**必然**，因為同都刻在其所源生和發揮作用的邏輯裡面），之所以出現，在於其所源出的實作在實作態一定要用上一致而且實際（practical）的原理，否則無法發揮功能；而這原理之「一致」，指的是可以產生既符合客觀條件、內在又連貫的實作；至於「實際」，則是指即刻就能掌握、運用，因為這樣的原理遵循的是「貧乏」但簡約的邏輯。

因此，我們就不得不承認實作有其邏輯，而且其邏輯並非邏輯之邏輯，否則，我們就會在實作裡面找它沒有的邏輯，以致不是硬把實作裡的「不連貫」揪出來丟掉，就是把原本沒有的「連貫」硬套在實作上面。[25] 理論化效應有多種不同但緊密交纏的層

---

[25] 儀式和神化的邏輯是屬於自然邏輯這一類別的；邏輯學、語言學、語言哲學都已經在探索自然邏輯，但用的假設和方法差別很大。像孕生型語義學（generative semantics）創始人之一萊科夫（George Lakoff）就說，日常語言的「模糊邏輯」（fuzzy logic）具有運用「模糊概念」（fuzzy concepts）與「顧左右而言他」（hedges）〔迴避，不作正面回答〕的特色，例如像是、頗

面（例如「前後相續」強行併作「同步並行」，假想式統合，功能中和，以產品體系取代生產原理體系，諸如此類）；分析這些層面，能將實作邏輯裡的某些屬性以否定式抽析出來；這些屬性本來就是沒辦法作理論式理解的，因為，這些屬性就是該理解的組成。實作邏輯——這裡的實作兼具「實用」暨「實際」兩層意思——之得以透過幾則孕生型原理，而將施為者的思想、感覺、行為組織成一體——而這些孕生型原理本身分析到最後，又可以再化約成二分的兩邊——純粹只是因為實作邏輯之簡約，完全是建立在邏輯簡約的原則上面的，以致預設了它必須犧牲掉嚴謹，以求能更簡單、更普遍，另也因為實作邏輯在「多重論題」（polythesis）裡面，找到了正確使用「多義字」（polysemy）的必要條件。

　　同一套圖式以極為簡約又必然近似的方式套用在不同的邏輯宇域（logical universe）裡面，就會產生邏輯學家口中說的「範圍混淆」（confusion of spheres）；而就因為有「多重論題」，「範圍混淆」才會蒙混過關，因為，這混淆不會有實作方面的結果。沒有人會花力氣去把應用孕生型圖式而連續生成的成品，作系統化的記錄和比較的：這些分立、自足的單位之所以「一目瞭然」（immediate transparency），不只該歸功於體現在這些單位內的圖式，也該歸功於透過這些圖式而得到理解的**情境**，以及施為者和該情境間的實際關聯。邏輯簡約（economy of logic）的原理，說

有、相當、大致說來等等，以致真值（truth-values）出現古典邏輯沒辦法解釋的變形。

的是所用的邏輯絕不超過實作之所需，也就表示某一類別（class）
（互補類別〔complemenraty class〕自也包括在內）之所賴以組成
的論域可以一直隱而未現，這是因為這論域是在每一事例和情境
間的實際關係裡面由這一層關係在作界定。有鑑於同一套圖式的
矛盾應用結果，不太可能會在我們勢必要叫作**實作宇域**
（universe of practice）（而非論域）這裡面正面交鋒，因此，同樣
一件事在不同的實作宇域裡面，可能會有不同的事作互補，以致
依該宇域而套上不同甚至相反的屬性。[26]例如，屋子若從外部來
看，也就是從男性這邊的角度來看，那就會全盤劃歸於女性、潮
濕之類的屬性，也就是和外部世界成對比；但若不從實作宇域
──而且是等同於**世界**〔the universe〕的實作宇域──來看，而
改將屋子看作是自成一體的（實作兼話語的）宇域──這在女性
真的是如此，尤其是冬天的時候──那這時，屋子就可以作「男
─女」、「女─女」這樣的劃分了。[27]

　　象徵物（symbolic object）和實作放得進一連串由不一致觀

---

[26] 實作邏輯有幾項屬性，是因為邏輯學說的「論域」在實作邏輯裡面一直隱而
不顯而致出現的。但是，真正的論域若要出現，就絕不能忽略論域出現是有
條件的：以一定方法進行記載且代代相承的智性和物質配備；從事這類操
作、分析的閒暇時間；對這類事有「興趣」，而且此興趣一定帶有物質以及
／或者象徵「利益」的合理期待（雖然體驗上未必如此），也就話語和後設
話語（metadiscourse）一定要有其市場。

[27] 順便一提，由此可以看出，用在屋室的觀點，依應用上的邏輯（男性／女
性），是有對比的：這類複製是建立在社會分類和邏輯分類（logical divisions）
兩相應合上面的，以致形成循環強化，而這循環強化無疑又把施為者侷限在
封閉、有限的世界裡面，侷限在對該世界只有俗見體驗的重要助力。

點連接起來的關係裡去又不生矛盾，表示這些事物受制於**因不定而生成的超定**（overdetermination through indetermination）：不同的圖式（「開─合」，「進─出」，「上─下」，諸如此類）可以應用在相同的事物或實作上面，而這些圖式於其先天的精確度（也就等於是不精確）在實作方面都是相等的，這便是象徵系統裡的基本關係同都具有的「多義」特性的源頭；這些基本關係，向來是同時由幾個層面在作決定的。因此，像屋子和thajma'th的關係（thajma'th可以用市場或田地作代換），就有好幾組同一系統裡的基本對比──「滿─空」，「女─男」，「夜─日」，等等──濃縮在其中；而這些對比在「鍋子─麥餅烤盤」，或「畜欄─kanun」之類看似配件的關係裡面也找得到。

一批儀式素材〔ritual corpus〕最具體的屬性，便是這一批素材「堪稱為一套系統，且於實作具有一致性」這樣的界定條件；然而，這類屬性若要察覺得到，或是充份理解，就一定要把儀式素材看作是實作掌握力（**實施手法**）的產品（**實施成果**），而且其實作實效因為具有尚・尼確（Jean Nicod）說的**全面肖似**（overall resemblance）[28]而得以連結起來。這類理解從來不會明白或有系統的侷限在它所連接的詞彙的單一面向上面，而是每一次用的都是該詞彙的整體，充份體現：兩份「資料」從來就不會完全相像，但一定有一部份相像，至少有間接的關係（像是透過同一詞彙作中介）。這首先就可以解釋：儀式實作操弄的那些模

---

[28] J. Nicod, *La géometrie dans le monde sensible*, with a preface by Bertrand Russell (Paris: PUF, 1962), pp. 43-44.

糊又屬超定的象徵，既然都有多種面向，那麼，何以儀式實作從來不會拿它象徵某一樣東西的一個面向，和沒有象徵任何東西以致沒人要管的面向（以字母為例，就像筆畫的顏色或大小；以文書為例，就像由上而下的文字順序），明白作成對比？舉例而言，像膽囊這樣的「資料」，雖然它的諸多面向裡有一樣可以連上其他（同樣含糊的）資料——也就是「苦」（可以等於夾竹桃、苦艾、焦油，而和蜂蜜相反），「青澀」（和蜥蜴還有綠色連在一起），「敵意」（內含在前兩項性質裡面）——以致顯得比較突出，但在使用這個詞的時候，這個詞的其他面向，並不會因此而不會同時察覺得到；象徵的和弦在強調它最基本的性質的時候，是以基本型在演奏的，但其他時候，就可以用轉位（inverted form）來演奏。在此並不想把音樂的比喻推得太遠，但還是可以指出，有一些儀式流程是可以用**轉調**（modulation）的概念來看的：這些轉調由於儀式活動裡有一確切的原則：要把所有的勝算全拿到自己的這一邊，以致會有推助**發展**（development）邏輯的功效，而會有特定的頻率在反覆出現的背景裡作變化；這樣的轉調搬弄的是儀式象徵裡的泛音（harmonic）屬性，不管複製的是每一面向完全相等的一個主題（像膽囊帶起的聯想是苦艾，而苦艾跟膽囊一樣，又把「苦」和「青澀」連在一起），或者是搬弄次級泛音（secondary harmonics）的聯想（蜥蜴→癩蝦蟆），而轉到比較遠的音調裡去。[29]

---

[29] 類似的觀察，請見M. Granet, *La civilisation chinoise* (Paris: A. Colin, 1929p)全書，特別是頁332。另一轉調的技巧，是利用半韻作連結；這樣可以形成

　　儀式的實作由於會把同一象徵經由不同面向而帶到不同的關係裡去，或把同一指涉物的不同面向帶到對比的同一關係裡去，以致製造出**流動的**、「**模糊的**」的**抽象**；換言之，儀式的實作會把理解指涉物所要用到的**著眼點**（形狀，顏色，功能，諸如此類）**裡面的**「**蘇格拉底問題**」（Socratic question），予以排除，也因此不用去界定每一事例裡面決定該選擇哪一面向的原則又是什麼，更不要提隨時隨地都遵守這一原則的問題了。但在建立事物關係、選擇面向的時候，這實際應用的分類法所用到的一些原則，不管是有先有後還是同時並行，卻全都可以間接化約成彼此，而使得這樣的分類法可以用不同的觀點去把同一「資料」作分類，但又不會做出不一樣的分類來（至於比較嚴謹的體系，找到多少屬性就會做出多少分類）。這宇域裡面的劃分，因此可以說是合乎邏輯的，儘管看起來像是打破了所有邏輯劃分的規則（例如有的劃分就既不專門、也不徹底），因為，它用的二分法是不斷重複的，再怎麼分析都只是單一的**基本劃分**（principium divisionis）的產品而已。由於把已有關聯的詞彙（像「日—月」）組成對比的原理未作界定，一般都推到簡單的相反關係（contrariety）裡去（至於「矛盾」，就表示有初步的分析）；**類比**（若不是純粹在實作態裡面發揮功能，一般都用簡省的說法來表示——「女人就

　　不帶神話—儀式意義的連結（*aman d laman*，水是信任），或是在象徵面屬於超定的連結（*azka d azqa*，明天就是墳墓）。儀式的實作邏輯跟詩歌一樣，利用的是聲音與意義的二元性（而在其他情況則是同音多義）；由聲音、由含意形成的雙重連結，形如十字路口，在這兩條路中間是需要作選擇，但在不同時間、不同脈絡，又各都可以選上，不會有所矛盾。

是月亮」)則為對比建立起同源的關係;這些對比是依兩條既模糊又屬超定的原則(熱:冷,男:女,日:夜,諸如此類)而建立起來的,而且,這些原則和對比的一邊可以再牽連進去的其他同源關係(男:女,東:西,日:月,乾:濕),其產生原則又有不同。換言之,流動的抽象是錯誤的抽象。由於將一件「資料」和其他資料劃分開來的屬性,依然是連在其他無關的屬性上的,這裡面的吸收(assimilation),就算基本上只由某一面向推動而成,這吸收也還是全面而且完整的。任一連結裡的任一詞彙,其由單一觀點而(暗裡)挑選出來的一個面向,還是和其他的面向連在一起的,而可以再透過這其他的面向,而和另一個連結裡的指涉物的其他面向,再形成對比。因此,同一詞彙可以拉到無數的連結裡去,只要這詞彙和別的詞彙建立起關係的方式,不以幾個最基本的對比為限即可。安德烈・紀德(André Gide)曾經因為有小孩子怎樣就是說要blanc(法文:白色)的對比是blanche(法文:白色),grande(大)的陰性是petit,弄得他不知如何是好;儀式實作也沒兩樣。總而言之,從小的時候就灌輸到心裡的類比感(analogical sense),和瓦隆(Wallon)說的「成對思考」(thinking in couples)一樣,都是一種「對比感」(sense of contrary),由這幾個最基本的對比可以再作無數的應用,而且,這些基本的對比只要能夠提供最起碼的決定項(男人不是女人→癩蝦蟆不是青蛙)就好,只是無法就它所建立的關係提供任何資訊,因為這些對比之所以能夠應用,就在於這些對比的不確定和模糊。這類暗示和模稜的邏輯內含的不定和誤解,也因此是**簡約**必須付出的代價;這「簡約」,將對比關係的宇域,還有對比關

係裡的關係的宇域，都化約成幾類基本的關係；其他的關係，全都可以從這幾類基本的關係孕生出來。

斯多噶學派說的**集體共鳴**（sympatheia ton holon），指的是意義無所不在而且多不可勝數的宇域裡面，每一樣事物同都具有親和性；而之所以有這樣的集體共鳴，就在於每一樣事物的每一元素、每一關係裡的模糊和含混，都會被犧牲掉；而邏輯之所以無所不在，只因為邏輯其實一無所在。若是儀式的實作和表述在客觀面帶有局部的、近似的系統性，那是因為儀式的實作是一小撮孕生型圖式的產品，而且，這些孕生型圖式**於實作上是可以互換**的，也就是可以從實作「合乎邏輯」要求的觀點來得出相等的結果。至於儀式實作的系統性，若是從來無法**多過**局部、近似，那也是因為產生這些實作的圖式得以作幾近乎全面的應用，純粹是因為這些圖式是在**實作態**裡發揮作用的，也就是說：在明白宣示的這一邊，也因此是落在所有邏輯控制之外，而且，還因為以實作目的為基準，以致在這些圖式上面硬加上一層無關乎邏輯的**必然**。

施為者之所以知道某一件事或東西在屋子裡有其特定的位置，某一件工作或儀式要在一年裡的某一時節裡做，而不可以在其他時節裡做，都是從他的「實作感」來的。他只需要擁有一套在實作態裡作隱性發揮作用的圖式，不需要就其論域作確切的劃界，一樣可以產生或是了解下述這類象徵系列：有一隻貓走進屋裡，毛上有一根羽毛或一撮白毛線，牠若朝爐灶走去，就是預告有客人要來，有待饗以肉食；但若是朝畜欄走去，而時序又是春天，就表示這一戶人家會買進一頭母牛，若是秋天就表示是公

牛。這一段系列組裡的丐辯（question begging）和模擬
（approximation），很容易就看得出來：貓──意外闖進屋裡，後
來就被趕了出去──在這裡只是用作象徵的符號，以實際的動作
體現「進入」；羽毛，暗暗有等於毛線的意思，無疑是因為這兩
樣東西在這裡純粹是用來當作「吉利」的代表：「白色」；拿爐
灶和畜欄作對比，則是這儀式的核心，這是出自構造屋內空間的
圖式，將「上─下」、「乾─濕」、「男─女」，還有招待客人、
烤肉（待客的無上佳餚）的尊貴處所，和留給牲口的低下處所配
成了對比。這樣的圖式，只需要再和產生兩大季節對比的圖式結
合起來──一也就是秋天，耕作季後以公牛作集體獻祭的時節；
還有春天，泌乳的季節──就可以得出公牛和母牛的對比了。[30]

　　另一個例子，是出現在一則很有名的故事裡：Heb-Heb-er-
Remman的故事。有一個女孩有七位兄弟，因嫂嫂嫉妒，而被兄
弟強逼吃下七顆藏在餡餅裡的蛇蛋，以致肚脹如鼓，像是懷孕，
終至被逐出家門。幸逢智者發現她生病的原因；而要治她的病，
必須宰殺一頭綿羊，以大量的鹽燒烤羊肉，然後讓女孩吃下，再
倒吊起來，面朝一盆水張開口，一條條蛇就從女孩肚裡爬出，一
一被殺。女孩後來結婚，生了一個孩子，取名為Heb-Heb-er-
Remman，意思就是「石榴子」。後來她回家找她的兄弟，跟他們
說她的故事，他們因此而認出她來，她還把她風乾、鹽醃的七隻
蛇拿給他們看。在這裡，馬上就可以看出，要想得出來這樣的故

---

30 有的報導人就是用這樣的方式，為了不想單單把半學術的系列組背給人聽，
　而用一串連續的二分法來重新建構年曆。

事或要拆解（至少盡量貼近）其中的寓意，只需要知道產生豐年祭（fertility rite）的那一套圖式就可以了。要受孕，就要插入，要送入會膨脹的東西和／或引發膨脹的東西：吃下東西，而且這東西會膨脹（ufthyen），和性交和耕地是同源的。[31]但這裡的受孕是假的受孕：蛇是男性生命源（life principle）的象徵，是精液的象徵，是祖先的象徵，而祖先必須先行死去才能重生，因此，蛇也就是「乾〔旱〕」的象徵；這蛇是以蛋的形式，也就是以女性態被吃下肚，在女孩的肚子裡回復到男性態的時間又不對（在衛斯特馬克〔Westermarck〕的文獻裡，有一則豐年祭的記載，女孩吃下去的是蛇的心臟──心臟是蛇的男性部份）。這類倒錯的生殖法，是不會有結果的，是有毒的。治療的對策，依理類推，自不待言。「乾」，這一道流程必須反過來走，從高到低──女孩非得倒吊起來不可，從內到外──但這無法以簡單的機械手法來完成：「乾」這一道流程還要再加上另一樣最乾的東西，鹽，再「乾」一次──燒烤，將它「濕」的傾向強調出來，這在正常的受孕裡──像生殖，播種──是朝內走的，朝女性濕潤的子宮，或是犁頭劃出來的大地走的。在故事的末尾，女性的生殖力由Heb-Heb-er-Remman「石榴子」誕生作了證明（石榴子是女性生殖力最好的象徵，等於是女性的子宮），也就是女性多產的子宮生了許多兒子（或會生出許多兒子），而女性自己又是

---

31 另有故事說有不孕的婦女養了一條蛇，當作自己的兒子，但這一條蛇見拒於第一個妻子，就揚身、鼓起，噴出有毒的火燄（asqi，鍛鐵，也指下毒），把她燒成灰爐。

從多子的子宮（她有七位兄弟）裡面孕生出來。故事裡的七隻蛇後來被風乾、鹽醃，也就是回到牠們在結構面原本該有的男性「種籽」的象徵，而可以再經由浸潤然後朝「乾」發展的這一循環，得以再行生長、繁衍。

以軀體為幾何學家：宇宙創生型實作

了解儀式實作，不是解開象徵體系裡的內在邏輯就好，而是要把儀式實作連到其所源出的真實狀況裡去，也就是連到決定其功能、及其發揮功能所循的途徑的那些狀況裡去。這就表示要針對施為者據以組織其感知的實作分類，將施為者在限定式社會構成體內可以（且一定會）套在一樣限定式實作或經驗上的含意和功能，予以重建，而且，此重建乃以邏輯為本，和移情投射（empathic projection）沒有一點關係。社會理論一碰上神話和儀式，就會在這兩邊逡巡猶疑：一邊是這無所不包的科學要和理性的基本型保持崇高的距離，另一邊是諾斯替（gnostic）開山祖師所說奧祕的神會。客觀論以化約法，點出神話和儀式裡面所謂的客觀功能（這功能在涂爾幹是道德整合，在李維史陀是邏輯整合），卻反而使得這些功能是如何達成的，變得無由理解；因為，客觀論的化約法，會把施為者對世界的表述、對他們實作的表述，加上括號。不過，「參與式」（participant）人類學則認為——只要不是單由人類對農業天堂的憧憬而激發出來的就好，這一份憧憬是所有保守意識型態的根源——人性的常態以及基本經驗的普同，就足以支持人類學家就卡比利亞或別處農民，於他們有歷史區位（historically situated）的實作問題所作的實際回答裡

面，尋找宇宙創生和宇宙論這一類永恆問題的永恆解答，即使他
們給的答案是他們在所用的物質工具、在他們將世界作象徵性徵
用都有限定的情況下不得不爾的結果。就算他們的詮釋獨具洞
見，趨近科學事實，但由這樣的性向促成的詮釋，怎樣都只是把
殖民人類學的假客觀倒過來而已。把實作從實作存在的真實狀況
裡面硬切下來，為實作套上外加的意圖，就算對這些部族的失落
智慧有所揄揚，但由於出之於偽寬大，而易有標榜樣板之嫌，以
致就算揄揚也跟反過來一樣，反而導致實作內含的理性及**存在理
由**（raison d'être），全被掏空，而套在某一「心態」（mentality）
的永恆本質（eternal essence）裡面。卡比爾婦女架紡織機，不是
在搬演宇宙創生的戲碼；她只是要織布，要發揮技術性的功能。
所以，就她能夠用來思考自己行為的象徵性配備而言——尤其是
她能用的語言，她這語言會一直把她帶回到耕地的邏輯裡去——
她只能用迷魅的方式，也就是神祕的方式，來想她在做的事，弄
得原本就汲汲企求於永恆奧祕的「唯靈論」（spiritualism）覺得這
方式真是有魅力。

　　儀式之所以舉行，是因為、也只因為：儀式只有在儀式的存
在條件、只有在施為者的性向裡面，才找得到**存在理由**，而邏輯
思辨、神祕的靈魂出殼（mystical effusion）或者是形而上的焦
慮，都是這些施為者無福消受的。但是，拿比較天真的功能論來
消遣，未足以解決實作的實際功能這問題。以婚姻功能的普遍定
義，把婚姻看作是一支團體依照團體同意的方式以保障其生物繁
殖不輟，顯然就根本無法解釋卡比爾的結婚儀式。不過，和表面
看起來的正好相反，結構分析若是既不去管儀式實作的具體功

能，也無力探究孕生這些實作、孕生這些實作能夠發揮實際功能的集體定義的性向之所以產生的經濟、社會條件，那作結構分析也得不出多少了解的。卡比爾農民回應的不是「客觀條件」，而是他從這些條件所得出來的實際詮釋，而他這詮釋的法則，就在社會面在他的習性裡構造出來的圖式。每一事例所要建構的，應該就是這樣的詮釋；這樣子得出來的說法，才不會扭曲實作內含的理性和它的**存在理由**，也就是說，才不會扭曲其中的邏輯必然性和實作必然性，而這二者是密不可分的。

因此，技術或儀式類的實作，是施為者於其實作所展現的存在裡的物質條件在作決定的（以這例子來看，指的就是氣候、生態條件和可用技術兩方面的關係），而且，施為者除了身負限定式感覺圖式之外，這些感覺圖式又是由他存在的物質條件在決定的，至少是以否定型在作決定（儀式相較之下還具有自主性，這由馬格里布〔Maghreb〕各地氣候，經濟條件不同但特徵不變，可以為證）。農耕活動**特有的矛盾**，連同為了要解決矛盾而有的儀式用具，也一樣要放在生產模式和感覺模式特有的關係裡看，才能界定為兩大對比原則出現了危險甚至褻瀆的衝突。在經濟體系和神話儀式體系裡看得到的關係，就是要透過技術或儀式實作負有的功能，才能實際建立起來。[32]

---

32 農民曆是以變形的形式將農耕年的節奏再製出來，或者說得更精確一點，它再製的是轉譯為勞動期、生產期交替的氣候節奏，而勞動期、生產期便是農耕年的結構。（降雨模式即由濕冷季和乾熱季的對比來刻劃；濕冷季是從十一月到四月，而以十一、十二月為雨雪最多的時候，到了一月就會乾一點，再到二、三月就又會開始下雨；乾熱季是從五月到十月，以六月、七月與八

　　儀式，較諸其他類型的實作，更可以將下述幾項錯誤給強調出來：把原本就是要用來去除概念的邏輯藏在概念裡面，把肢體動作和實作運用當作純粹邏輯的操作，大談類比和同源（有時為了了解，為了將了解表達出來，是不得不如此）但其實一切只關乎把融會過、準姿態的圖式轉移到實作裡去而已。[33] 儀式在某些事例裡面，真的就只是把需要強化的自然過程，放在實作裡作模擬：**模擬式表述**（mimetic representation；apomimema）有別於隱喻、顯性類比（explicit analogy），是可以在鍋子裡愈脹愈大的穀物、懷孕婦女愈脹愈大的肚子、田間麥子抽芽生長等現象當中，建立起關係來，而不需要明白說明所用的詞彙有何屬性，或

月為最乾。農民對天氣的依賴，顯然因為可用於耕犁的牽引助力有限，所用的技術——平衡犁和鐮刀——效率不彰，而益形加劇；不過，有的人對天氣的依賴會比其他人要嚴重，因為擁有上好農地、上好耕牛的農人，可以在第一期的降雨過後，即使土還很黏，也馬上開始耕田；至於窮人，往往就要等到借到或是雇到耕犁和耕牛，才有辦法開始耕田；收成也是如此，象徵資本最雄厚的農民可以叫到足夠的勞動力，盡快完成收割的工作。）同理，儀式要用的象徵配備一樣要看季節而定（雖然有些時候會有所貯備，專供儀式使用）；不過，有了孕生型圖式，就有辦法找到替代品，將外在的必然和限制進行轉化，得以自圓其說，完全符合儀式本身的邏輯（這就可以說明何有技術理由、神話理由，用在一種以上的狀況，都毫無扞格，例如房子的定向）。

[33] 這些圖式唯有在它所孕生的儀式活動的客觀連貫性裡面，才掌握得到，不過，有的時候在論述裡也差不多可以直接領會，這是因為報導人雖然看不出有明顯的理由，卻把兩類除了圖式相同其他完全不同的儀式實作「聯結」起來（例如膨脹的圖式，就有一個報導人用一個接一個的說法，而把開春第一天吃的東西——有 *adhris* ——連上了婚宴的飲食——有 *ufthyen*）。

是其間關係有何原理；其「邏輯」最特出的操作 ── 顛倒（invert）、轉移（transfer）、結合（unite）、劃分（separate），等等 ── 都帶有肢體的動作，像是轉到右邊或左邊，把東西反過來放，走進來，走出去，綁起來，切下來，等等。

　　但若像我們在這裡一樣談「全面類似」（overall resemblance）和「不確定抽象」（uncertain abstraction），就表示我們對於直接體現在肢體體操學（bodily gymnastics）裡的邏輯，而且是不必就選或不選哪些「面向」、就類似或不同的「簡圖」（profile）有明確的領會就可以有的邏輯，都還在使用唯智論的表述語言 ── 也就是說，作分析的人在資料庫以文獻的形式展現在他面前的時候，他和這一份資料庫的關係，自然就會推著他去用這樣的語言。客觀論的立場內含的「邏輯主義」（logicism），會導致奉行客觀論的人忘了科學建構是沒辦法既掌握實作邏輯的原理、又不致改變這些原理的本質的：一列實作演替（practical successoin）一旦拉到顯性面供作客觀研究，這一列實作演替就會變成一列表述演替（represented succession）；某一動作原本指向的空間在客觀面上是構成需求結構（structure of demands）的（像「該做的事」和「不該做的事」），但這時就會變成一件可逆的操作，是放在連續、均質的空間裡面執行的。舉例而言，只要把「神話─儀式空間」當作**操作成果**來看，也就是當作是超脫時間、同時並存的某一類事物來看，那這空間充其量不過是理論型空間而已，其間唯一的地標，就只是表達對比關係的詞彙（上／下，東／西），這時，也唯有理論型操作可以放在其間施展；這也就是邏輯錯位（logical displacement）和變型，和實際做出來動作、行

為，例如下墜或上升，是**徹頭徹尾**（toto coelo）都不相同的。卡比爾人屋子裡的內部空間，一改放進屋外漫無邊際的空間，就會出現完全相反的指意；一確定了這一點，我們就有理由像先前一樣，說這「內」、「外」兩處空間是可以經由「轉半圈」而彼此互導出來的，但也一定要在這樣的條件下才可以：用來表達這類操作的數學用語，和它源出的實作基礎，要重新結合起來，而讓錯位和變型這樣的用語，可以和**肢體運動**一樣，例如前進、後退、轉一圈，也都有實際的意義（practical sense）。想當初列維─布呂（Lévy-Bruhl）那時代，若想得到巫術和「參與」的邏輯可能和情緒的體驗有一些關聯，那他們對「原始心靈」（primitive mentality）的奇怪現象，應該就不會那麼大驚小怪了；現在也一樣，當初「野蠻心靈」（savage mind）若是沒被某一類「逆反式我族中心意識」（inverted ethnocentrism）於無意識中硬放進唯智論套在每一「意識」和世界的關係裡去，若是人類學家對於放在實作態裡面掌握得很好的操作朝同構的（isormorphic）形式化操作走去而出現的變型，沒有一直悶不吭聲，從而未能去探究製造出這變型的社會條件是什麼的話，那麼，澳洲原住民「合乎邏輯」的巧技也就不會那麼匪夷所思了。

神話的科學是大可以用「團體理論」（group theory）的語言來描述神話的語法的，只要它不要忘記它自己所要挖掘出來理解的事實，就是被這語言所摧毀的，因為，人之得以指稱經驗，要靠這語言，而它之得以形成、確立，**靠的**又是這語言讓人有辦法把經驗說出來：即如我們不太需要堅持一定要親身有過被火燒的經驗，才有辦法對氧化作用進行科學研究，所以，我們一樣可以

把幾何學裡的連續、均質空間當作是實作的實際空間，所以，不對稱、不連續、被當作實質屬性的左、右、東、西等方向，一應俱全。我們當然可以說體操和舞蹈是幾何學——只要不把做體操的人和跳舞的人說成是幾何學家就好。我們若是能從「神話邏各斯」（mythic logos）倒回到實際行為搬演的「儀式實踐」（ritual praxis）裡去（而且不涉及年代先後的問題），也就是回到肢體動作去——這是客觀分析在神話論述裡發現的操作，是將創造神話（mythopoeic）的構成時刻（constituting moment）蓋在其具象指意（reified signification）下面的**操作成果**——那我們就比較不會想要在顯性面或隱性面把施為者當作是邏輯操作元（logical operator）來看了。儀式的實作和審判的行為一樣，其**實作連貫性**（可以重組為客觀化的操作圖解），乃出之於儀式實作是單一一套**實作固有之概念圖式**的產品，不僅會把事物的感知（在這裡特別指儀式行為裡面可能有的工具、環境——時間和地點——還有施為者的分類）給組織起來，也會把實作之產生（這裡特別指組成儀式行為的姿勢和動作）組織起來。學院裡作註講解的人，因為要努力展示自己對一門已死或是垂死的傳統擁有象徵性的實作掌握力、而畫出來的對照表（像是中文的代換表），或是人類學家在研究初期所作出來的對照表，都是刻意取得的實作掌握力；只是，舉行儀式的先決條件卻迥異於此。這類原理，根本不比操作獨輪車、槓桿、胡桃箱所要用上的固體靜力學原理[34]要複

---

[34] 工人用木頭滾軸和鐵棒來撬起石頭，用上的是同一方向平行力的法則；他們知道依照自己的確實目的以及負重的大小，來改變支點的位置，**不像不知道**

雜、要多；只要擁有這類原理的實作掌握力，所做出來的儀式，就既能**符合**預訂的目標（像是祈雨或是六畜興旺），又具有本然的連貫性（至少相對而言），也就是能夠做出特定情勢（時間和地點）、工具、施為者的組合，尤其是在儀式裡關乎吉、凶的錯位和行動的組合。這包括上行（或是丟出）或是東去，下行或是西去，還有其他相等的行為——像把東西放到屋頂上面，或把東西朝 kanun 丟去；把東西埋在門檻或朝畜欄丟去；朝左走、朝左丟，或用左手丟；朝右走、朝右丟，或用右手丟；把東西從左轉向右，或從右轉向左；關（或綁），開（或鬆綁），諸如此類。其實，針對神話或儀式界定的事物宇域作分析，從儀式活動的情況、工具、施為者開始，就可以清楚看出：存在的每一區域都看得到無數對比，這些對比一概可以再歸納成寥寥的幾組，而且，這幾組看起來就像是最基本的對比，因為，這幾組對比是單靠薄弱的類比關係就連起來的，不用人工、強迫的方式是沒辦法再作進一步化約的。而且，這幾組對比還幾乎全是以人體的動作或姿態為準，像是往上走或往下走（前行或後退），向左走或向右走，進或出（或填滿、清空），坐或站（諸如此類）。這類實作幾

有這個法則（這法則他們是沒辦法清楚說出來的）：槓桿兩邊的支臂比率愈大，抵銷阻力所需的力量就越小——更普通的說法，就是位移縮小，力量就變大。所以，這根本不必啟用無意識浸淫於物理學的奧祕，也毋須運用玄奧的自然哲學去假定人腦結構和物理世界的結構有神祕的和諧。這樣說來就有意思了：何以使用語言的前提是要先掌握這些操作的抽象結構及法則（例如杭士基說的倒置法的非遞歸性質〔non-recursive nature of inversion〕，居然有人大為驚訝）。

何學，或說是幾何型實作（geometrical practice）（依尚‧尼確的說法就是「有形世界幾何學」），[35] 何以會用上那麼多顛倒的關係，可能就是因為我們需要轉身才可以面對別人或背對別人吧，或者是因為我們要把「正面朝上」的東西「翻面朝下」，才會倒過來放，以致人身就像鏡子一樣，會把左右對稱的弔詭映照出來，以致人體形如「實作操作元」，要握別人的右手要朝左邊伸去，穿衣服時要把右手穿進平放時靠左的衣袖裡去，左、右要反過來，東、西也是——這麼多的動作在神話世界觀裡，都是有其社會指意的，都是廣為儀式所用的。

> 驀地驚覺我將門檻
> 視為幾何軌跡
> 留下進進出出
> 天父之屋的動線。[36]

屋內空間和屋外世界的關係，就由這一位詩人一語道破：進、出的方向（sens）和意義（sens）是顛倒過來的。由於這一位製造「私家神話」（private mythology）的人腳步略遲，規模也小，因此比較容易把「死隱喻」（dead metaphor）掃到一旁不管，直接打入創造神話的原則裡去，也就是直指將物體潛藏在統一表

---

35 這部份要感謝尼確（Jean Nicod）的指教，比較 *La géometrie dans le monde sensible*。

36 引自 G. Bachelard, *La poétique de l'espace* (Paris: PUF, 1961), p. 201。

相下面的雙重性予以點破的動作和姿態；在此借用惹內・夏爾（René Char）引自聖大雅伯（Albert the Great）的這一句：「德國有一對雙胞胎，一人用右手開門，另一人就用左手關門。」[37]

我們若是單單跟著威廉・馮・洪堡（Wilhelm von Humboldt）界定的對比來走，從事（ergon）移到做（energeia），也就是從物體或行為移到其所源出的原理，或再說得更確切一點，從客觀論詮釋學所思考的已成型類比（如a：b：：c：d）內含的**既成事實**和虛文，轉進到類比型實作裡去，就馬上可以打破「淺白式」（exoteric）結構論所促成的**泛理論**（panlogism）符咒；這裡的類比型實作，是習性以「習得等式」（acquired equivalence）為本，為了加強回應的互換性，[38]讓施為者有操作通則可以應用在新情勢可能會有的各式相近的問題上面，因而進行的**圖式轉移**（scheme transfer）；至於「泛理論」，則會帶出一種「無意圖」的連貫性，而被拿來當作是套在自然科學語言裡的自然形而上學的基礎，語言學家（像薩丕爾、楚貝茨柯伊〔Trubetzkoy〕等學者），甚至人類學家，都常說這一種無意圖的連貫性，是一種「無意識的目的性」（unconscious finality）。這時，有些人把方法論的辨識度（intelligibility）公設轉化成本體論論題，而在歷史體系套上完全的連貫性，我們就可以有所質疑了。把規律變成規則，等於預設有計畫存在；齊夫（Larzer Ziff）即指出，這樣的謬誤就算用**無意識**（unconscious）的假說來糾正，也只是看起來

---

[37] Ibid.

[38] 比較J. F. Le Ny, *Apprentissage et activités psychologiques* (Paris: PUF, 1967), p. 137。

有所糾正而已；而這無意識的假說，則被當作是可以代替「目的因」（final cause）的唯一選擇，是以總體呈現而且帶有結構和含意的文化現象若要作解釋的可循途徑。[39]但其實，這沒有設計人的計畫，其神祕還不下於至高無上的設計者所作出來的計畫；由此可知，何以結構論的普及版在一些人的心目中會變成具有學術資格的某一種「德日進信仰」（Teilhardism）——也就是說在學術圈裡算是可以接受的。

身體語言，不管是形諸姿態，或者，**毋待多言**，形諸「心身醫學」（psychosomatic medicine）所謂的「器官語言」（the language of the organs），其模稜、超定，還遠遠超過普通語言裡最超定的用法。也就是因此，儀式的「根源」才會一直比語言的根源〔語根〕都要廣、也要模糊；也就是因此，「儀式體操」，例如作夢，才會一直都比「口頭翻譯」要更豐富；這些口頭翻譯都是片面又主觀的。「文字」就算帶有隱示義（connotation），也還是會限制選擇的範圍，把身體語言所能提點的關係弄得不易明瞭或無法明瞭，而且，不管哪一種，都是外顯的，以致也是「可

---

[39]「現代的社會學家和心理學家以心智的無意識活動來解決這類問題；但是，涂爾幹著述當時，心理學和現代語言學的主要結論都還沒做出來。這就解釋了涂爾幹何以會在他看作是不可化約的二律悖反上面出岔……：歷史的盲目以及意識的合目的性（purposiveness）。在這二者中間，夾著心智的無意識目的性……就是……在中級或是更低的層次——例如無意識思想——個人與社會顯而易見的對比不見了，而變得像是可以從某一觀點移到另一觀點」（C. Lévi-Strauss, "La sociologie française", in *La sociologie au XXe siècle*, ed. G. Gurvich and W. E. Moore [Paris: PUF, 1947], vol. II, p. 527）。

以歪曲的」。由此進而可知，一項實作若有一些屬性是因為這一項實作未足以供作論述所以才出現（但不是說這一項實作於邏輯有所不足），那麼，單單是把這一項實作拉到論述的層次來——若要作科學研究，就非得如此——就等於是強制要這一項實作的本體論地位（ontological status）出現變化，而且，其於理論的效應還要更嚴重，因為，這樣的變化不太可能會注意得到。[40]

儀式實作的目標，向來是在促進對立的兩方能有**過渡**、以及／或是准許對立兩方能有交會，而從來不會跑到它在兩方當中建立起來的關係之外，去為存在或是事物作界定，還會將基本活動的多義性發揮到極致；而神話「根源」的「多義性」，又有一部份是由語根所再製出來的：例如語根 FTH 的意思——不論字面還是比喻——就有（及物的）「打開」的意思，像是用在「開門」或「開路」（在儀式、正規外的情境裡用），用在「心」（參見打開心房）、「演說」（例如用在儀式流程），用在「召開會議」，「行動」，「白晝」，諸如此類；或「被打開」——用在「門」上，表示連串之始；用在「心」上（亦即胃口），用在「天空」，用在「結」；另有（不及物的）「打開」——用在「花苞」，「臉

---

[40] 在我有過一段類似在地施為者的學習過程（**加上必要的變動**），頭一次在實作上掌握到——外地人由於對「開啟」、「膨脹」的圖式沒有實作掌握力，也不知道這些圖式所隸屬的客觀意圖，因此需要先了解「復活」的概念，才有辦法去「理解」從這些圖式實際產生的儀式；但這時候，卻又可能害他對這概念可能孕生的「理解」，以及不需要概念就可以有的實際的「理解」，作出錯誤的「理解」——我就是因為有過這樣的經驗，所以，真要提筆為文作描述的時候，才會心有不安。

龐」,「幼芽」,「蛋」;用得更廣就有:「啟動」,「祝福」,
「弄得輕鬆」,「祈求吉利」(「願神開門」),一大堆意思,幾乎把
可以連到春去的意思全都包括在內。不過,由於神話的根源比語
根更廣,也更模糊,因此可以作更豐富、更多樣的互涉
(interplay),而這樣的圖式:(及物的)「打開」—(不及物)
「打開」—「被打開」,也讓它可以在一整套的動詞和名詞裡面,
建立起超乎單純語形相似(morphological affinity)的聯想關係:
它可以讓人想起FSU這一個字根,意思有:鬆綁、解開、解決、
消散、打開、出現(用在幼苗上面;thafsuth這個字也因此才會
用在春天上面);FRKh:綻放,生產(因此asafrurakh有盛開的
意思,lafrakh指春天樹上長出來的新芽,用得廣一點,就指後
代,或任何事情得出的結果),增生,繁衍;FRY,(及物的)
形成,(不及物)的形成(用於無花果),開始成長(用於麥子
或嬰兒),繁衍(一窩小鳥:ifruri el'ach,鳥巢裡擠滿了鶵鳥,
正待展翅高飛),脫掉外殼,被剝掉外殼(豌豆,菜豆),由此再
衍伸指稱時序進入可以採摘新鮮菜豆的時候(lahlal usafruri),篩
檢,被篩檢(篩麥子以供碾磨),分開,被分開(對手),由此也
有調解、勸慰、平息、黎明dawn(白晝和黑夜作戰終致能和黑
夜一分為二,也就是ifruri was),變得更亮(天氣、ifruri
elhal);最後,放在對比裡看,這一個字也可以讓人聯想起FLQ
這一個字根:打破,爆發,擊碎,被打破,被爆掉,被擊碎,在
結婚和耕地的時候像打蛋或石榴一樣去敲破、被敲破。[41]

---

41 有辦法將語言連結之必要(可以從僅只是半韻到共同字根)和神話連結之必

　　我們只需要順著聯想的邏輯，就可以將一整套同義字、反義字、同義字的同義字、反義字的反義字等等的系統，重建起來。我們既可以由‘Mr的字根：裝滿—被裝滿，或FTH：（及物的）增加、（不及物的）繁衍，或是UFF：膨脹，再由這幾個字根推到ZDY：（及物的）—（不及物的）集合—團結（滿滿都是人和財物的屋子是繁盛、團結之家）；也可以從反義字的方向去找，找到「清空—被清空」或是「破壞—被破壞」（KHL），（及物的）分開—（不及物的）分開—被分開（FRQ），切開—尖銳（QD’），熄滅—撲滅（TF），諸如此類。[42]同理，從「向上」這一神話根源開始，可以找到「往東走」、「轉往東走」，「朝亮光走去」，「朝空曠的野地走去」，「朝右走」，「朝前走」，「朝未來走去」，「誕生」，「發芽」，抽長（這是連上前述那一組字根的橋梁），「站起來」，「醒過來」，「在上」，諸如此類；或以反義字的方向走，就是：「往下走」，「朝黑暗走去」，「朝左走」，「衰落」，「墜落」，「躺下」，「睡去」，「在下」，等等。

　　由實作等式的關聯串起來的這一系列孕生型圖式，和它最相近的等式，就是形容詞體系（lourd / léger，chaud / froid，terne / brilant），[43]這在法文裡是用來表達絕妙品味的形容詞，不論菜

要（沒有別的基礎的雙關語，尤其最高一級，哲學玩的文字遊戲）結合起來的諺語、才是最高妙的諺語。

[42] 這裡的含意大部份都是透過委婉語來表達：例如「熄滅」是用「歡喜」（ferrah）來表達。

[43] 基本含意：重／輕、熱／冷、魯鈍／出色。

餚、學校活動、戲劇、繪畫、笑話、散步、口音、服裝等等，同都一體適用。這一實作分類法的效能，在於每一形容詞的意思，還有這形容詞和它的反義字的關係，都是由該形容詞所應用的場域裡的邏輯，在作確切的指陳的；這一點，從字典裡收錄的那麼多詞義，即可得證：像froid這一個字就可以和 calme（冷靜）或indifférent（冷漠）同義，也可以和frigide（冰冷）或grave（冷峻）同義，又可以和austère（嚴肅）或distant（疏遠）、dur（艱苦）、sec（乾燥）、plat（扁平）、terne（魯鈍）同義，端看是用在女性或男性、頭部或心靈、旋律或是嗓音、色調或藝術作品、盤算或發怒，等等；而這一個字有多少意思就會有多少反義字：chaud（熱）或流動（course、ardent〔燒〕）或emporté（暴躁）、sensuel（肉慾）或chaleureux（熱忱）、brillant（發光）或expressif（傳神）、éclatant（光彩）或piquant（刺激的），等等。由此可以推論，這些兩兩成對的修飾語，組合起來就像是評判品味的工具，放在各自的用法裡看，顯得極其「貧乏」，近乎不確定；但又極其繁富，以其含糊，反而讓它們先天就可以用來激發或是描述難以名狀的感覺：這每一對修飾語每一次用的時候，就只有放在每一次都不相同的實作宇域裡面，才會有意義，這樣的實作宇域一般都是隱性的，也一直都是自足的，是不可能和其他宇域作比較的。然而，這一對對修飾語在特定場域裡的含意，卻又像和聲一樣，同都帶有這些修飾語或是能和這些修飾語互換──只略有一點出入──的其他一對對修飾語，放在其他場域裡面──也就是略有點不同的情境──而會有的一切含意。

　　例如，「前面」和「後面」這一組對比，在儀式實作裡的用

法就是如此：「後面」，是想要擺脫掉的東西應該要放的地方[44]（例如，有一種和紡織機有關的儀式，就聽得到：「願天使在我前面，惡魔在我後面」；另有一種儀式，是用手搓一搓兒童的耳背，好要他把惡魔「趕到耳後」）；「後面」是厄運的來處（若有婦女要上市場去賣她做的東西，像毯子、紗線之類，或她養的東西，像母雞、雞蛋之類的，她在路上絕對不可以朝後看，要不然東西就會賣得不好；暴風——thimiswray則是在一個人面朝麥加天房（qibla）作祈禱的時候，由後方襲擊該人；而「後面」當然就和「裡面」、和女性（東方、前門是男性的，西方、後門是女性的）、和一切私密的、隱藏的、祕密的東西連在一起；但「後面」也和跟在後面來的、生殖的源頭，眉毛（abru'）、衣裙的後襬、護身符、幸福連在一起：新娘進入新房的時候，要將水果、蛋、小麥撒在身後，象徵繁盛幸福。其他凡是和「前面」、向前走、迎向（qabel）、進入未來、朝東方走、朝亮處走聯在一起的意思，都和這些含意有所交纏；而要從這一圖式為卡比爾人的儀式實作重新建構起近乎完備的整體，不會太過困難。

　　這類含意多重，既有差別但又多少相當緊密的關聯，是科學蒐集的成果。所蒐集到的每一指意，於其實作態，只存在於某一圖式（或某一圖式的產品，像是一個字），和某一類情況的關係裡面。就是因為這樣，除非牢記這一點：一個符號的不同含意之所以同時臚列並置（或是印在字典的同一頁上，例如字詞），這

---

44 朝後丟放在比較浮面的層次，也等於忽視、鄙棄（「充耳不聞」），或說得更簡單一點：不敢面對，不敢對質。

是科學操作的人工產品，真放在實作裡面是從來不會同時並存的，否則就不應該去談一個符號有哪些不同的含意。即如房德利耶斯（Vendryès）所說，一個字在使用的時候，是不可能隨時都帶著它全部的含意的，否則就會把話語變成無止無休的文字遊戲；而且，一個字能有的含意若一概獨立在這個字的基本含意之外，那文字遊戲也就無由形成。儀式的象徵符號也是如此。基本對比所能展現的形式裡面，總會有一些有像「轉轍器」的功能，能為不同的實作宇域具體建立起關係來：例如這裡的「後面」和「裡面」的關係，「裡面」是從「後面」通往女性幸福，也就是生殖力的通道，男性的幸福則是透過「前面」，也就是未來，和光的聯結，而連到「前面」去。有些俗諺由於說出了不同系列組之間的類比，而為這類通道做出客觀化的路徑（「處女是黑暗之牆」，「女性即是西方」，或「女性即是月亮」）。

　　對應不同實作宇域的含意宇域，既屬獨立自足——因此得以避開系統化裡的邏輯控制——而且，只要這含意宇域是一套還算有系統的產品，是由一套多少可以說是全面整合的孕生型原理所產生的，而且，這一套孕生型原理放在天差地別的不同實作宇域裡面，其功能於結構面始終不會改變，那麼，這含意宇域於**客觀面**，就也和其他完全一致。放在**近似的模糊邏輯**裡看，flat（平板）、dull（沉悶）、insipid（無味）等法國的唯美派和學者最愛用的價值判斷用語，不由分說就都會是等值的；或以卡比爾的傳統來看，full（完全）、closed（封閉）、inside（內部）、underneath（下面）等字若檢視得仔細一點，就會發現是沒辦法視作共量的；而這些孕生型圖式，在實作裡都是可以互換的；就

是因為這樣，這些圖式產生的成品，一定是有系統的，但它的系統是從模糊的系統性和近似的邏輯來的，是禁不起理性系統化和邏輯批判的考驗的。[45]若對這些圖式暨其產品沒有象徵性的實作掌握力——所謂圖式，就是產品之所以為產品者；所謂產品，就是圖式之所**做**者——施為者若要充份掌握生產配備，以求做出正確的儀式實作，唯一的方法，就是要生產配備發揮作用。[46]這是觀察者很容易忘記的一點；因為，觀察者除非建構出一套模型，讓沒有辦法（或不再有辦法）直接掌握該配備作用的人可以拿來作適用的替代品，那他就無法重拾該配備於記載裡的產品內含的

---

45 即使在日常的語言裡，也不難找到這種趨近邏輯（approximate logic）的描述元素，以「大概但現成」的方式「還說得過去」，「見機行事」（play by ear），「跟著感覺走」（follow the nose）：來磨坊的就是穀子（all is grist that comes to hits mill）。舉一些例子：I'll be back in a second（一秒就回來）……just a tick（一下子）……only a short step（一小步）……any moment now（隨時）……much the same（差不多）……something like（有一點像）……sort of（略有）……once in a blue moon（千載難逢）……never in a thousand years（萬古未有）……taking an eternity（海枯石爛）……to some extent（多少吧）……all but（幾乎）……at a rough guess（粗估）……a stone's throw（一箭之遙）……spitting distance（挨邊兒）……so to speak（所謂）……the average is in the regions of（平均約在……上下）……a small minority of troublemakess（一小撮討厭鬼）……not to put too fine a point upon it（倒也不是吹毛求疵）……umpteen（無可計數）……within a hair's breadth（千鈞一髮）……most of the time（大部份時候）……not entirely（未必全是）……virtually（幾乎是）……tolerably（還可以），諸如此類。

46 柏拉圖抱怨神話學家、詩人的就是這一點：除了透過「把自己變成他人」，也就是 dia mimeseos：透過模仿，而沒有別的方法可以再製實作（比較 *Republic*, 392d的例子）。

邏輯。

因此，每一個社會化良好的施為者，於其融會貫通的狀態下，都會擁有組織世界的工具，擁有一套作分類用的圖式，供他將所有實作組織起來，而語言圖式只是其一（新康德派，還有現在的民俗方法論，卻都為語言圖式加上沒來由的獨立性和重要性）。想要透過神話的構成實在（constituted reality）去掌握神話創造的構成時刻（constituting moment），並不像唯心論設想的一樣，是要到意識腦（conscious mind）去找一種「神話創造主體性」（mythopoeic subjectivity）的普同結構，去找一種大一統的精神原則，以其可以指揮實現於經驗的一切組態而不必去管各組態的社會條件。其實還應該是反過來才對，也就是要去將孕生、統一所有實作的原理重新建構出來，也就是重建一套認知結構和評估結構密不可分的系統，由此系統，依照社會世界於限定態的客觀結構，組織起世界觀：這樣的原理，就等於是**有社會知識的軀體**（socially informed body），有喜好，有厭惡，有衝動、有排斥，總而言之，所有知覺一應俱全，也就是說，不只是傳統說的五大感官而已──這五類感官從來就躲不過社會決定論的構造作用──另也包括必要感（sense of necessity）、義務感（sense of duty）、方向感（sense of direction）、現實感（sense of reality）、平衡感（sense of balance）、美感（sense of beauty）、常識（common sense）、聖潔感（sense of the sacred）、權變感（tactical sense）、責任感（sense of responsibility）、做事感（business sense）、禮節感（sense of propriety）、幽默感（sense of humour）、荒謬感（sense of absurdity）、道德感（moral sense）、

務實感（sense of practicality），諸如此類。

分與合

而在前述的那一長串裡面，還要再加上**限度感**（sense of limits）和**合法逾越感**（legitimate transgression of limits）；這既是組織世界的基礎（從帕梅尼德斯〔Parmenides〕以來，就叫作diakosmesis：秩序），也是在這秩序必須或是免不了要破壞之時，予以放行或是促成的儀式活動的基礎。「世界是建立在限度（thalasth）上的」，有一位老卡比爾人就說過這一句話。「天與地，是靠限度在劃分的。人的眼睛是有圍牆的（zerb）。人的嘴是有限度的。世間萬物無不有其限度。」而建立秩序，就是要作區別，要把世界劃分兩相對比的實體，畢達哥拉斯學派以他們原始的臆測，將這類對比的實體說成是兩大「對立柱」（sustoichiai，systoichiai）。[47]只是，實作以其必然之需求，而會要求實作邏輯所拆解的事物要重新合一──例如聯姻或是耕地──而儀式的一大功能，就正在將這些不得不然的逾越之舉，予以美化，將之變成正當的事。這也就難怪要在「對立柱」裡面找到比**奇**、**偶**還要多產的對比，並不容易；再拉得廣一點，可以從**結合**（及物）──**結合**（不及物）──**合一**（ZDY字根）暨其對比**劃分**（及物）──**劃分**（不及物）──**被劃分**（FRQ或QD字根、切開──分明的，外加從儀式含意的角度而能連上這些字的所有字詞，關閉──被關閉，消滅──被消滅，殺死，屠宰，收成，等等）這一類圖式孕生出來

---

[47] Aristotle, *Metaphysics*, A 5, 986a-22sq.

的象徵性物體或活動，也是一樣。劃分的原則，是沒有辦法輕易
在讓它可以分類的東西裡面，再分類出來的。恩培多克里斯
（Empedocles）就碰到這樣的麻煩，他把philia和neikos，也就是
愛和爭執，舉作兩大終極原則，無法再化約成這終極原則以辯證
方式而組成的對比。[48]恩培多克里斯把寓意繁複的字，如phthora
（分解、敗壞）、genesis（創生），視作diakrisis（分）和 synkrisis
（合）的同義字——diakrisis（分）和 synkrisis（合）這一組對
比，看起來應該屬於邏輯的，劃分、聯合在邏輯裡是真的見得到
的，但是以非常高級的形式——後者還另有一字mixis作同義
字，而這一個字也可以譯作「結合」，但這一次要放在聯姻裡看
了；而他這樣子做，用的原則就是儀式的實作邏輯，其操作於邏
輯和生物這兩方面密不可分，其所再製的自然歷程，也是如此
——若依巫術思想的圖式來想的話。[49]

　　因此，一整套的儀式符號和活動，是可能透過少數幾個**頡頏
符號**（antagonistic symbols）（其中之典範就是男女兩性，而且，
這些頡頏符號由少數幾類圖式，就可以製造出來了），外加少數
幾個（邏輯和生物方面的）**實作操作元**來作描述；而這些實作操
作元，不過就是經由文化而化作儀式實作、且透過儀式實作得以

---

[48] 恩培多克里斯是所有先蘇思想家裡面最接近儀式的客觀真實的一個，也因此
是離儀式最遠的一個；而他用明白帶有社會性的「愛」（*philia*）和「爭」
（*neikos*）來指儀式活動的兩大原則，就顯得很重要了。

[49]「合」（*synkrisis*）、「分」（*diakrisis*）的對比，和「生」（*genesis*）、「腐」
（*phthora*）的對比等同起來，請參見J. Bollack, *Empédocle*, (Paris: Éditions de
Minuit, 1965), vol. I, p. 19n1 and p. 25n3。

存在的自然歷程，像是婚姻和耕地在他們就視作**反相之合**（union of contrary），凶殺或收成視作**反相之分**（separation of contrary）（**模擬儀**式的邏輯以模擬的儀式而再製出來的流程）。由於反相之合不會摧毀對比的關係（這是它先天就有的條件），因此，再次結合的反相，一樣還是對立的，只是，現在的對立很不一樣，也因而彰顯出二者關係具有雙重的特性，既為敵，又互補；neikos 和 philia 這兩個字若拉到這關係之外來看，可能就有一點像是這兩個字原本就有的雙重「天性」了。因此，像屋子，由於帶有黑暗、夜晚、女性界的所有負面特質，在這方面就可以和子宮或是處女劃上等號；但若屋子一換上它的另一面，變成同居的絕佳處所、反相結合的絕佳處所，而像妻子一般——妻子是「裡面的光」，圍住自己的光，那屋子的定義就會跟著一變。新蓋的屋子要蓋上屋頂的時候，為新居帶來第一道光的燈，就要是婚姻的燈。因此，每一樣東西依它是放在「合」還是「分」的狀態裡作理解，就會有不同的屬性；但這些狀態卻沒辦法個別看作是客觀的事實，而把另一狀態看作是不完整、有殘缺的事實。也因此，馴化的大自然，左手的聖潔，男方的女性，或是男性主宰的女性，像已婚婦女或是耕過的地，不僅和整體男性成對比——不論「合」或「分」——也特別和野生的大自然成對比；因為，野生的大自然一切都還是蠻荒的，未經馴化的——像荒地和處女——要不就是回歸到婚姻外的扭曲、邪惡的天然，像是收成過後的田地，或像是老巫婆；老巫婆以其老奸巨滑而和胡狼聯上關係。[50]

這一類「女方的女性」和「男方的女性」的對比，在許多地

方都找得到證明。女方的女性的典範，就是不必依賴任何男性的
女子，掙脫父母、丈夫還有夫家威權控制的女子，也沒有子女。
這樣的女子是沒有hurma的女子：「像一塊朽木」；「是歪曲的
木材」。這樣的女子可以比作荒地，比作曠野，和野性大自然的
黑暗力量有密切的關聯。巫術便是她可以做的行當（thamgarth
thazemnith，老巫婆；settuth，傳說裡的巫婆）。沒有生育的女子
是不准到菜園去種菜或碰種籽的。而每一位女子身上，都帶有一
些女方的女性的邪惡，尤以月經期為然，這時的女子是不可以準
備膳食，到菜園工作、種地、祈禱、或齋戒的（elkhaleth，「女
性」的集合名詞，也有空虛、匱乏、荒野、廢墟的意思）。反過
來，沒有任何羈絆、沒有生殖力的老女人，就百無「禁忌」了，
而能把潛藏在每個女人身上的潛質（virtulaity）帶出來作最完整
的發揮。就像幼苗若不管它，一般都會朝左邊長，必須矯正回來
（或拉直），但代價就是多長出一個「節」來；「女人就是木幹上
的節」（thamttuth diriz）。「老嫗」就相當一切扭曲（a'waj）、歪
斜的東西：老嫗一般都有thi'iwji之名，也就是惡毒、心機深重不
可信，smith〔鐵匠〕也是；老嫗特別擅長巫術，施法用的是左
手，殘酷的那一隻手（「左手之一擊」，指的就是致命的一擊），

---

50 男性之道由於具有優勢，因此可以將其效應加在每一結合之上面；而有這樣
　的優勢即表示，儘管男性美德若有過濫不受贊同，例如「魔鬼的榮辱點〔nif〕」，
　但是，「女—男」（男性因結合而有調和）和「男—男」的對比，從來未曾
　有過公開的承認或宣佈。不過，amengur：沒有男性子嗣的男人、azegway：
　到處惹事生非的人，沒有鬍鬚的人，市場裡人人迴避的人，在最後的審判日
　人人原諒別人偏他不肯放任一下的人，等等，還是可以歸在這一類的。

而且是**從右轉向左**（男性就相反；男性用的是右手，發誓用的手，而且是從左轉向右）；老嫗偷偷從她不滿或討厭的人身上「將眼光轉開」（abran walan）的功夫特別靈巧（abran的意思是「從右轉向左」，或是「說溜了嘴」，或是「從後面轉向前面」，或是「顛倒過來」；總而言之，就是轉的方向不正，而和geleb相反；geleb就是「轉過背去」、「顛倒過來」；而和仔細盤算、偷偷摸摸、消極被動的動作，「女性的迴避」〔sidestep〕，「歪曲的」的動作，巫術的手法等等，和開放、坦誠、直接、男性的侵犯成對比）。[51]

　　最基本的操作元，「分」與「合」，是「填滿」和「清空」（plerosis，kenosis）的實作型等式：結婚就是 'ammar，圓滿的意思。由此，還可以再化約到另一些基本對比去：像「弄乾」—「弄濕」，「女性化」—「男性化」。這一點，凡是象徵反相之合的東西都被他們賦與意義，即可清楚得見。因此，十字路口和三叉路口之比，相當於「道路相會」（anidha itsamyagaran ibardhan）和「道路分叉」（anidha itsamfaraqen ibardhan）之比；十字路口是四大方向的交會點，是依四大方向來來去去的人一定會經過的地方。也因此，十字路口是象徵圓滿的符號（i'mar ubridh，路上有人，滿的）；或再確切一點，是象徵男性圓滿的符號，而和空曠的森林、野地（lakhla）成對比，另也和女性的圓滿（la'mara），和村子或是屋子成對比。[52]所以，沒有生育的女子或是嫁不出去

---

51 女性的二元性是以父系交表親和母系交表親的對比，再轉譯到親緣的邏輯裡去。

的少女，就會走到十字路口，也就是走到滿是男性的一處圓滿之地，裸身在一具大桶裡用燒過的溫水洗澡，而且要在即將日出之時，也就是要在白晝力戰黑夜之時；洗後的水，則要倒在牲口固定會走過的十字路口上（多產的兆頭）。[53] 反相又再合一是很可怕的，這由回火降溫（asqi，也有肉湯、醬汁、下毒的意思）作出特別的強調，回火降溫和性交的關聯，即如十字路口——空虛之中有圓滿，男性的圓滿——和屋舍的關係一樣：sequi就是結合「乾」與「濕」，像在庫斯庫斯上面灑醬汁一樣：利用回火降溫，結合「冷」與「熱」，「水」與「火」，「乾」與「濕」；倒出滾熱的水（或燒開的水），下毒。回火降溫是很可怕的暴力行為，需要很狡猾，由很可怕的人來做，也就是鐵匠，鐵匠的祖師爺，西帝—大奧（Sidi-Daoud），可以徒手握住燒得火紅的鐵塊，有誰付錢不爽快，他就會把鐵塊燒成白熱後賞他一記，然後再擺出一副無辜的模樣。

　　「分」、「合」同都會引發同樣的褻瀆暴力，打破事物的自然秩序，強行將文化賴以界定的反自然秩序套在上面。看看這情況就好：凡有混合或是切開、分或合等等動作的事，其實都是落在同樣一類的人身上的，全都是大家既害怕又鄙棄的人——鐵

---

52 路徑（*abridth*）和「友誼」（*elwans*），和空（*lakhla*），和「孤獨，荒野」（*elwahch*）成對比。*Thajma'th*則是「滿」裡面可以「空」；路徑（和十字路口）則是「空」裡面有「滿」。

53 求得牛油盛產的方法，就是要趁沒人看到時，到一條牲口，走的十字路口去撿一顆小石子和幾根樹枝回來，把石子擺在盛牛奶的盤子裡，樹枝則要燒掉，讓煙進行授精（Westermarck）。

匠、屠夫、糧官（corn measurer）等等。[54]只要有切割這樣的動作，無論褻瀆或是神聖，幾乎全都會交給鐵匠去做，不管是宰殺聖牛或是要行割禮（雖然鐵匠無權出席氏族大會，但是一有戰爭或暴力的事，他的意見一定要納入考慮）；若有些說法可信的話，有些村子甚至還把開耕儀式交給他去主持。但反過來，至少有一座村子，他們主持開耕儀式的人，就是在第一道閃電打中的地點找到一塊生鐵的先祖繁衍到現世的最後一位傳人；他用的犁頭，就是用那一塊鐵做的；村子裡，凡是有要用到火或是鐵的暴力行為（像是割禮、犧牲、刺青，等等），一概由這一人來做。[55]箇中奧妙，就在於這樣的事，一有人類插手——也就是有男性出現在對峙力量匯集的十字路口，這些對峙的力量一定要靠他把它們拉攏起來，以保障團體的存續——是一件極其危險的事。就像男性若沒有先行割禮以取得巫術的保護，是不可以接近女子的，耕地的人也一定要頭戴白色的羊毛帽、腳穿arkasen——不可以穿進屋內的皮製涼鞋——免得他變成「天」與「地」，還有

---

54 計量一事，有劃界線、侷限、劃開的意思，因此要用委婉語和辟邪的巫術來避開：農地的主人不可以測量自己的農作產量，而要轉交給khammes：鄰居代行（而且要趁主人不在的時候進行）；某些數字要改用儀式的動作來表示；進行時要明白說出儀式程式（只要量東西或稱重一概如此），例如「願上主賜福不吝計量！」誇讚美麗、健康（例如兒童長得健康）或財富，隱含著計數，因此也是一種劃分，一樣要避免，改用委婉語來取代，或是用儀式程式來中和。切的事（熄滅、關上、離開、完成、停止、打破、打翻等等），也要改由委婉語來說：例如要說店舖、收成或牛奶沒有了，要改用「大豐收」來取代。

55 收割的人身上也會穿著類似鐵匠（thabanda）穿的皮製圍裙。

「天」、「地」的對峙力量交會的一點（不過，女性在田裡拾穗或整地的時候，由於帶有大地的力量，反而要赤腳下田）。[56]

　　工作、儀式的時間配置，也就是農耕年或生命週期的順時結構，就既是**區別意圖**（diacritical intent）（分）的產物，也是**合成意圖**（synthetic intent）（合）的產物；區別意圖是以建立對比來進行組織的工作，合成意圖則是透過儀式（過渡儀式）在反相之間創造出過渡，而其強度，以對峙原理之分、合因為有人類的施為，而會拉到最大。在一邊，有報導人會一直提起一大基本對比：由一年的兩大「上升」型構造 —— lyali：夜，和smaïm：三伏天所形成的；乾季和濕季的屬性，在這樣的對比裡會拉到最大；在另一邊，互成對比的原則中間，又有很難察覺、始終受到威脅的兩相轉換的關係存在，外加還有特定的過渡儀式要確保人類和自然力都會遵守「時間秩序」（chronou taxis），也就是世界的秩序：男性在秋天因為耕地、播種以及連帶進行的祈雨儀式，而告「女性化」；女性則在春天隨著穀物日漸從大地破土而出終至收成，而進行「男性化」。

　　每一個報導人都會提到lyali：夜，而且一定和smaïm：三伏天連在一起，最主要的原因是冬季的隆冬和夏季的盛夏，都像是

---

[56] 割禮（*khatna* 或 *thara* —— 通常會以委婉語 *dher* 取代，意思是：清潔、整齊）是一種淨化的切割術，即如涂爾幹所說，是為了賦與抵抗力，以面對陰道裡的可怕力量（比較：以陰戶的象徵：cauris作為保護的巫術，經血有摧毀的力量，重要的時節要禁慾），尤其是因性交的反相之合而釋出的可怕力量（E. Durkheim, *The Elementary Forms of the Religious Life* [London: Allen and Unwin, 1915], pp. 314-15）。

集結了世界和農耕年所賴以構造出來的所有對比。他們相信秋天
播下的種籽需要四十天才會發芽出土，這四十天就是清閒期最好
的代表；在這期間，天下無事，一切工作全部暫停，也沒有重要
的儀式需要舉行（除了少數幾樣占卜儀式之外）。[57]肥沃的田地若
保護得當，有棘刺做的圍籬（zerb），就像女子，是神祕莫測的苦
勞之地，沒有外在的標記可以將之洩露出去，類似麥子或豆子在
鍋子裡煮，或像女性的子宮所能成就的事。這時期確實是冬季裡
的隆冬，黑夜裡的深夜，野豬在這時候交配，自然世界在這時候
臣服於女性生殖的力量——自然的野性力量從來就沒辦法說是完
全、徹底為人類所馴服。[58]冬季、寒冷、黑夜不斷進襲，正是在
提醒男性：女性的天性裡潛藏了狂暴的力量。在「冬季和男性爭
吵」[59]裡面，冬季就是以女人作為代表（他們叫冬季chathwa，就

---

[57] 占卜在 *ennayer* 的第一天（也就是 *lyali* 正中的時候，這時「黑」夜讓位給
　　「白」夜）以及新年剛開始時的更新儀式，舉行的頻率特別高，舉行的地點
　　集中在住家和 *kanun*（換掉三塊爐底石，重新用白粉粉刷屋子）；例如在黎明
　　時把綿羊、山羊叫到外面，最先出現的若是山羊，就表示會悖運，若是綿羊
　　的話，則是好運（比較：山羊之日——或老嫗之日）；爐底石塗上一層濕黏
　　土，到了早晨黏土若還是濕的，就表示今年會比較濕，反之，就表示今年會
　　比較乾。這不僅是從 *ennayer* 第一天有**起始**的角色來作解釋，也因為這時候
　　算是進入**等待**和不確定的時期，這樣的時期除了預測未來，別無其他可做之
　　事。而這也是有關家庭生活的占卜儀式，尤其是和未來收成有關的占卜儀
　　式，會和用在懷孕婦女身上的儀式相近的緣故。

[58] 和夜晚同源的冬天，是牛群在**畜欄**（夜晚，房子的北邊）裡睡覺的時候；是
　　性交的時候（鵪鶉就是在lyali期間進行交配，鵪鶉蛋是多產的象徵）。

[59] "Chchetwa telsemlaqab netsat d yiwen werǧaz", *Fichier d'Archives Berbères*, 19
　　(January 1947).「冬天說我要殺死你的牛。我起身的時候，就是刀子落下的

是擬人化的女性名字），而且，絕對是一位老嫗，也就是死亡、毀滅、混亂、分裂內含的邪惡力量的化身；這一位老嫗，是在和男人吵架吵輸了後，才不得不放棄她對暴力的嗜好，而展現些許節制和仁厚。這是一類起源神話，強調的是冬季跟女人一樣，都有雙重的天性：冬天既是純粹女性的女子，純潔，不馴，以老嫗為化身，是空的、乾的、不育的女性，也就是女性的根本遭年歲化約成客觀、純粹負面的女性本然[60]；冬季也是溫順、馴化的女人，是道地圓滿的女人，也就是有生產力，借男人之力而受孕，因大自然而妊娠、生育。所以，著名的「老嫗時節」，還有其他變換和中斷的時刻，就是要放在這樣的邏輯裡來理解才可以。整個大自然──埋藏種籽的大地，但也包括子宮──便是鬥爭的戰場，類似冬季的寒冷、黑暗──也就是邪惡、不育的老嫗，和光明的春季力量──這是男性之所屬，二者間的鬥爭。每一則有關「借貸日」（amerdil：借貸）的傳說，可能都是在說壞天氣何以突然又回來罷了；而這些傳說裡面，會有一個帶有冬季性質的生物體，通常是老嫗（生命已至「寒冬」）、山羊或是黑人（奴隸〔Hayan〕），有時甚至是一隻胡狼──胡狼是大自然失序的象徵[61]──會被冬季給犧牲掉；當然也可以獻給冬季作犧牲，作為代罪的羔羊。或許這也是「寒冬」這老巫婆承認她也有「大限」而必

時候。」

60 壞天氣又再出現，有時候會明白歸咎於部落或鄰近部落裡這村子、那村子的「老嫗」幹的好事；也就是女巫，每一女巫在一禮拜中都有專屬的一天。

61 在「胡狼婚禮」的故事裡，胡狼娶了外族的動物進門；牠娶的是駱駝，還沒舉行婚宴。上天就用下冰雹和暴風雨來表示反對。

須付出的代價吧，既然向接下來的時節預支幾天，就表示她承認有此「大限」。

　　Smaïm（三伏天）在乾季，就和lyali在濕季一樣：這是清閒期，和essaïf：收成季的對比關係，一如同樣是清閒期的lyali在濕季和農耕期lahlal的對比關係；乾季的所有屬性，盡現於smaïm。乾燥、沒有收成的夏季國度在五月的時候到來，而五月，是做任何繁殖都屬不吉的月份（聯姻自也包括在內）。[62]他們的「入夏第一天」，也叫作「大地的死期」；這一天所舉行的儀式，甚至在smaïm開始的夏至in sla這一天舉行的儀式，都要用上鐵和火，外加火鍛而成的工具——像犁頭，鐮刀，梳毛刷，還有匕首（可以用來割斷獻祭牲口的喉嚨，當然也可以用來割斷人的喉嚨）——都是用來切、砍、戳、燒或是疤痕紋身（刺青；用夾竹桃枝劃破皮膚作預防或治療性的放血，夾竹桃是azal宴會不可以用的植物；小女孩穿耳洞；在男性和動物身上放血；等等）的工具。[63] In sla當晚，不孕的、祓濯的火堆在屋內、在牲口當中、在果園裡、在田裡、在蜂房旁邊、在打穀場等等地方，一一點燃；而這一晚是留給「不孕」的；據說女人在這一天是沒辦法受孕的，而且，這一天出生的嬰兒也注定會無法生育（這一天結婚的人也一樣）。乾季時節也是鹽的時節、燒烤的時節、醃製食品的時節、

62　五月結婚會遇上很多災難，而且婚姻不會持久。「五月災厄的掃帚」，正好和「開春第一天」的祝福掃帚成對比：用到這一隻掃帚的家戶、畜欄，會有災禍、空虛以及不孕等倒楣事。

63　這些各式工具——尤其是鐮刀——都是用在辟邪的儀式，以驅散濕的邪惡力量（例如djnun）。

男性的時節、男性化的時節，像加強男性雄風的草藥就是要風乾的，是麥餅和油的時節，這是夏天的食品，一如牛油是冬天的食品。[64] 依德斯坦（Edmond Destaing）的說法，貝尼斯諾（Beni Snous）族人以前在 in sla 的時候，會在廚房後面的菜園（女性做耕稼的地方），把一具鍋子倒過來放（鍋子是冬季黑暗、潮濕的象徵），鍋底塗上石灰（漂白過的黑）。最純粹的夏季屬性，盡現於 smaïm，也就是不摻雜一點異物或作稀釋；這時節之於一年的關係，一如 azal（一年裡白晝最熱的一天），或說得更確切一點，azal 頂盛之時（azal thalmasth），之於 azal 的關係。就跟 azal 一樣，smaïm，收成季時的荒野（lakhla）、鐵和火的時節、暴力和死亡的時節（劍刃的時節，semm），都是男性時節頂盛的階段。

門檻與過渡儀式（Threshold and rites of passage）

轉換的時節，展現了**門檻**（threshold）的所有特質；門檻是分隔兩處空間的一道神聖界線，敵對的原則就在此對峙，世界就在此顛倒過來。而這時節舉行的儀式，也要遵循先前已經說過的放大巫術利益的原則。這些儀式的目的，在確保神話曆與氣候曆可以兩相調和；前者要的是雨水一定要下在**該下的時候**：農耕期，後者有時規律，有時卻變化無常，因此要以儀式來促進時節

---

[64] 鹽和乾、不孕有強的連結：這些字指的是熱、火熱，也指添加香料、強烈的（陽剛的），而和無味、沒有刺激性、沒有智慧成對比（鹽要撒在嬰兒的身上，以免孩子長成無味、愚蠢、魯鈍的人）。舉動輕浮的男子會被說成是「以為自己是在撒鹽」：以為自己做的事不會有後果。油也有這些內涵：「太陽跟油一樣燙。」

的過渡，領著時序在秋天時由乾過渡到濕、在春天時由濕過渡到乾──必要時甚至要加速──同時盡可能抓住已漸消逝的季節裡的好處。而秋天的儀式，顯然目的就都是為了要幫忙祈雨：不只是儀式競賽是這樣，這在每一季需要雨水的時候都會舉辦，例如kura（一類球賽，分成東西兩隊，手持木棍推球：kura，朝敵營攻去）；thimechret也是，這是以獻祭公牛（選公牛，是因為公牛的皮毛是雨雲的顏色：azegzaw，公牛低哞的聲音也像雷鳴）和始耕的儀式（awdjeb），只要是以儀式模仿眾所懼怕的「反相之合」，那就是在祈雨。家常還有特殊場合要吃的東西，其搭配和調製也是如此；這其實也被看作是**參與**的儀式，顯示的是他們賦與季節轉換的意義。他們在秋天吃的東西，乃以乾貨浸濕的圖式為依據來產生的，以穀物、風乾的蔬菜、風的肉類為主，烹調以放進**不加香料直接下鍋水煮**，或者是清蒸（這是一樣的），要不就用酵母發酵。而秋天也是世界轉向的時期，萬事萬物都在這時候轉到反方向，從男性轉向女性，種籽轉進大地的子宮，男人與野獸轉進屋內，光明（連同燈具）轉進黑暗，直到春天再度降臨，才會再把上下顛倒的世界擺正回來，在那以前，世界暫時放手交由女性的根本、子宮、女性、屋子，以及夜晚的黑暗去主宰。[65]

其實，春天比起秋天要更像是一段漫無止境的轉換時節；秋

---

[65] 只要意在引發徹底變化的儀式，就會用上迴轉和翻轉的圖式；尤其是從乾到濕、從濕到乾的突兀過渡：門檻本身便是轉捩點，是特別適合舉行這類儀式的地點。要扭轉或是顛倒事實，也是從這圖式來想的：厚顏無恥的騙子，他們就說他是「把東邊放到西邊去了」。

天是由鮮明的區劃——即如耕犁劃出來的清晰畦道——和孕育的邏輯在主宰，再夾雜乾貨浸濕的儀式活動；春天這一段漫無止境的轉換時節，不斷延宕，不時受到威脅，夾在乾、濕之間，緊接著 lyali 之後開始；或這樣說更好：這時節是兩大原則纏鬥的時節，命運不斷在逆轉、變化。這樣的纏鬥，類似每天黎明時光明與黑暗的鬥爭，人類在這當中的角色，只能當焦急的旁觀者：可能就是因為這樣，年曆用的術語，幾乎全在描述天氣或作物的狀況，其他的符號也是。在這樣的等待的時節裡面，新苗的命運乃由女性的、曖昧的大自然在決定，男性若是插手，會有危險；各項活動形同全部暫停，即反映出男性於萌芽、孕育的過程控制有限；在這方面，就要靠女性充當產婆，在大自然生產時提供儀式和技術方面的協助（像是鋤地）。66

　　這一中斷與劃分的時節，於穀物的生長週期裡的角色，和他們為了保障男童成長過程的男性化而舉行的儀式（男童一開始算是女性的生命），是一樣的；這類儀式於男童一出生就要開始，也一定要用到火或是火鍛的器具。67 這一艱困轉換期的特性，全

---

66 鋤地是農事裡唯一專門保留給女性做的事，是和犁地、收成成對比的，犁地、收成這兩件事，絕對不可以交給女性來做，除非絕對必要，這時就要用上一整系列的儀式來作預防了：這女子要在腰帶裡戴一柄小刀，也要腳穿 *arkasen*，諸如此類。

67 與之對應的生命週期，例如童年，也有一整系列的儀式要做，好將男童和他母親以及女性的世界劃分開來，同時讓他在他父親以及男性親屬當中重新誕生一次——尤其是代表第一次進入男性世界的所有儀式，像是第一次上市場，第一次剪頭髮，而以行割禮為高潮。

都可以說是集中在一連串的**關鍵時刻**上面；例如 husum 和 natah，這些都是最要緊的時刻，冬天裡的各式邪惡力量似乎全都復甦，對成長與生命再作最後一次危害；或者是如 nisan，雖然被看作是有益的，但也免不了會有威脅——這是曖昧的時節，再糟的時候也帶著最好的希望，再好的時候也有最糟的威脅。一切就像是萬事萬物原本就內含矛盾衝突，凌駕在一整個季節之上——另也內含未來的不確定，以致這些起始的時節跟早晨一樣，是舉行預言和起始實作的時節（尤其是 husum：開春的第一天）。

曖昧是春天固有的性質：春天代表成長和童年，應該要歡欣慶祝，一如季節開始的第一天；但是，春天也有一切起始都有的柔弱，易受傷害。春天相較於夏天，就像一切青綠、生鮮（azegzaw）、柔嫩的（thalaqaqth）東西——像是尚未成熟的穀物或小嬰兒，還有青嫩的作物，吃下肚去等於過早將之摧毀（a'dham）——相較於完全長成、黃色的（iwraghen）、成熟的、乾的、變硬的果實。[68] 女性就此理當保護一切正在成長、上竄，一切青綠、柔嫩的東西；人類和動物凡屬幼小，也就處於生命之

---

[68] *Azegzaw* 的意思 denote 是藍色、綠色、灰色，可以用來形容水果（綠色）、肉類（生的）、穀物（未熟），雨天（灰的，跟在秋天作犧牲的牛一樣）。*Azegzaw* 會帶來好運。春天是 *asafruri* 的季節，亦即豆科植物，特別是蠶豆（bean），要特別拿出一點來生吃。婦女在農地鋤地時，順便沿畦採摘野生的香草，供作生食之用（*waghzaz* 指生的綠色植物，葉子可以直接入口就咬，像是蒲公英；*thizazwath*：綠葉）。牛群吃的是畜欄或是屋子附近的綠色飼料，可以分泌大量乳汁，供作各式各類的吃法（乳漿、凝乳、牛油、乳酪）。

晨，一概皆由女性負起照顧生長的責任。女性除了鋤地，還要到菜園採摘植物與蔬菜，照顧乳牛、擠奶，製作奶油，奶油是女性產品，相較於油，即如內—外和乾—濕之比。

　　門檻，就是事物的秩序上下顛倒、「像麥餅下鍋」之處（aqlab），其確切的時點，即由「azal復歸」（tharurith wazal）明確標示出來；這是劃分濕季與乾季的時點，也是年時倒轉的地方：工作日的節奏在這時點幡然一變——由牲口趕到村外的時刻決定——團體的整體存在跟著隨之一變。火已經**拿出來了**，kanun也已經立在院裡了。牲口伴跟牧人出去，主婦忙著擠奶，給奶加工，在儀式裡加進乾大於濕的新元素。牲口不再吃田裡還未成熟的青綠植物，而改吃野地裡的乾燥植物。牧人開年第一次在azal這時辰回家時，會隨身帶回一些香草、花朵、樹枝（羊齒植物、金雀兒、懸鉤子、百里香、乳香黃連木、雄性無花果樹枝、蘆筍、榆樹、毛蕊花、桃金孃、羅望子、石南、金雀花——總而言之，「一切野地裡被風吹落的」），以此做成的花束就也叫作azal，要以儀式，放在門檻上面；這些植物都是休耕地的野生產物（而非耕地的農作物，就算是寄生在耕地上的，像婦女鋤地時採摘的東西）。食物的變化更為明顯：像tharurith wazal這樣的特殊菜色，雖然奶品的份量也很重，跟前一段時期一樣，但現在的吃法要改用煮的，或要先煮沸過。

反相復合和否認

　　在「區隔」的時節裡面，對立的原則可以說是以純粹的狀態存在，像是夏天，或者是以虎視眈眈之勢隨時有回歸純粹可能，

像冬天；至於「復合」（reunion）的時節，像秋天，是乾季要進入濕季，若是春天，則是濕季要進入乾季；這樣的兩段時節，便是兩相對立的時節；不過，這兩段時節還有另一類型的對比，也就是一邊是完全沒有人類作象徵性參與的「分」、「合」時節，另一邊則是因為靠人類才會生成，而致蒙上嚴謹形式的「分」、「合」時節。儀式實作的結構，就是在這裡從農耕活動的結構清楚表達了出來：在耕耘、收穫這類人力介入自然的時節裡面，團體全員——尤其是男性——務必舉行的酬神儀式（sanctioning rite），和轉換時節要舉行的祈禳儀式（propitiatory rite〔祈福〕）的對比，看起來其實就像是一種「再轉換」（retranslation）：再轉換到勞動期和時間要長得多的生產期形成對比特有的儀式邏輯裡去——也就是構造農耕年——穀物在生產期裡，跟陶器要放著晾乾一樣，會有一段純屬自然的轉變過程。農耕年的高潮期（馬克思稱之為**勞動期**〔working period〕），標註著一場場儀式，其隆重、肅穆、強制性，都和**生產期**（production period）的儀式有別，後者唯一的功能，就是要透過巫術借力給**正在生產的大自然**（參見圖三）。[69]

　　農人用的犁頭、刀子、鐮刀、織布機等等工具（他不用不行），都是可怕的工具，是鐵匠這一位用火高手製造出來的；農人用這些工具強行侵犯大自然、拂逆大自然，而致兩大相反的原則注定要作正面衝突；為耕地或是婚姻所舉行的儀式，就有將這

---

[69] K. Marx, *Capital*, ed. F.. Engels (Moscow: Progress Publishers, 1956), vol. II, part II, ch. XIII, "The time of production", pp. 242-51.

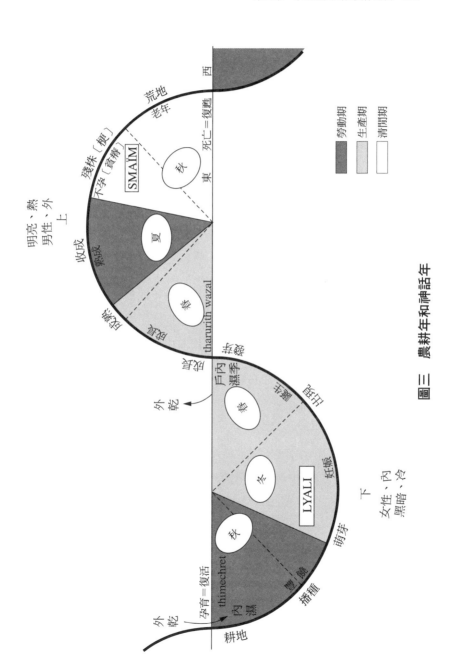

圖三 農耕年和神話年

正面衝突予以遮掩進而認可的功能。將大自然（也就是在分類學上）原本合一的事物另作劃分、切割、區隔，於客觀面上算是褻瀆（像收割，紡織後剪斷紗線，或是割斷獻祭公牛的喉嚨）；這些儀式的目的，就在將這些褻瀆的行為變成是故意要進行的，循而作巧妙的美化[70]；或者是──用火鍛、聯姻或是耕地──把大自然（也就是在分類學上）劃分開來的事物，重新結合起來。在客觀面屬褻瀆的行為，不可以下放給地位比較低的人去做；犧牲者和替罪羊的角色，是要「帶走噩運」的[71]（像在集體獻祭的時候，負責宰殺公牛都是交給鐵匠或是黑人去做的；火鍛也是，這是鐵匠的事，鐵匠是大家既敬且畏的人物）；這樣的事（像是新娘的初夜、田裡犁出來的第一道畦、織布剪下的最後一根線、收割的最後一捆），必須交給實際承擔責任而且從中獲利的人自己來扛，這就表示這樣的事，是要在集體演出裡面作變形的，此集體演出是要將集體宣告的象徵價值加諸其上，而且，這象徵價值和他們在社會裡面公認、因此也一樣客觀的事實，正好相反。巫術和集體信仰的本質，就全都包含在這一雙重客觀事實的遊戲裡面，這遊戲玩的是雙重事實；團體是一切客觀性的源頭，但這客

---

[70] 割禮和修剪樹木，一如獻上牲禮和疤痕紋身（scarification），都帶有淨化的邏輯，所使用的火鍛製品是有好的功能的，像 *in sla* 用的火，而非殺生的邏輯。

[71] 黑人或鐵匠雖然在他們看是「福星」（*elfal*）的對比，但是也可以因為「帶走噩運」，而發揮好的功能。負責進行始耕式的家族，地位也跟鐵匠一樣曖昧（*elfal* 一詞絕對不會連到鐵匠身上去），而這家族雖當的是避雷針，但不等於就此享有高階的尊貴和榮譽。

觀性於這團體也算是謊言，團體即透過這一遊戲，製造出一種事實，這事實僅此唯一的目的和功能，就是要去否定大家皆已知道而且承認的事實；而這謊言其實誰也騙不了 —— 若非人人一心要**騙自己**的話。

即以收割來看，大家要集體否認的社會面事實，就是昭然若揭的事實：收割（thamegra），就是一種殺戮（thamgert，喉嚨、慘死、復仇；amgar，鐮刀），在這一場殺戮裡面，因耕作而受孕的土地，被奪去了它所孕育成熟的產物。

有關「最後一捆」（the last sheaf）這儀式的描述，多不可勝數 —— 這當然是因為弗雷澤（Frazer）的分析[72]引來大家注意的緣故 —— 而且，有過多少次描述大概就有多少種說法；這儀式主要在以象徵來否認田地 —— 或說是他們豐饒的源頭、「田靈」裡的「穀靈」 —— 注定要遭謀害一事，而將之變成一種引發復活的犧牲儀式。從「最後一捆」的名稱來看，他們所要肯定為永生不死的「田靈」，在他們的實作裡是和某一**動物**（報導人有「田的鬃」、「田的尾」的說法）或是新娘（thislith）（報導人有「田的鬢髮」和「田的辮子」的說法）劃上等號，端看是在哪一種說法裡面；而這新娘又注定要在產下果實之後死亡。不同的表述對應的是不同的儀式：有些村子裡的人認為割下「最後一捆」是滔天大罪，而會把田中央的最後一捆留給窮人、牛群或是鳥群去處理；也有村落會作收割（或改用手拔，避開鐮刀不用），但一定

---

[72] J. G. Frazer, *The Golden Bough* (London: Macmillan, 1912, 3rd ed.), vol. I, part v., "The Spirits of the Corn and the Wild", ch. VII, pp. 214-69.

會搭配特殊的儀式來進行。搬演殺害農田的儀式時，一定要以動物作犧牲，這一頭動物既是田地的化身，也是替身。[73] 這也可以直接用在「最後一捆」上面，也就是把它直接當成獻祭的動物：像有一傳統（塞維耶〔Jean Servier〕在中卡比利亞觀察到的）就是由農田主人面向東方，把最後一捆的「頭」朝東，放在地上，當它是一頭牛，然後做出模仿割喉的動作，再用左手抓一把土，讓手裡的土慢慢沿著「割喉」的傷口灑下，代表流血。最後，在蘇瑪姆（Soummam）地區，「最後一捆」就被當作是死屍，要埋在朝東的墓穴裡面，旁邊要有人祈禱（chahada；見證），誦念復活的經文（例如，「逝矣，逝矣，田啊，真主會帶你重生！」）。即使最原始的儀式已經不復得見的地方（例如大卡比利亞一帶），「最後一捆」依然要由農田的主人負責割下帶回家去，掛在屋裡的大梁上面。復活唯有透過蒼天、大地一再進行太初的婚配（primal marriage），才有可能：也因此，縱使不需要雨水發揮它獨有的實際功能的時節（雨水的功能從來就不是自主化的），收成的儀式還是要用祈雨儀式的邏輯，而這時的目的，就在把穀物或是田地的神聖力量喚醒。祈雨儀式的裝備就這樣重再出現，角色（安薩〔Anzar〕及他的妻子羣嘉〔Ghonja〕，安薩代表雨與天，羣嘉代表年輕的處女地，新娘，等等）、器具（人偶、旗幡），一應俱全。有的時候還會看見鋤地遊戲有綁婚的事

---

73 獻祭牲口的肉有神奇的屬性，經由共食，會分送出去。在幾則案例裡面，獻祭牲口的尾巴要作特別處理（掛在清真寺裡），跟「最後一捆」一樣，有時叫作「農田的尾巴」，是牲口全身生命力的匯集處。

出現。

　　耕禮是認可反相之合的另一種儀式，而且，若要徹底了解他們的耕禮，就一定要先知道，跟在收成季後面的時節是一段**劃分的時節**，在這時節舉行的儀式，是要確保孕育的根本得以延續不輟，這時節尊奉的是陽剛的美德、榮辱點、戰鬥。[74] Lakhrif，是一段豐饒、休憩的**非常**（extra-ordinary）時期，既無法跟耕作季和收成季一樣看作是勞動期，也無法像冬天和春天一樣看作是生產期；這是陽剛之極盛，團體在這時節要利用餐宴和戰爭，對外開放，正面和**外人**較勁，這樣才能廣結聯盟，而且，結下的聯盟關係是像特例婚那樣，絕對不會沒有挑戰。就像特別挑出來當種籽的穀物要特別**分開來放**，至於少男行割禮於象徵面也等於是從女性的世界抽離出去，女性是絕對不可以參加割禮的；割禮的功能，是要以類似二度誕生的手術，將少男收編進男性的世界，是純屬男性所有的儀式，俗諺說是「變成男子漢」。這儀式有一變體，是由成群男子圍成兩到三圈的同心圓，把剛行過割禮的一群少男圈在裡面，而且，這一個個成年男子還要坐在犁頭上面，手

---

[74] 無花果季裡面，大型、小型鬥毆頻繁，曾經惹得一些觀察者在猜，一年裡就以這時節大家全都血氣方剛，難道不是跟無花果有關係：「有一季尤其特別，那時候的男人看起來比別的時候都要容易激動……無花果他們叫作 kherif，意思是秋天，而他們講起無花果時，看來像是全都同意大家在那時候應該要激動一點才對，就像嘉年華會習慣要歡天喜地一樣；而當地人的說法當然也有推波助瀾之嫌（興奮過度的人他們說是「吃了太多無花果」）（C. Devaux, *Les Kebaïles de Djerdjera* [Marseilles: Carnion, and Paris: Challamel, 1859], pp. 85-86）。

上也要拿著來福槍。[75]一棵棵樹木的葉子落盡，一顆顆果實全都採光，僅剩的綠意從田地、菜園一一消失，大地的生氣就這樣一絲絲被抽離。自然世界的劃分時節，就在awdjeb（始耕式）的時候停止；這時的始耕式以莊重的儀式，集體搬演一整套模仿類實作，人類的聯姻也在模仿之列，以慶祝天、地又再結合〔聯姻〕，犁頭和田畦又再結合。

重回日常秩序的徵象，也見於鞏固親緣團體又擺在最重要的地位了，這時，就又要以thimechret的儀式，也就是在「年檻」時以牛作獻祭，祈求有遠距聯姻的機會；這時要割斷牛的喉嚨，將血灑在地上，呼求降雨，再把敬神的祭肉由社群全體分享。作此犧牲，目的在認可人類的秩序可以強行加諸富饒但野性的大自然（這時，胡狼便是大自然的象徵，「沒有巢穴」，以生肉：azegzaw和鮮血為食）；而犧牲的肉品，便是結盟的一餐。這一神聖的共食（commensality），將實際存在或公定的血親束縛，鄭重再認證一次；屬於或是出自原初社群（thadjadith）的adhrum（thaymats）〔父系集團（patrineal agglomeration）〕的在世成員，就是靠這束縛連在一起的，這束縛代表的是個人和共同祖先的關

---

75 把男孩團團圍在中心的那一圈男子，必須是同一氏族（clan）和次氏族（sub-clan）的所有男性成員，加上母親那一邊的男性親屬和邀請來的賓客（**姻親**，男孩在前一禮拜就由次氏族的男子帶著來福槍組成代表團，以aghrum的儀式，交給這些賓客；aghrum是麥餅，乾的食物的極致，因此也是男性食物的極致；這樣的儀式在婚禮之前也會舉行）。第二次誕生、純粹男性的誕生裡面的象徵，遵循的是平表親聯姻的邏輯，平表親是女性裡最男性化者。

係，是一切富饒的根源；這神聖的共食，宣示的是人類特有的（也是男性的）忠誠誓辭，不宜再緬懷過去集體相互對抗的鬥爭；這鬥爭，一樣是以胡狼以及胡狼褻瀆神聖的狡猾（thahraymith）作為化身（或者是女子，這是把女子劃分出來的源頭）。自然世界於其馴化的生產力下面，其實藏著野性大自然只有一半是馴化的力量（也就是以老巫婆為化身，為老巫婆所用的那些力量）；社會秩序也一樣，把人類集體從爭逐私利的混亂裡抽離出來的誓約，雖然就是社會秩序的源頭，但是，對自然狀態的緬懷，就算被意識壓下，也還是在這裡面蠢動，糾纏不去。

全本的儀式年曆裡面隱含的歷史哲學，就表達在這一則故事裡面：「成群動物有一次聚在一起召開**大會**，宣誓不再彼此獵食，要一起在大地上和平共處。他們選獅子當他們的王⋯⋯制定法律，訂下罰則⋯⋯就此和平度日⋯⋯若非獅子的顧問：胡狼，毀了一切，一切都會十分美好。胡狼是**不忠不義**的高手⋯⋯哀嘆過去的美好時光不再；懷念**生肉與熱血**的氣味聞得他如癡如狂，如今卻遭禁絕⋯⋯他乃決定**用計**（thahraymith），暗中煽動群臣抗命，一個接著一個──惡魔做的事。」[76]在同一則故事裡面，胡狼還把他應該要埋掉的動物給吃掉了。而他負責的事裡，有一項是取水。胡狼有另一個和女人相同的特徵，那就是他是歪曲的：「他們把胡狼的尾巴塞進來福槍的槍管裡四十天，再拿出來時，胡狼的尾巴還是跟以前一樣。」不只，胡狼跟女人一樣會製

---

[76] Brahim Zellal, "Le roman de chacal, contes d'animaux", *Fichier d'Archives Berbères*, no. 81 (Fort National, Algeria, 1964).

造**分裂**，而且靠的一樣是**使詐**。

　　原初的二元對分（primaldichotomy）由於內含的兩極對立法則一定要再合一，以確保團體可以進行繁衍，以致注定會有其獨具的矛盾出現；而儀式就一定要能透過社會認可、而且是集體假設的操作——也就是要符合產生儀式的分類學內含的邏輯——來解決這一矛盾。儀式是透過實作型否認，也就是集體的、公開的否認（像信仰一般），而非佛洛依德（Freud）說的那一種個人的、非社會的否認，來將女性或大地內含的野性、不馴、自然的本性裡的危險力量，以及因為違反 haram——也就是逾越神聖的限度——而可能釋出的危險力量，予以中和。[77] 這樣一來，褻瀆就可以集體的、公開的，透過取得授權的代表，依照儀式裡任意制定的規矩，以褻瀆之舉，將褻瀆作象徵性的否認。負責代行始耕式的男子，有時也叫作「婚配男子」，[78] 既是團體委任的代表，也是奉派去面對大地詛咒的代罪羔羊，他要以他手上從雷電

---

[77] 違反 *lahlal* 禁忌是 *haram*（瀆神）的行為，會有 *haram* 的後果（比較 *yum chendul*——九月十八日——的傳說，農人若是聰明的話，那一天就算傾盆大雨，還是會拒絕在 *lahlal* 之前耕作）。在他們說的 *el haq*（例如 *el haq lakhrif*，禁採無花果）裡面，巫術的元素就又出現了，因為發佈法令的部族大會可以對違反禁令的人下詛咒；與此同時，禁令裡面的社會成規，也顯示在違犯禁令的懲罰是罰金（也叫作 el haq）。雖然在婚姻的情況，*lahlal* 只用來表示婚禮前新郎給新娘的聘禮（外加新娘財產和禮物），婚禮內含的認可功能，還表現在其他幾項特徵上面（例如 *imensi lahlal*）。因此，即如先前所見，聯姻季向來以平表親聯姻為起始，平表親聯姻由於符合神話世界觀的原理，而有先天的條件來扮演起始的角色。

[78] 或者：「好運之鑰」。

來的犁頭，於肅穆中再現天、地的婚配，天、地婚配的孕育原型、是人類孕育活動得以成功的條件。[79]男—女、乾—濕之所以要作劃分，也可以說是因為不這樣沒辦法重新合一，因為，唯有合一——透過耕作或婚姻——才有辦法免除它們因**單數、缺憾**的劃分狀態而生成的負面屬性（這裡所謂的負面，只限於生產力）。[80]犁頭一樣是透過反相復合：從**鍛鐵**打造出來的工具，和雷電（thagursa）同名，是乾的，也沒有孕育的能力，和它種進田裡的種籽一樣：犁頭唯有透過它所施加的暴力，才可能成為生產力的源頭。至於大地，如果置之不理，就會回復到沒有生產力或是休耕亂長的狀態，跟處女一樣是歪曲的、有害的，若不強施以暴力，拉長、拉直，就無以產生利益。

　　始耕式之所以複雜，是因為這樣的儀式不僅要認可對比的結合，還要促進反相之合，而且，這時，**至尊**的地位還暫時要讓給女性的根本：先前暫時被打入乾燥、無生育力的種籽，唯有浸潤於女性的濕潤當中，才會回復到有生命的狀態[81]；不過，穀物的

---

79 太初的結合在繁殖這一件事，就表現在 *asalas*（中央橫梁）和 *thigejdith*（立柱）的交合上面，這是天、地聯姻的象徵。

80 耕作典禮跟婚禮一樣，由於是劃分開來的比較（*syncrisis*）再作結合，因此是放在 2 這數字的符號下面：成雙的東西——從牛軛開始（*thayuga* 或 *thazwijth*，從阿拉伯文 *zwidja* 來），便是這象徵之極致——率皆利於結合（進行始耕式的男子有時就叫作「牛軛老翁—— *amghar may-yuga*」）。反之，單數或孤獨，例如單身漢，就是劃分、分別的象徵，就要徹底排除。

81 穀物的種籽一定包含「最後一捆」收割的穀物（有時候是「最後一捆」上面打下來的穀物、最後收成的一塊地上拿來的土，或是「最後一捆」打穀完畢從打穀場上拿來的土；要不就是從聖人陵墓拿來的土，或鹽，等等）；這些

未來還是要由女性的力量來決定（因為大地跟母羊一樣，也有無力給予的時候——thamazgults，從 zgel 來，「無效」義），而女性的力量，就要靠孕育的活動來強行促成。所謂「年檻」〔door of the year〕，指的並非一年之始（「年」是沒有開始的，因為「年」一直在重新開始，無止無休）；「年檻」指的是「年」大敞開來，迎向男性根本的時刻，跟屋子一樣，必須始終都是敞開的，迎向太陽富含孕育力的光線。耕地和播種，便是由外到內、由空到滿、由乾到濕、由陽光到俗世的陰影、由授精的男性到孕生的女性等動勢走到極致。

　　婚姻儀式與耕作儀式有諸多相似之處，是因為二者的**客觀意圖**都在認可反相復合，而反相復合正是穀物的復活和團體繁衍的條件。死亡和復活的辯證，就表現在這一句諺語裡面：「從生命中汲取死亡，從死亡中汲取生命」（但現在用的時候，通常是另一種意思：指世代衝突）（這樣的謎語也有這樣的圖式：「活的東西裡面跑出死的東西來」——蛋。「死的東西裡面跑出活的東西來」——小雞）。以公牛作獻祭後再集體分食，是將穀物的生命週期作模仿性表述；公牛務必一死，方才得以餵食社群全體；其之復活，則由社群全體召喚死者歸來的肅穆餐宴作象徵。即如外人的身份是不能「召喚」先人的，也不會被後人召喚（這叫作**喚者**〔asker〕，作召喚兼啟動復活）；團體成員的身份，就是由加入全體集體共食一事來作確認，有了這樣的身份，就表示有權力

要存在家中，用羊皮或大木箱裝起來，放在房子裡潮濕的地方，有時甚至放在農田主人的床底下；處理的方法有一定儀式和禁忌，以保存它的性質。

去召喚先人，將來也一定會被後人召喚。他們的象徵體系在在都在召喚死者復歸，也就是召喚死者復活，尤以烹調為甚：因此，蠶豆，男性、乾燥的種子的極致，類似骨頭，是靈魂等待復活的避難所，就是始耕式時獻祭給死者的庫斯庫斯裡要放的食材（餐宴時節的前夕，也要食用這一道菜色，尤其是 Achura 前夕）；往田裡犁出來的第一道田畦丟東西的儀式，一樣要丟蠶豆；這類場合要吃的水煮菜裡面，也要用上蠶豆：蠶豆這時差不多是代表死者的透明象徵（有謎語就問：「我把一顆豆子栽進土裡，卻沒有發芽」──死人）；蠶豆就是死者的食物（「我看到死者在啃豆子」──我快死了）；蠶豆先天的條件就可以當作是死亡和復活的象徵，因為蠶豆風乾後當種籽，以儀式埋進大地潮濕的子宮後，會在來春再度膨脹，鑽出地表，而且，數量更多（春天是植物的生命徵象最早出現的時候）。[82]

　　婚姻與耕地都是繁殖的行為，也就是再創造的行為，也同都被看作是男性進行開啟、播種的行為，一定會導致女性出現膨脹；由此可以推知，合乎邏輯的儀式規則，既要用到有開啟功能的東西（鑰匙、釘子），已經是開的東西（解開的頭髮與腰帶、拖曳的服飾），甜的、軟的、白的東西（糖、蜂蜜、海棗、牛奶），另也要用到會膨脹與變大的東西（薄煎餅、油炸餡餅、下鍋煮會膨脹的種籽 ── ufthyen）、緊緊包在一起的大量東西（seksu ── 就是庫斯庫斯 ── 用的穀子、berkukes ── 粗粒穀的

---

82 蛇是復活的象徵（參見前文），常見於儲存烹調或播種用的種籽的手工製陶器上面。

庫斯庫斯——用的穀子，石榴籽、無花果籽），飽滿的事物（蛋、堅果、杏仁、石榴、無花果）；而且，以同時混用多種屬性的東西和活動，最為有效。[83]例如蛋，就是飽滿而且孕育生命的象徵的極致，或像是石榴，飽滿、膨脹，多籽；像有一則謎語就說石榴：「穀倉裡有穀倉，穀物還是紅的」，另一則謎語則說：「沒比杵石大，子嗣卻會上百。」而耕地、婚姻裡的多功（multifunctional）活動，全都可以用耕者拿犁頭敲破（felleq，打破、劃開、開苞）石榴或蛋的動作，來作歸納。

牛軛、耕犁、穀物種籽第一次弄到農田要用之時，和新娘要進洞房的儀式是一樣的。新娘要由「老嫗」拿著「道統篩籃」在門檻邊迎進房內，「道統篩籃」裡面放著幾塊油炸餡餅、幾顆蛋、一些小麥、一些豆子、幾粒海棗、幾顆堅果、幾顆風乾無花果、幾顆石榴等等東西。新娘把蛋在她騎來的騾子頭上敲破，用騾子的鬃毛擦手，再將篩籃朝身後丟；而跟著她來的成群小孩（數量＝豐收），就爭相去搶篩籃裡的東西。同理，「耕地篩籃」這東西，依照各地傳統，拿的人不盡相同（有耕地者自己，有他的妻子），時間也有不同（有在早上耕作者要出門的時候，有耕作者走到農田的時候，當耕作者為牛架上軛的時候，也有在中午用餐的時候），但篩子裡的東西一定有薄煎餅、乾豆子、小麥以

---

83 以耕作（或紡織，這是耕作的女性同源體）和婚姻為核心的禁令，都帶有**切割**（刮毛、剪髮與剪指甲）、**關閉**（綁起頭髮）、**淨化**（打掃、用白粉粉刷屋子）一類的行為，也會接觸到乾的或是和**致乾**〔the dry〕有關的東西（拿眼瞼粉塗黑眼圈，拿指甲花將手染色，在食物這邊，就像在添加香料）接觸。

及石榴，耕作者會把這些東西隔著耕牛、耕犁撒在新劃出來的田
畦上面，也會有成群的小孩爭相撿拾（這裡的變化很多，像有耕
作者會用犁頭把兩個石榴、幾塊麥餅和油炸餡餅打碎，剩下的就
分送給在場的人；供品則埋進第一道田畦）。這兩種儀式的共通
點，找得到許多例子：像新娘（連同她的婚嫁行列）會被灑上牛
奶，她自己要進入新房時，往往也要灑水和牛奶，而主婦在耕犁
要拿到田裡之前，也必須在上面灑水和牛奶。新娘會拿到一把鑰
匙，要用鑰匙去敲門楣（有的地方是在新娘著裝的時候，把鑰匙
放到新娘的衣服下面）；也有鑰匙是放在種籽袋裡，有的時候則
是丟到田畦裡去。婚嫁的行列要由一位掌燈（mesbah）的婦女當
前導，燈代表性的結合；燈由土、油與火組成，象徵人體的各部
份——肉身、潮濕、女性、像植物一樣的靈魂、nefs（這個字有
的時候是陰部的委婉語，而生殖器是「壞本能」——thinefsith
——的所在），還有乾燥的、男性的、敏感的靈魂、ruh（陽具的
委婉語）[84]；而在始耕的那一天，也要拿一盞燈到田裡去，點燃
後，直到劃定要播種的第一塊地（thamtirth）播種完畢，才可以
熄滅。新娘一連七天都不可以繫腰帶，第七天再由一位生了許多
兒子的母親幫她繫上；攜帶穀物種籽的婦女的腰帶，也不宜繫得
太緊，而且要著長袍，衣襬要拖在身形成一條「幸運帶」
（abru’）。新娘在新婚的頭七天，頭髮都不可以綁起來；攜帶穀物
種籽的婦女也必須放下頭髮，隨它鬆垂。這兩類儀式的共通點另
還有：對空開槍（偶數的槍數）、扔石頭、打靶，這些也常見於

---

[84] 燈具膨脹起來的地方，即如女性的肚子，就叫作「石榴」。

祈雨儀式，當作是「男性噴灑」（male sprinkling）的象徵，「男性噴灑」有**解開**原本被綁住的東西的力量。[85]新嫁娘就要這樣在多產的徵象下面過日子：新婚第七天，她第一次走出屋外到水泉去，取水前，要將放在床下的穀物與豆子先丟到水泉裡去；而她做的第一件活兒，就是篩選小麥，這是最高貴的工作。

利用模稜不明

儀式活動所做的禳災演出，目的在以象徵的手法再製穀物復活的神蹟，以求創造出有利神蹟順利出現的條件；而這樣的演出，有不少模稜的地方；只要想一想「最後一捆」的儀式——舉例而言——就看得出來這些模稜的地方了。有些地方的人把最後一捆「實際當成」[86]農田的女性化身（「大地之力」、「新娘」），

---

[85] 綁的動作，正是實作邏輯效能的根源：曖昧最典型的例子。綁可以說是要備加禁止的，因為綁既和男性的**開啟**成對比，也和女性的**膨脹**成對比。各式的綁（手臂或雙腿交疊，衣物有打結或綁腰帶，戴指環等等），或是**關閉**（關門、蓋上箱子、上鎖等等），在分娩的時候都是禁忌，相反的行為倒是多多益善。要害男人和女人無法性交的儀式，就會用上關閉的圖式（或是相等的圖式，如切割），也會用上**開啟**與**被開啟**並存的圖式（用來指稱開啟、被開啟的動詞，模稜兩可的特性即充份傳達出這並存）。由於儀式向來都要把所有的勝算全兜在自己這一邊，因此建議的活動會以可能有利於（或不可能妨礙）**開啟**為準，而開啟的主動式是男性的，被動式是女性的，自然就可以說是一石二鳥之計了。

[86] 為了循科學方法去了解「復活」圖式於客觀面定向的實作，也為了傳達我們的理解，因而必須建構出表述；但為了不想把這表述（用「看作」〔seen as〕或是「想作」〔conceived as〕）放進施為者的意識裡去，因此，我在這裡用「實際當作」（treatedly practically as）這樣的說法。

而祈求男性的雨（有時被擬人化作Anzar）[87]普降其上；另有一些地方的人把最後一捆看作是「穀靈」的男性象徵（陽具），注定有一段時期要遁入乾燥、不孕的境地，之後才能再開啟新的生命週期，而在乾裂的大地降下傾盆大雨。相同的模稜也出現在耕作儀式裡面，雖然乍看之下，這活動是偏向人世回歸潮濕的（尤其是祈雨的儀式，都是在春天以相同的形式舉行），以其乾要浸潤於濕，天上的種籽要放進多產的大地，因此理當可以和偏向孕育、耕作、婚姻的活動結合起來。雨水，即乾水（dry water），以其來自天上，因此帶有太陽的男性特質，但又同時帶有潮濕、大地的女性特質；碰到這樣的雨水，分類體系就會有依違兩可的情形了。淚水、尿液以及血液也是如此，這些是常用於祈雨儀式裡的「同類策略」〔homoeopathic strategy〕；精子也是，精子為女人帶來新生命，跟雨水為大地帶來新生命一樣，而且，說精子自己就會膨脹還是說精子會造成膨脹，都沒差別，跟豆子或小麥下鍋時一樣。[88]因此，巫術實作（不僅絕不會以這些模稜為苦），巫術實作還會利用這些雙關性，發揮依違兩可的功能。[89]

---

[87] 儀式的含意由洛斯特（Laoust）描述的拔河比賽，就可清楚看了出來，這比賽是男與女的比賽，中途繩子突然切斷，一邊的婦女全朝後栽，倒在地上，它以祈求著天降下授精的種籽在她們身上。

[88] 蛇象徵的是勃起和復活的力量，屬於男性之道，無疑就是噴射出乾的**致乾**：前文（註31）說過的故事裡，哀傷的蛇揚身、鼓起，射出有毒的火燄。

[89] 由所有的跡象可知**幾近空洞的*baraka*觀念**（在魏斯特馬克到現今的人類學家著作裡面，佔的份量大得不成比例），其用處就在這觀念既可以用來指男性之道的生育力，也可以用來指女性之道的生育力，而不必作區分。這也表示這觀念在社會實作裡面，雖是有用，但對象徵體系的簡約都無啥大用。

洛斯特（唯一看清楚此中矛盾的人類學家）將祈雨儀式的多種變體，作過系統化整理後，推論出thislith具有女性的天性；thislith：已訂婚的（或是thlonja：杓子），這是用杓子做成的人偶，打扮成新娘的穿著，祈雨時由遊行隊伍拿著四處走。洛斯特做的整理詳細又精密，讓我們得以掌握這一祈雨、鋤地（這模擬的是Mata被誘拐的事）、收成儀式裡用的人偶有何屬性；只是，產生這樣的人偶屬性的分類體系內含的固有觀點，卻沒辦法用來幫這人偶作分類。首先是名稱的問題，thislith再怎樣也只是陽具象徵的委婉語，而且，由於thislith促成的是「女性」的解讀，因此會指揮儀式活動的方向，因為男性是噴灑的，而女性則是被噴灑的對象。再來是形狀，這在分類本身就是模稜的，因為杓子可以看作是挖空但是裝滿液體的東西，可以用來潑灑，也可以看作是挖空但空無一物的東西，等著被潑灑。最後則是杓子本身的功能，既可以用來灑水，也可以是（女性）鍋中舀菜的用具。

我們這裡就有了這麼一串零散而且矛盾的觀察，原本蒐集來是要去掉杓子的模稜的，卻反而變成了肯定杓子的模稜。(1) 成婚那一天，新娘要將杓子插進鍋裡：她撈起多少肉塊，就能生多少兒子。(2) 有諺語說：「管它鍋裡有什麼，杓子都撈得起來。」(3) 將一柄杓子用一根繩子吊在麥餅前面，維持水平，杓子若是指向麥餅，就表示可以心想事成。(4) 有男人沒辦法用手做任何事，就會說他：「就跟杓子一樣。」(5) 絕對不可以用杓子打人：不是杓子會打壞（一戶人家只有一柄杓子），就是挨打的人會被打壞。(6) 男人不可以用杓子吃東西（像是嚐一下湯的味道，這是女人家的事）：要不然後果是：結婚時會遇到暴風雨或是豪

雨。(7) 若有男人用杓子刮鍋底，那他結婚那一天一定會下雨。
(8) 有人用起工具笨手笨腳，就可以說：「你是用過杓子吃東西啊？」——用杓子吃東西，就容易上當被騙。這種分類依違兩可的情形並非罕見：像是月光（tiziri）：不請自來的光，或是餘燼（times，這個字嚴禁在男人面前使用，要改用委婉語代替）：女性的火，燒毀東西，也會被燒毀，一如激情〔thinefsith，先前提過的nefs的袖珍版〕，在灰燼下面，狡猾、不忠的火，暗喻女性的情欲（與火燄：ahajuju成對比，火燄有淨化、照亮的功能），就是如此；甚至像是有明確歸類的東西可能這樣，如蛋，女性多產的絕佳象徵，但因為顏色（白色）和名稱（thamellalts，複數是thimellalin，蛋；imellalen，白色〔陽性複數〕，成人的睪丸；thimellalin，白色〔陰性複數〕，蛋，兒童的睪丸）的關係，也同時帶有男性的特質。不過，由於基本的圖式大致符合，因此紛歧還不至於像這裡一樣構成矛盾。

　　用法不確定，導致意義不確定隨之加倍：由於物品在儀式裡的用法，是由分類法加諸該物品的含意在決定的，因此，施為者用的物品，其屬性若是對分類體系形成挑戰，像這裡一樣，那施為者用起這些物品的用法，自然會和該物品在該關係之外可以有的一些含意，有所不合（尤其是在乾旱的時候，實作必要性相當急迫，會要施為者進一步放鬆對邏輯的要求，這時，有可以派上用場的東西就都不妨一用）。由於象徵的含意只在象徵發揮作用或是被用上的活動裡面，才有辦法作完整的判定（例如大烏鴉從西往東飛，就比較沒那麼不吉利），因此，詮釋不確定，只單純反映了施為者使用象徵的不確定而已，施為者用的象徵由於超定

過甚，以致甚至從決定象徵的圖式的角度去看，也屬無法斷定（這情況裡的錯誤，在於強行要把無法判定的事作下判定，而把放在不同實作裡面是乾、是濕、是授精的還是受孕的這些有不同劃分的象徵，硬是要判定為男性還是女性）。Thislith這種文化人工產品，原本是為了儀式的特定文化需求而想出來、做出來的，就因此加上了**面向多元**的特質（此之面向未必相同，甚至矛盾）；世上的東西原都有這樣的面向多元特質，直到文化的分類系統以其任意的選擇將之從中抽離為止。

由這個例子，我們就離實作邏輯的法則又更近了一步，這法則唯有將合乎邏輯的邏輯裡的基本原理，作各式的自由發揮，才有其實作的功能：因此，同一象徵可以連到不同的現實上去，而這些現實從體系的公理來看，甚至是互成對比的——或者是：我們應該把體系並未排除矛盾一事，也加入公理裡去。若說寫出實作邏輯代數學於**先驗**並非無法可想，那就可以想見，寫這代數學的先決條件，就在於知道合乎邏輯的邏輯在組成之際，就也在否定其基本原理，以致是在這樣的操作裡面用否定的方式講出它的基本原理，因此，合乎邏輯的邏輯在講述它的基本原理之際，可不是沒準備要把這些原理給摧毀掉。因此，這裡的問題就只在要為這樣一套**局部整合**的孕生型圖式建構出模型，這一套圖式在處理個別情境時，也只需要作**局部動員**即可，而且，每一次都會就該情境以及活動的功能——這些幾乎次次都是多重而且交疊的——做出實際的「界定」，但不必動用到論述以及從論述來的邏輯可證性，而且，依照錯綜複雜同時無窮無盡的組合邏輯，來產生適合的活動，以達到可用途徑所能發揮的功能。說得更精確的

話，就是只要比較一下各實作範圍的對應圖表——農耕年、烹調、婦女的差事、日子——就會發現，不同的系列是從不同圖式來的：像農耕年，就是「乾—濕」、「冷—熱」、「滿—空」的對比；烹調，則是「乾—濕」（這時是水煮與火烤作對比，這是兩大類烹調）、「平淡無味—添加香料」的對比；日子為例，則是「明—暗」、「冷—熱」、「內（或關閉）—外」的對比；生命週期，則有「男—女」、「軟（綠）—硬（乾）」的對比。接下來，只需要再把其他構造式宇域加進去即可，例如屋內的空間或身體的部位，就可以看到其他正在發揮功用的原則了：「上—下」、「東—西」等等對比。這些不同的圖式既是局部獨立的，但多少又都是密切相關的：因此，用「乾—濕」（或「弄乾—弄濕」）的對比而產生的象徵或是實作，是無法從內—外或明—暗的對比裡面直接產生出來的，反之亦然；然而，從「冷—熱」的對比可以直接推到「乾—濕」的對比，從「冷—熱」要到「內—外」就只能透過「明—暗」的中介才連得起來，若要再連到「站—躺」、「空—滿」或是「上—下」，就要走得更遠了。換句話說，構成這體系的每一則對比，都可以和別的對比連起來，只是連起來的途徑長短不一（而且有的可逆，有的不可逆），亦即一系列等式走到盡頭，就是把系列組裡面有內容的關係（例如「醒—睡」，「內—外」，「站—躺」，「東—西」，「添加香料—平淡無味」），給一步步清光；此外，每一組對比也可以不同的強度和含意，而在不同面向同時連到幾個對比上去（例如「添加香料—平淡無味」可以直接連到「男—女」，但與「強—弱」或是「空—滿」的連結則沒那麼直接，後者要透過「男—女」、「乾—濕」作中介，

「男─女」和「乾─濕」又是相連的）。由此可以推論，一組組對比在系統裡面的角色都不一樣；而次級對比和首要對比也有可能分得出來；次級對比是首要對比於某一面向的析分項（例如「黃─綠」就是「乾─濕」的簡單析分；首要對比（如「男─女」或「乾─濕」）則會透過任意型文化必然裡面邏輯相當紛歧的關係（例如「男─女」、「內─外」或「左─右」、「曲─直」、「上─下」的關係），而和其他對比密切相關。有鑑於在實作裡，不管什麼時候需要動員的圖式，只需要一套圖式裡的某一部份即可（而且，始終不必將該部份和其他對比的所有關聯給完全切斷），而且，不同情境動員起來的不同圖式，不僅是半自主的，也和其他對比有部份連結，因此，應用這些圖式而生成的產物，不論是個別的儀式還是連串儀式活動，如過渡儀式，自然也都應該有部份相合，而且，看起來也應該和真的擁有該圖式體系的實作掌握力的人做出來的成果，看起來大致相當，也就是實際相當。[90]

習性和同源

　　而葬禮、耕作、收成、割禮或婚禮等等關乎人類存在、關乎

---

[90] 因科學性實作而致熟悉這一類型思考，就讓人對於有這一類型思考的人會產生的那一種主觀的必要感，略有一點了解（不過還是非常抽象）：這種超定、模糊的關係裡的放縱派（laxist）邏輯，其僅有的防護就只是無力擋下矛盾、錯誤，是絕對不可能因為內部的障礙或是抗力而致造成反身性復歸（reflexitve return）或質疑的。因此，歷史唯有透過同步（此乃讀寫力之偏好）引發的矛盾，還有同步所要表達暨促成的系統化意圖，從外部打入來處理這樣的問題。

大地的不同大事所用的儀式，同都出現象徵完全相同的物品，是
沒辦法也不應該用別的方法來解釋的。一如實作分類法加在這些
大事上面的指意會有部份相合，儀式活動和象徵一樣也會有部份
相合；這種多義的現象，正適合原本就該「多功」的實作的需
求。施為者不需要真的對**膨脹**（或是**持續膨脹不消**）和**復活**等概
念擁有象徵面的實作掌握力，一樣可以把小麥加豆子下鍋煮會膨
脹的這一道菜：ufthyen，透過「復活」功能下面附屬的一切，
而和婚禮、耕作禮或葬禮連結起來；也知道在長牙的時候不該吃
這一道菜（「因為牙齦會一直是腫的」）（而以改吃 thibuʻjajin 為
宜，這是一種薄煎餅，下鍋時會有泡泡，馬上破掉）；行割禮也
是；割禮由於是淨化、男性化的儀式，也就是和女性世界斷絕關
係，合起來被看作是和乾、火、暴力連在一起的，因此把打靶看
得很重，連帶還要烤肉。不過，這一道菜並未因此而和打靶絕
緣，至少在多功典禮的一種儀式變體裡面，像是聯姻，這一道菜
還是和打靶連上了關係；在婚禮上，男性化（開啟）和受孕（膨
脹）這兩種「意圖」，是合併在一起的。

　　而像烹調「曆」或婦女工作「曆」這麼不同的場域，用的卻
都是同樣的圖式──前者是一天的時刻系列組，後者是生命的週
期──這便是同源植根的原理，就實作和結果作分析即可發現。
日常的菜色和非別時期的菜色的系列組，因為加進食的參與儀式
功能，[91] 而和農耕年的不同時節連在一起（參見圖四）；若要解

---

[91] 這種功能有的時候會有明白的定則。例如，據說屬於軟性食品的穀物要播種
　　的時候，大家就該「吃軟的」。

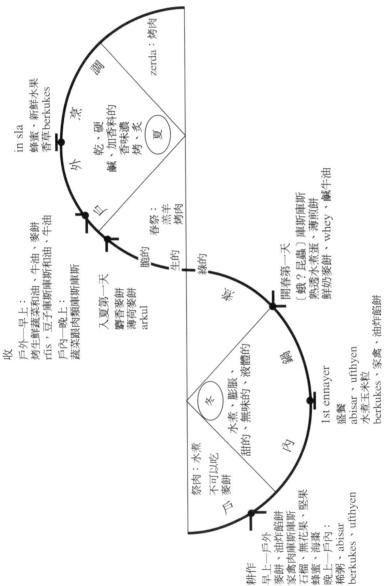

收

戶外—早上：
烤生鮮蔬菜和油、牛油、麥餅
rfis、豆子庫斯類斯和油、牛油
戶內—晚上：
蔬菜跟肉類庫斯庫斯

入夏第一天
麝香麥餅
薄荷麥餅
arkul

in sla
蜂蜜、新鮮水果
香草 berkukes

調

烹

外

乾、硬
鹹，加香料的
香味濃
烤、炙

夏

zerda：烤肉

脆的
生的
綠的

春祭：
蓋羊
烤肉

開春第一天
（蛾？昆蟲）庫斯庫斯
熟透水煮蛋、薄煎餅
鮮奶麥餅、whey、鹹牛油

熟

鍋

內

1st ennayer
盛餐
abisar、ufthyen
水煮玉米粒
berkukes、家禽、油炸餡餅

冬

水煮、膨脹、液體的
甜的、無味的
稀粥、abisar
berkukes、ufthyen

祭肉：水煮
不可以吃
麥餅

耕作
早上—戶外
麥餅、油炸餡餅
家禽肉庫斯庫斯、無花果、堅果
石榴、海棗
蜂蜜
晚上—戶內：

圖四　烹調週期

釋這一菜色系列組的基本特徵，只需要到兩大類食物和兩大類操作的對比裡面去找就可以了：一邊是乾貨（穀物：小麥與大麥，風乾蔬菜：豆子、豌豆、山藜豆、扁豆等等，肉乾），要在室內用**湯鍋，水煮，不加香料**，或者用蒸的（這和前者是一樣的），要不就用酵母發酵（油炸餡餅），都是食物會**膨脹**的操作；另一邊則是生的、綠色的、正鮮的食物（正是azegzaw一字的三種含意，和春天、未成熟的穀物連在一起），要生吃（以春天為多），以及／或者**水煮或火烤**（用的是淺鍋：burfrah），而且（在夏天）要加很多香料。[92]只要注意到第一組的結合內含晚秋加冬天的特徵，在這時期乾的會變濕，受孕的大地和受孕的婦女應該都會膨脹，第二組結合則和春、夏連在一起，春天是轉換的季節，夏天是濕的東西要脫水、脫離女性的季節，萬事萬物在這時節都朝內發展，像小麥的穀粒和豆子（ufthyen）一定要在天光之下打開、成熟——那就可以充份解釋所觀察到的變體了。[93]

---

[92] 湯鍋（achukth）和煎鍋（bufrah）的對比，可以總括兩大季節和兩大類烹調——室內、水煮、晚餐、不加香料；室外、燒烤、添加香料——的對比系列。他們都覺得肉類太珍貴了，不宜用火烤，有例外，但不多（像有宰殺動物或是有人生病的時候）。夏天時，甜椒和番茄要放在kanun上煮。不過，肉類在秋天一定要用水煮，雖然在春天可以燒烤。

[93] 冬天的食物整體都比較女性，夏天的食物則比較男性。由此推斷每一季的女性食物應該便是該季男性食物的濕潤版：男性食物是以麥餅和庫斯庫斯為本；想要禮遇佳賓——佳賓可是男性之極致——奉上的菜色至少要有一道庫斯庫斯，就算習用大麥來做也行，若可以的話，肉類庫斯庫斯更好；但不准有湯品，連小麥湯或是水煮小麥粉也不行。女性的食物則是液狀的，營養較低，香料較少，以水煮穀物、肉湯、醬汁（asqi，也有火鍛回火、下毒的意

餐宴時節的菜色可以說是濃縮了不同時節的烹調特性，就算未就餐宴時節的菜色一一作描述——真要描述起來，還會無止無休，因為各地的餐宴都不會一樣——只要謹記：這些菜色的差別主要不在食材，而在用上的流程，烹調流程才是有嚴格規定的（所以，某些「多義」的菜色才會重複出現在不同時期的不同儀式裡面：小麥當然就是一例，蠶豆亦然，耕作期、一月一日、收成期、葬禮等等的餐桌上面都看得到），便還是有辦法略略點出這些菜色的要點。耕作期裡，在田地裡露天吃的東西，比起秋、冬兩季吃的東西整體，總是比較男性的，也就是「比較乾」的；秋、冬食材要用水煮或是蒸的，跟婚禮或葬禮時吃的一樣；不過，始耕日的晚餐吃的東西，就一定要有水煮的穀物，變化很多，也可以吃糙穀做的庫斯庫斯，不加香料，但這一道菜嚴禁在開春第一天吃（「因為螞蟻會像長得跟粗麥粉一樣多」）；始耕日的晚餐也會有ufthyen：小麥穀粒加豆子放進鍋裡水煮或清蒸，還有abisar：黏稠的豆泥濃湯，這是代表死者和復活的食物（這些菜色一定跟多籽的水果如石榴、無花果、葡萄、堅果，或甜食如蜂蜜、海棗等等有關，這些食材是「安逸」的象徵）。麥餅是

思）為主；女人吃的庫斯庫斯是用大麥甚至粗糠、麵粉（*abulbul*）做的。其實，事情沒那麼簡單：小麥粉做的餃子由於是水煮的，因此也可以看作是女性的食物，但又是女性食物中男性之極致，因為可以搭配肉類，所以，有的時候男性也可以吃；反之，*berkukes*這一道男性食物女性也可以吃，因為是水煮的，和庫斯庫斯不同，後者用的粗粒穀只是撒上去的。男孩子一會走路、下田，就要跟男人一起吃飯。等到年紀大到可以出外放羊後，就有權吃午後的點心（一把無花果、半品脫的牛奶）。

乾的、男性的食物的極致，在耕作期開始的頭三天都不可以煮；甚至有說法指這時若吃了烤肉的話（thimechret的牛肉要用水煮才可以），牛隻沒多久就會有頸部受傷的情形。Ennayer第一天吃的庫斯庫斯（berkukes）要有家禽肉，家禽肉是標準的女性食材（理由有很多，其一是家禽是女性的私有財產）。但是，孕生冬天食物的圖式：乾貨要弄濕，無疑也是在這一天表現得最清楚（這一天有時也叫作ennayer的「老嫗」）：這一天除了水煮的乾穀（有時可以搭配油炸餡餅），什麼也不可以吃，並且一定要吃飽；不可以吃肉（「才不會弄斷骨頭」），不可以吃海棗（「才不會挖出石頭來」）。Ennayer（Achura）第一天吃的東西，跟始耕日吃的很像：一定很豐盛（因為是開啟的儀式），有abisar或berkukes加油炸餡餅，或是水煮的穀物。從開春的第一天開始，除了傳統有多產寓意的食材（像用adhris蒸的庫斯庫斯，能導致膨脹的塔普斯香膠、熟透的水煮蛋〔一定要吃飽為止〕），就要吃燒烤的穀物（小孩必須在**戶外**吃）、生鮮的綠色作物（豆類以及其他蔬菜）、牛奶（加熱或煮過）。待azal回來後，沾熱牛奶的乾薄煎餅、塗牛油的小麥粉，就宣告要開始吃夏季、乾的、男性的食物了。代表乾季餐宴的菜色組成，有麥餅和燒烤的肉類，庫斯庫斯有或沒有皆可（主要是看在田裡還是在家裡吃的）；比較平常的飲食是沾**油**的麥餅（這是乾的、男性的食物，和濕的、女性的牛油成對比），乾的無花果，以及要在室內吃的燒烤生鮮蔬菜。

　　同樣的結構也出現在婦女的工作曆上面，這種婦工曆直接附屬在農民曆下面，與之互補（參見圖五）。組裝織布機的活動和聯姻、耕作同源，要在秋天進行；織布機的兩根立柱和兩根橫梁

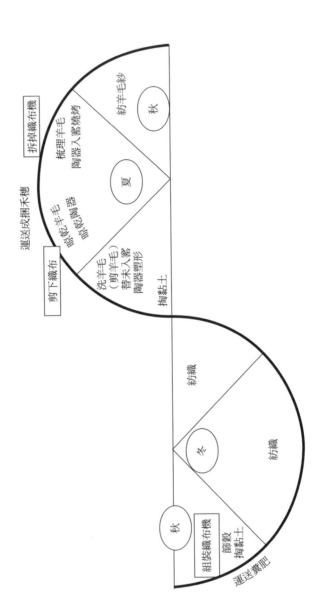

圖五　婦工的週期

——叫作「天梁」、「地梁」，或是東梁、西梁——限定了織布的大小，一如田畦限定農田的大小一樣（「無花果和黑莓熟了，我們就沒了毛毯」）：這時要拿無花果、海棗、杏仁給走過的路人分享，吃的膳食要以濕潤、會膨脹的食物為主（tighrifin，油炸餡餅）。[94]織布和耕作一樣，代表天、地聯姻，布匹便是生育的產物：thanslith（從NSL字根來，開始、產生的意思），這是開始織布時要織的三角形母題，象徵生育力；未婚女孩不准跨坐在棉紗上面，已婚婦女則可；棉紗經緯交錯叫作ruh，這是「靈魂」的意思。[95]織布是冬天的活動，要在濕季時結束，也就是五月。而且也跟「最後一捆」一般要由農田主人親手刈斷一樣，織好的布匹要由家戶的主婦負責取下，不得使用鐵製工具，也要像對死者一樣先灑上水。這件事很危險，小心不宜在有男人在場時進行：由於每一誕生都是重生，行的是生命相等的法則：一魂換一魂，以致布匹誕生可能會以人類死亡作為代價。[96]布匹取下來後，就要把織布機拆掉，放在一旁，靜待「農田死亡」結束。

　　羊毛和陶器都是大自然的產物，有十分類似的週期。陶器是從大地來的，也帶著田地的生命；陶土雖然要在秋天收集，但不可以在秋天動工，也不可以在冬天，因為冬天是大地懷孕的時

---

94 其他同源的直接徵象：紡織的動作是往上走的，也就是從西到東。緯線叫作 *thadrafth*；經線則是 *l'alam*。'allam 的意思是將經線分成兩束，以第一道田畦來劃分農地，分成一塊塊，偶數地的耕作方向要往東，單數地往西。

95 將線頭打成死結再也無法解開，就是「綁住它的靈魂」。

96 基於同樣的理由，在別處織的布不可以帶進家裡（除非要拿一隻小雞作犧牲）。這樣的信仰在收成時節也會用到，是以動物作獻祭的理由。

節，而要等到春天。在穀穗的成熟期（濕—乾期），尚未入窯（azegzaw）的陶器也要先放在陽光下慢慢曬乾（濕—乾）。只要大地上面還有穀穗，陶器就不可以入窯燒製；一定等到收成之後，大地光禿，不再生產，這時火才不至於把穀穗烤乾（乾—乾時期），而入窯燒烤就是在進行了（乾—乾）。

羊毛要等到寒冷期要結束時才可以剪下來，剪下來的羊毛要用肥皂和水清洗，這時節正是萬物開啟與膨脹（thafsuth）的時節；洗過的羊毛放進鍋裡水煮，鍋裡還要扔進幾把小麥和豆類（ufthyen），這樣，生產羊毛的牲口才會跟農田裡的穀穗一樣膨脹起來。煮過的羊毛要和陶器一樣在「乾—濕期」弄乾。再來，羊毛一定要用「尖利」而且男性的工具來梳理，也就是梳毛刷，這是代表劃分和男性粗獷的象徵，是鐵匠的製品，用在男性化儀式當中，也用在預防疾病的儀式中，以抵擋夜間、濕氣所引發的疾病。[97]

他們一天的結構（當然納入穆斯林一日五次的祈禱），便是應用這同一套構造式原則而得出來的另一產物，而且特別好認。濕季日即使是白晝也形如夜間：因為牲口這時一天只出去回來一次，以致像是不完整的乾季日（參見圖六）。[98]在叫作「azal復歸」

---

[97] 這些不同的事都只是婦女工作的一部份，一切建構得出來的抽象系列，在這些婦工裡面多少都看得到；因此也強調出實作的統一不在於（農事或是過渡儀式的）系列，而在於會在各範疇都孕生類似構造的實作。

[98] 一年時序的劃分，尤其是最重要的「*azal*復歸」：乾季、濕季的分野，和實際的氣候狀況都（比較）沒有直接的關聯；因此，冬天特有的節奏既出現在最冷的時節，也出現在濕季已經「像春天」的暖和時節。儀式邏輯的自主性

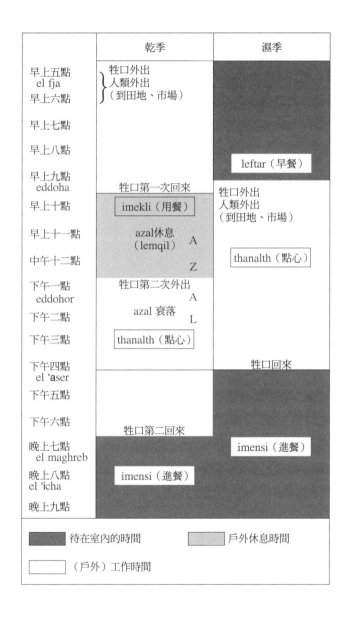

圖六　夏季、冬季的日常節奏

的那一天，也就是乾季門檻的那一天，家戶裡的主婦人要帶著火到院子裡去，把thimetbakth的kanun點起來，這樣的一天是逆轉的一天，時節轉向比較複雜的節奏，而這轉變，即由牲口一天要趕出去再帶回來兩次作分界線[99]：黎明時第一次趕出去，等氣溫開始讓人有一點受不了時回來，也就是eddoha；第二次則要在中午的祈禱eddohor時趕出去，在入夜時趕回來。

　　時序由秋天邁向夏天、由西向到東移動的時節裡，日子也一樣是從晚上朝正午邁進：雖然一整套體系是依不斷復生的完美循環——晚上和秋天，老年與死亡，同時也是生產和播種的時節——而組織起來的，但時間依然是朝向正午、夏天或是成熟代表的鼎盛邁進的（參見圖七）。夜色在最深的時候，「子夜」的「暗影」會把男子、婦女、小孩一併帶進屋內最隱密的地方，靠近牲口，待在封閉、潮濕、陰冷的性行為處所裡面，待在和死

　　在客觀條件這部份，以服裝表現的尤其清楚，服裝由於是**社會階級**的象徵，因此是沒辦法依季節作變化的：既然男子沒穿布爾努斯袍（burnous；譯者：附包頭巾的呢斗篷）等於受辱，所以，就算是夏天，又有誰會脫下布爾努斯袍呢？既然看誰是道地的農人和腳力足的人，就看他們穿的鞋，那麼要下田收割或是走遠路爬山，又有誰會不把冬天的鹿皮鞋穿上呢？家戶的主婦傳統披在身上用別針別住的兩件毯子，或是她掛家裡倉房鑰匙的皮帶，是她權威的象徵，代表她的地位在媳婦之上，代表她掌管家務的權力，這教她怎麼會不穿戴在身上呢？

99　例如，晏起的男子會有人跟他說，「牧羊人全都出門去了。」至於要說傍晚的時間，則會說，「牧羊人全都已經把azal『還回來』了。」其實，在azal時回村裡來，並不是一定要守的規矩，有的牧羊人在azali的時候，會待在放牧野地的綠蔭裡。

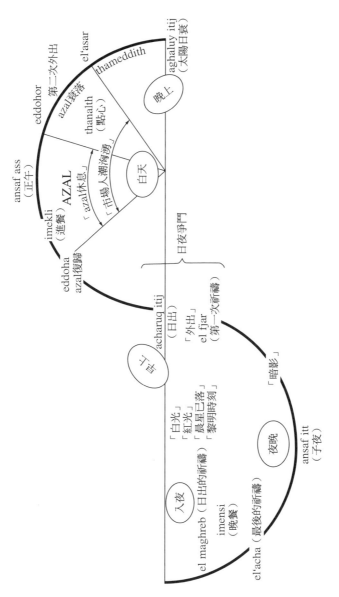

圖七　乾季一天的結構

亡、墓穴連在一起的地方；這樣的夜，就和白晝形成對比，說得
更確切一點，就是和正午：azal 成對比，這時候太陽已經爬到最
高的地方，光與熱都達到頂點。夜晚和死亡的連結，由夜晚的聲
音如狗吠和人類磨牙的聲音作強調，在有關晚上的禁忌裡面處處
得見；人類睡覺時磨牙的聲音和死前的聲音很像：晚上不可以做
的事──入浴，連在水域邊徘徊也不可以，尤其是靜止不動、黑
色、泥濘的、發臭的水，也不可以照鏡子、給頭髮抹油、碰觸灰
燼──這些不可以做的事，感覺像是會導致黑暗夜色的邪惡加倍
的效應，因為接觸到的東西都有同一類的性質（這些有的時候還
可以互換──頭髮、鏡子、黑水）。

　　早晨是**變換**與**中斷**的時刻，是**門檻**。黎明是白晝與黑夜在鬥
爭：就在日出前的時候，黑夜的治權即將結束，要舉行驅逐與淨
化的儀式，掙脫黑暗、邪惡、死亡，這樣才能「身在早晨當
中」，也就是迎向光明，迎向美善，迎向連在早晨的一切幸運
（例如，這時候就可以把前一晚放在善妒嬰兒或遭邪靈附身──
aqlab ──的嬰兒頭部附近的粗麥粉，倒在嬰兒身上）。每一天的
早晨都是**誕生**。早晨外出的時間，是一天**開啟**的時間，是敞開迎
進光明（fatah：「開啟」、「開花」，和 sebah：「在早上」同
義）。之所以說早晨是開始，首先是因為這是白晝誕生的時刻，
「光之眼」（thit antafath）睜開了，原本在夜裡關得緊緊的房舍和
村落，此時也把裡面的男子與牲口全都倒進田裡去。而這開啟另
也有「開始」的意思：早晨是起始的時刻，稱得上男人的人會覺
得在早上現身，涉足其事（esbah：在早上現身，從事活動），理
所當然。所以有此一說：「早晨就是靈巧。」早起，就可以置身

在好兆頭下面（leftah：開啟、好預兆）。早起的人不會遇到什麼事為他帶來噩運；而最晚才上路的人，和他作伴的就只有要等到天色大亮才出發的獨眼男人（和盲人一樣和黑夜連在一起），或者是因跛腳而落後的人。雞鳴即起，就可以把自己的一天放在早晨天使的庇護之下，也同時是對天使的敬意；這也可以說是把自己放在恩寵下面，這樣一來，「天使就會為你代行決定」。其實，早晨由於是光明和生命復歸的有福時刻，因此是做決定與採取行動的最佳時機：轉換時節要舉行的啟始儀式，像在冬至那一天叫醒水牛，開年第一天（ennayer）的更新儀式，牧羊人在開春第一天出發去採摘植物，在azal復歸的時候把牲口趕出去等等，就都是在黎明時舉行。

　　早晨，一如農耕年或人類生命週期裡的同源時期：春天或童年，全都是吉利的——因為早晨代表光明、生命和未來戰勝了黑夜、死亡和過去——但在決定它所屬於的未來，而且是以它起始的系列組在主宰的未來時，早晨並沒有被加上可怕的力量[100]：雖然早晨的本質是吉利的，但還是滿載厄運的危機，因為它可以決定一天的命運是好是壞。對這邏輯，巫術的邏輯，我們必須再看得仔細一點，這邏輯可能至今從未有過充份的理解，因為以半巫術的世界經驗來看這邏輯，動輒會淪為一知半解；連有一些人因為存在的物質條件和制度環境都有壓抑巫術的傾向，以免他們淪入這樣的「退化」裡去，都會因為情感的因素，而被套上這半巫

---

[100] 例如，開春第一天沒有早起的男子，當年可能身死；入夏第一天起得早的人，一整年都會起得早。

術的世界經驗。一旦把世界看作是「命定系統」，[101] 起點就是終點，那這世界發生的事，這世界的人做的事，就決定了會發生、會做的事。未來已經刻在現在裡面，形諸預兆。[102] 而世人之所以要破解這些警訊，倒不是為了要認命（就像接受未來便預示於現在的那種感覺），而是為了要在必要時可以改變命運：這樣的矛盾怎麼看都欲蓋彌彰，光是「命定系統」這樣的假說名稱，就已經點破了這一點：世人一定會以製造新的現在，去**改造**現在所預示的未來的。這時，巫術就是在和巫術打架：「現在即預兆」的法力，和一秉信仰之名而企圖改變起點的行為對打；這信仰相信的是系統的起點便也是終點，而這信仰又等於預兆的效力。

早晨乃是萬物皆為預兆的時刻，預示即將到來的吉凶。遇見提著牛奶的人，看的便是好兆頭；還沒下床就聽到有人吵架，會從吵架的人那邊招來厄運。大家都急著找兆頭（esbuh：一早遇上的第一件事，預告吉凶），想看是不是有兆頭會跟自己說有壞事要來了，再來就是要下工夫去辟邪：若在黎明時遇到鐵匠、跛子、獨眼人、帶著空羊皮水袋的女人或是黑貓，就一定要「把早上重過一次」：從反方向跨過門檻重回前一晚，重睡一遍，再

---

101 有關這觀念，請見 T. Vogel, *Théorie des systèmes evolutifs* (Paris: Gautier-Villars, 1965), pp. 8-10。

102 這現在裡的未來，是情感上的未來，講起未來用的是現在式（「我死了」，「我完了」），因為它把現在裡的未來看作是一種潛在，於客觀面刻在直接感受到的現在裡面（而非如沙特可能會說的，是一種**可能**，明白放在一項謀劃裡面，也就是放在自由行動裡去——若是真這樣看的話，結果就是情感變成自欺）。

「外出」一次。這一整天的禍福（有時還是一整年甚至是一輩子，就看是不是起始日這一天的早晨），就全看你知不知道怎樣消災解厄。話語與事物的法力在這裡特別強大，這時候改用委婉語來取代有害的說法，就不僅只是必要了：禁忌語裡面，最可怕的就屬有終止意思的行為或操作——關上、熄滅、離開、攤開——這些都會招致中斷、提早壞掉、空虛（例如，「店裡面已經沒有無花果乾了」，或是單單「沒有」這兩個字）或是沒有生產力。[103]

　　Azal，特別是thalmasth uzal：azal的中點，太陽爬到天頂的時刻，正午，「azal最熱」（ihma uzal）的時刻，天光最亮的時候，同都和夜晚、早晨、第一道曙光、白天天色陰暗的時候，形成對比。[104]這也和一年中最熱、最乾、最亮的時候是同源的，是謂白晝裡的白晝，乾燥裡最乾燥，可以說是把乾季的特有屬性發揮到頂點。這是男性期的極致，是市場、道路以及／或是農田滿是男人的時候，男人都在這時候出外辦男人家的事。[105]連azal的時候睡覺（lamqil），也是男性休息最大的禁忌，一如農田不可以

---

103 在小孩子、剛行過割禮的少男、新婚的丈夫面前講的話要特別注意，因為這些人的未來，也就是他們的成長、雄風、生育力，都還在未定之天。同理，春天的禁忌與禁令也可以看作是實際的委婉語，目的在避免降低大自然的生產力。

104 對於 *tharurit wazal*（*azal*復歸）這樣的餐宴，要再就小 *azal* 和大 *azal* 作區別，前者指婦女和小孩從田裡回來（約早上十點），後者則是約十一點、男人從田裡回來的時候。

105 因此，在加快女孩成婚的儀式裡面，女巫會在 *azal* 時點起燈（*mesbah*），這是如意郎君的象徵。

當作習慣用來睡覺的地方，一般習慣用來睡覺的地方如打穀場，這是靠近屋子的空間裡最乾燥也最男性的處所，男人就常在這裡睡覺；這就看得出來為什麼azal會和收割過後農田一片荒涼（lakhla）會有緊密的聯結了；azal本身就有乾燥，沒有生產力的特性。

　　Eddohor：第二次祈禱，約略與azal休息結束同時：這是「azal衰落」的起始，是火熱（azghal）期的結束，牲口就在這時候要第二次趕到田裡去，男人也再度外出去工作。到了第三次祈禱（el'asar）時，azal結束而thameddith（或thadugwath）開始：現在，「市場空無一人」，而晚上的禁忌也開始生效。太陽逐潮西沉（aghaluy itij），「朝西方滑落」，可以說是所有衰落的典範，尤是老年與各式政治敗象（yeghli itij-is，他的太陽已經落下）或是身體日衰（yeghli lwerq-is）：朝西去，朝落日走去（ghereb與cherraq成對比，後者是走向旭日），就是走向黑暗、黑夜、死亡，一如屋子朝西開的窗戶只能引進陰影一樣。

　　由過渡儀式構造出來的生命週期，可以分析孕生型圖式應用的各種場域為基礎，而建立起一種示意圖來：誕生（有用qabla剪斷臍帶、保護小孩抵擋毒咒的儀式之類的實作）；第三天或第七天：命名；第四十天：母親第一次帶著孩子走出家門（在第三、七、十四、三十以及四十天都要舉行「脫離月份關聯」〔thuksa an-tsucherka wayur〕的儀式，以「打斷和月份的聯結」——也就是驅走邪魔，也逐步將小孩從女性界裡面帶出來）；「最早的探險」（走進院子，遠離家人）；第一次剪髮，這是淨化儀式，常和第一次上市場連在一起；割禮、婚禮，還有葬禮。過

渡儀式的週期其實是附屬於農民曆下面的，而農民曆即如先前所見，本身也不過是一連串前後演替的過渡儀式。

這主要是因為在不少例子裡面，過渡儀式多少都和一年裡的特定時節明白連在一起，因此彼此間有同源的關係；因此，像誕生的時間若是落在lahlal（或者是早上），便屬吉利，但若落在husum或是in sla（或是在下午的el'asar與el maghreb之間），就屬不吉了；正午過後不久是行割禮的最好時刻，但冬天不包括在內，而el'azla gennayer則是第一次理髮的最佳時刻；秋天與春天（在el'azla之後）是舉行婚禮的恰當時間，但一年的最後一天、husum及nisan，以及五月和六月，必須排除在外。春天的儀式（尤其是開春第一天以及azal復歸）用的一整套象徵，既適用於未成熟的穀物（仍然「被綁著，有束縛，打結」，igan）也可以用在還不會走的小嬰兒四肢（aqnan ifadnis），小嬰兒由於還不會走，因此可以說是還綁在大地上面。[106]沒有和一年的特定時期連在一起的過渡儀式，其性質有一部份就一定和儀式舉行的時期裡的儀式特色有關聯了；由這就可以解釋所觀察到的儀式變體裡的基本特徵。例如，nisan的吉祥水是那時期特有的儀式的必要組成（一如春天的初乳、夏天最後一捆的穀穗），也正好是同一時期要舉行的過渡儀式裡的補充元素。

---

[106] 在此可以進一步在避邪的儀式，如「脫離月份」和脫離ennayer，看出對應之處，或者是在第一次剪髮和驅逐maras之間找到類似之處，甚或是在所有用在小孩身上的治療實作以及拿麻雀作asifedh的獻祭之間找出類似之處，諸如此類。

　　但是，探入得深一點的話，由於人類存在的整體是同一圖式體系的產物，因此，組織的方式和農耕年以及其他大型的時間「系列組」有同源的關係。以致，繁殖（akhlaq：創造）顯而易見要和晚上、秋天以及屋子裡的潮濕、暗夜的部份連在一起。同理，妊娠對應的就是穀物埋在地下的生命期，也就是「夜晚」（lyali）：（多產的）懷孕期裡的禁忌，便是夜晚和死亡的禁忌（像傍晚不可以照鏡子等等）；懷孕期的婦女就像大地逢春膨脹一樣，和死者的世界（juf，意思是懷孕婦女的肚子，也指北方，北方和夜晚、冬天是同源的）。妊娠一如發芽一樣，被當作是鍋裡在煮東西：婦女生下小孩之後，要吃帶有冬天、死者、耕作的性質的水煮食物；特別要吃abisar（死者和葬禮的食物），abisar原本是婦女絕不能吃的東西，但這時候例外；另也要吃水煮的粗粒穀庫斯庫斯（abazin）、薄煎餅、油炸餡餅、蛋。生小孩和冬天末尾的「開啟」是連在一起的，在那時節所見一切和關閉有關的禁忌（兩腿交疊、雙臂交握、握手、戴手鐲或指環），在這時也重又出現。春天、童年、早晨都是帶著不確定和期待的起始期，三者同源的關係，由那時候舉行的占卜儀式繁多，就看得出來。雖然收成被說成是過早摧毀（an'adam），但收成的死亡不是沒有後嗣（ma'dum：死後沒有子嗣的單身漢），而且，既然彼此矛盾的活動也可以透過巫術而將雙方的利益結合起來，不會相互牴觸，可見巫術應該也可以用新的孕育活動來帶出復活。同理，朝西、面向落日、面向黑夜、面向死亡、面向極致的死亡方向的老年期，也可以在新生命誕生時同時轉向，成為面朝復活的東方。生命週期會以死亡為終點（也就是西方），也只有外地來的人

（aghrib）、西方來的人（el gharb）以及流亡在外的人（el ghorba），才會如此，而致沒有子嗣（anger）。舉行辟邪儀式的時候，就要用這樣的人的墳墓——以其為徹底遺忘、消滅的典型：在他們這樣的宇域裡面，男性的社會存在既需要透過長輩連到祖先上去，也需要經由子嗣來「召喚」與「復活」（asker），因此，外地人之死，便成了死亡僅此唯一的絕對形式。[107]

　　不同的世代在這週期裡面的位置各不相同，先後的世代，也就是父子（因為一個授精的時候，另一個受孕，一個邁向老年的時候，另一個尚在童年），是在對角線的對比位置的，而隔代如祖孫的位置，則是在一起的（參見圖八）。這樣的邏輯把誕生當作重生，當父親的才有辦法拿自己父親的名字為長子命名（asker：命名，帶來重生）。農田也有完全可以類比的週期，即**兩年輪耕**：像世代週期因Ａ的死亡和復活，也就是Ｂ授精得出Ｃ的時候，而告結束，農田亦然：處於休耕期的農田Ａ在靜待復活的時候，農田Ｂ就正好在孕育期，待農田Ｂ休耕的時候，農田Ａ就再因為復耕和播種，「就此起死回生」。

---

107 每一村落的墓園裡面都有一座墳頭會蓋著陶器碎片，這墳頭有時會美其名為「最後一塊墳」（即使年代非常久遠）。這便是外人的墳，會加害嬰兒或動物的邪魔就要趕到這裡來：婦女帶著一壺水跟一顆蛋到這裡來，先把東西吃掉之後，再把邪魔附身的祭品或受害者，埋葬在那裡或是燒掉，之後，把水壺和蛋殼留在該處。而為了要母親子宮裡的「孩子好好睡覺」，可以把三腳爐架（elkanun wuzal，鐵製的kanun）繞著懷孕婦女的腰帶轉上七圈，再以反方向轉上七圈，之後，把架子埋在外人的墓裡即可，這墓裡埋的是真的死人。

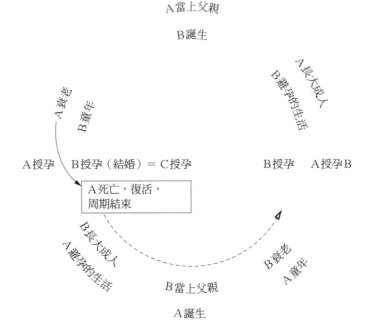

圖八　繁殖的週期

　　希臘與中國的釋經學者想要建構系列組（這裡用的是羅素
〔Russell〕在《數學哲學導論》〔*Introduction to Mathematical
Philosophy*〕給的不對稱、過渡的，「相連的」的意思），並作疊
置，馬上就出問題，這情況絕非偶然[108]：一旦要把不同的系列組

---

[108] 例如，誕生，既是開啟也是開始，而依儀式實作的需要和場合，要不是和
　　一年的誕生連起來──這時間依場合不同而有不同──就會和一年裡春天
　　的誕生連結起來，或者是和一天裡的黎明連結起來，或者和一個月裡的新

疊置硬推過頭，推到了一定的細膩程度之外，推到最基本的同源關係後面（匯集於圖九），問題便開始全面倍增，這就證明分析一旦把系統推到系統的限度之外，濫用論述的力量而把無言的實作加上聲音，利用書寫的魔力而把實作和論述從時間流裡拖出來，那就談不上是真正的嚴密了。[109]唯有圖式轉移到論述這一邊而形成的**實作隱喻**，真的變成**類比或隱喻**，才會有機會出現像柏拉圖這樣的提問：「到底是大地在模仿婦女懷孕、生子，還是婦女在模仿大地？」（〈梅尼克齊努士〉〔"Menexenus"〕，頁238a）

　　有諸多理論謬誤，都是因為不知道實作的客觀實相根本就是「學識的無知」（learned ignorance），有的錯誤更是西方哲學之源，自不在話下（人類學還不斷在再製）。[110]儀式與神話原本是

月出現連結起來，或穀物週期裡的萌芽連結起來；而且就算有這些關係，和誕生成對比的死亡，依然會等於農田生命週期裡的收成，或等於穀物週期裡面視作復活的孕育，也就是穀物週期裡的年的誕生。

[109] 葛蘭言（Granet）舉出過幾則突出的例子，都是自認無懈可擊但只是玄想的構念；這樣的構念是因為想替類比的理性（analogical reason）於客觀面製造出來的系統性產物，套上故意系統化的形式，只是這類無望的宏圖反而生出矛盾，為了解決這些矛盾，就有了這樣的構念。例如，「五行」就是神話體系的學術型製作（西元前三到二世紀），這理論在四大方位（加上中央）、四季、元素（土、火、木、金）、和音符之間，建立起同源關係（*La civilization chinoise*, pp. 304-309）。

[110] 人類學由於沒辦法在神話—儀式的邏輯裡面看出特定的實作邏輯，以致鎖死在無法可解的「他性、同一」（otherness and identity），鎖死在「原始心靈」和「野蠻心靈」的二律悖反裡面；神話—儀式的邏輯並非古代社會專有，分析時務必要這樣子去看，而不能套用合乎邏輯的邏輯來作規範。此一二律悖反的原理，康德在〈超驗辯證附錄〉（"Appendix to the Transcendental

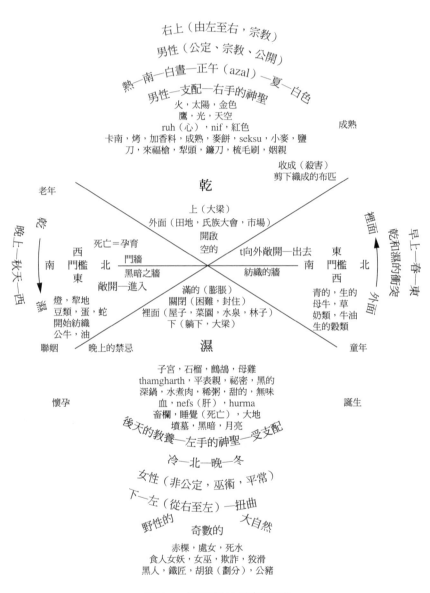

圖九 相關對比的概要圖

以信仰的模式在「搬演」的，是集體運用的工具，以其象徵的作用在自然世界，尤其是團體，發揮實際的功能；現在卻被學識的思考套上了不屬該儀式或神話固有的功能，這功能是該儀式或神話之於學者這方的功能。康弗德（Cornfordp）和劍橋學派（Cambridge School）說的「從宗教到哲學」的緩慢演進——也就是從儀式活動的實作圖式的類比，朝思考對象和理性思想方法的類比演進——和相關團體於其實作賦與神話和儀式的功能演變，是有相互關係的。[111] 神話的功能好像到後來只剩下一個——就是有學問的大學者以他們對過去提出來的問題和解讀來詮釋神話的字面，而和神話的當代詮釋者形成競爭，這僅剩的功能就是從這樣的競爭關係裡來的：也唯有這樣，神話到底是什麼才會明白顯

Dialectic"）裡面即已提過：由於理性乃以引發理性的興趣為本，因此走的要嘛是「析分法則」（principle of specification），找的是差異，強調的是差異，要嘛是「聚合法則」（principle of aggregation）或「同質」，找的是相似性，而且透過理性特有的幻覺，還會把這些做出判斷的原則放進對象的本質裡去，而非放在一己之內。

111 就一套象徵關係的結構作內部分析，唯有放在針對這些象徵關係隸屬的社會關係的結構所作的社會學分析下面，才會有穩固的基礎；這一套象徵性生產、流通、消費的社會關係，是象徵關係建立的所在，這些象徵關係任何時候於客觀面發揮的功能，也要放在這關係裡作界定：希臘傳統的儀式和神話，常會被套上不同的功能和含意，就看是惹得大批學者群起作合理化、「常規化」的「解讀」，還是給祆教僧侶（magi）靈感用他們的創始教誨去作再詮釋，或是被史上第一批職業教授：詭辯派（Sophist；也作智者）拿去作修辭練習。由此可以推知，就方法而言，若要重新建構神話傳統的原始含意，就一定要把變形律的分析也加進來，把一代又一代作詮釋的人以他們各自的興趣為基準而作的變形，也納入考慮才行。

露出來，神話始終都是一套宇宙論或是人類學問題的解答，而且，只在隱性面或實作面；但這一套解答在學者的思考裡，卻以為是他們自己以思考找出來的，但其實是他們因**誤讀**而**憑空**創造出來的；只要沒認清楚他們所謂的客觀真相其實是文學解讀（literary reading），就很難擺脫這樣的誤解。[112]

　　有些問題，新生的哲學以為是它提出來的，但其實是因為它和對象的關係未作分析而自行產生的，該客體本身從來就沒有提出過這樣的問題。這在最明確的思想模式上面，也絲毫不減：有些思想家之所以對先蘇（pre-Socratic）思想家那麼著迷（雖然理解先蘇哲學家的門道，他們從來就沒抓到過），不過就是因為先蘇思想家正好有精妙的模型，可供玩弄文字的傳統（以海德格為最「顯赫」的代表）去玩弄字源的字詞，在語根和神話的根源當中建立雙重限定的關係，或是提供（黑格爾的）語源學傳統，作為歷史累積的理性寶藏作再轉借的途徑。[113]的確，學識思考的本

---

[112] 即如貝特森（G. Bateson）所示（*Naven* [Stanford, Cal.: Stanford University Press, 1958; 1st ed., 1936]），即使在沒有高度發展而且分化的宗教配備的社會裡面，神話文化還是能夠變成極為複雜的策略工具甚至對象（這也就說明了何以施為者要下那麼大的記憶工夫，才有辦法精通）。由此可以推知，神話素材的結構以及因時間而有的變形，若只是透過嚴格的內部分析，而不去管神話素材為了爭奪經濟或是象徵權力而在競爭或是衝突裡發揮了怎樣的功能，便無法作充份的解釋。

[113] 海德格和他引進大學哲學裡的諾斯替傳統，一秉他們對原初（primal）的喜好——而且，這還只是把保守的意圖復原成哲學場域裡的邏輯——而將語言最「古老」的手段作回歸型（regressive）運用；他們這類回歸型的運用，毋待多言，和先蘇思想家的實作無一相同；先蘇的思想家用的語言滿

質，真的就是把含意（sens）裡面胡亂感覺到的關係原則，放在表現在字面的關係裡去（同音異義，單應性〔同形異義（homography）〕，同族衍生字，語源學上的親緣性等等）。形而上學的「偽命題」（pseudo-propositions）若真像卡爾納普（Carnap）想的，只是「表達生命感覺的不適當途徑」，那就應該沒人看不出來形而上學的虛妄。[114]柏拉圖說的這一句，是應該作字面解：「哲學家就是神話學家。」邏輯批評（logical criticism）是注定打不中目標的：因為，邏輯批評只能質疑有意識建立在字詞當中的關係，而無法點出論述裡不連貫的連貫；這種不連貫的連貫，是以神話或意識形態的圖式為基礎，才會出現的，而且，逃得過**歸謬法**（reductio ad absurdum）。

載神話的共鳴，而他們用這語言時是所有的資源全體動員，以求在他們的論述裡面將神話實作的客觀系統性再製出來，或是去解決他們因此宏圖而出現的邏輯矛盾。

[114] R. Carnap, "Überwindung der Metaphysik durch logische Analyse der Sprache", *Erkenntinis*, 4 (1931), pp. 219-41.

第四章

結構、習性、權力
——建立象徵性權力理論的基礎

俗見、正統、異端

分類體系的確切功能若真要教人感覺得到，最好的方法莫過乎將日常生活在「azal復歸」時急遽而且全面的變化給叫出來，愈具體愈好。生活裡的大小事一無例外，男男女女、大人、小孩的活動，全都因為新的規律而有了急遽的改變：牲口放牧的事自不在話下，但也包括男性的工作、女性的家務、烹飪的地點、休息的時間、所吃的食物，女性活動與戶外工作的時間和路線，男性聚會、舉行儀式、祈禱、市場，以及到村外聚會的節奏等等。

濕季期，一大早在eddoha之前，男子一概要待在村子裡；除了有的時候在禮拜五的集體祈禱後會開會之外，這時間便是一天裡召開氏族大會或各式調解委員會（如離婚前、阻止離婚、分產前、或避免分產）的時候；若有事和所有男子有關，要到叫拜樓向大家作宣佈的，也要選這時候（叫大家參加集體工事，像修路、挖溝、送石板，等等）。等到了eddoha的時候，牧羊人就要把牲口趕出去放牧，男子也一個個出門下田或到菜園裡去，或者從事當季的大事，像犁田或挖溝，或者從事農耕年或一天裡的清閒期小事（像摘牧草：diss、挖溝渠或清理溝渠、撿木柴、挖樹幹殘樁等等）。遇上下雨、下雪或太冷，不宜下田工作，或地表太濕，踩上去可能有害下次農作或犁田，要不就是道路狀況不佳，擔心被天氣困住無法返家，都會打斷一人和外界的傳統關係，這時，為了盡到男人外出的責任，村子裡的男人就會齊集在公共堂屋裡面（這時甚至可以跨越氏族和／或聯盟派系的分野）。其實，在一年的這時節裡，沒一個男人會不待在村子裡的

（azib：小村裡的居民一定會趕在thaqachachth：十月底回到村子裡來）。

晚飯（imensi）通常上得很早，一待男人換下軟鞋、工作服，休息片刻之後，就會上桌。入夜後，人人都待在家裡，但在清真寺裡作晚禱的人除外；他們在清真寺作最後一次祈禱（el'icha），一般也會特別注意時間要和**馬格里布**一樣。由於男性用餐一定要在室內（除了下午的點心以外），女性就這樣被趕出了她們原屬的空間，但她們還是想辦法為自己重組出另一宇域，會趁下午男人不在的時候，湊和著在黑暗之牆旁邊準備膳食；但這時婦女還是要小心，就算再忙也不可以太惹人注意，或讓人抓到無所事事：濕季一直會擺出來的紡織機，這時就像是她們的屏障，既可以讓她們躲在後面偷閒，也讓她們隨時有道具可以做出忙碌的樣子。村落空間的運用也看得到同樣的策略：男人在的時候，作妻子的一整個早上就都不可以到噴泉去，尤其是有跌倒的風險需要特別注意的時候；這時，若沒有女童可以使喚，早上出門去取水，或把雞或其他牲口從墊子上趕走──收成下來的橄欖或是穀物在送去搾油或輾磨之前，都要先放在墊子上曬一陣子──就要靠「女性長輩」來做了。

團體退回到自己的圈子裡去，退回到自己的過去、自己的傳統裡去──男性於其專屬的房間裡聽故事、傳說，度過這時期的漫漫長夜──待這時期過後，就要在乾季來時打開一切，迎向外在世界。[1]濕季時，村民每天醒來都沒多少事情可做；一待azal

---

[1] 濕季是口頭教學的時節，團體的記憶就是要透過這樣的口頭教學來形成。乾

復歸，全村的人一早醒來就很吵、很熱鬧：先是男人騎騾子往市場去，之後是一長列牲口出外放牧，再後面是一個個男子騎著騾或是牽著騾去下田或往林子裡去。約到了eddhoha時，牧人會把牲口趕回來，一部份男子也會回村裡來午休。叫拜人叫大家作eddohor時，也是一天第二次外出的信號。這時，不到半小時，村子就幾近乎淨空：早上時，婦女都是待在家裡不出門的，一則是要操持家務，更也是因為婦女不宜像男人一樣在室外的樹下午休或是為了趕回家而匆忙趕路；在親密的專屬時刻裡，室內才是女性該待的地方；反之，到了下午，大部份的婦女就全跟著男人一起出門，只有少數例外，至少在某些場合是如此：這時，當然是以「女性長輩」打頭陣，在「下令」當值的媳婦準備晚餐，從akufim舀出適量的麵粉，從tha'richth拿出做imensi所需的洋蔥、蔬菜之後，就把所有倉房的鑰匙兜在腰帶裡，出門去幹活兒，盡一己之力，展現權威，像是巡視菜園，收拾男人家沒注意的地方——像這裡掉了一塊木頭，那裡掉了一捆乾草、樹下忘了一根樹枝——在晚上時帶回家一大堆東西，除了從菜園水泉處取回來的水，還有一把香草、葡萄樹葉，或是玉蜀黍，可以當家畜的飼料。也會有年輕的妻子跟著丈夫一起到果園裡去，特別是在無花果收成的時節，幫著撿男人從樹上打下來的果實，分類放進盤子；到了傍晚，作妻子的再跟著丈夫回家，每人都要走在丈夫身

季的時候，這些記憶再因為實際參與鞏固團體凝聚力的活動和典禮，而作實際的演出，益加充實：孩童都是在夏天以實作來學習長大後當農夫、當重名之人該做的事的。

後約幾步的地方，有的是獨自一人，也有的有「女性長輩」作陪。

　　因此，一日外出兩次的規矩，就是劃定azal時期的界線；azal有一點像是「死去」的時節，沒人覺得他可以置之不理：一切都沒了聲音，靜止不動，蕭穆嚴峻；街上「荒野似的」。這時候，大部份的男人都四散在村子外的地方；有的住在azib裡；有的則離家好一陣子去照看菜園，把一對公牛養得肥肥的；再有些男人是在看管陰乾無花果的棚子（這時節，每一戶人家最怕的事，就是有急事來不及把家裡的男人全叫回來）。這時，沒人敢說村子裡的公共空間是男人的還是女人的。因此，村民不管男女，都很注意不要佔用到公共空間：在這當口，若有人敢跑到街上去，都會惹來猜疑。這時候，少數沒因為下田而必須留在田邊樹下午睡的男子，也會就近挑一個地點午睡，像在門廊或籬笆的陰影下，清真寺前，石板地上或室內，自家的院子裡，有邊屋就在邊屋裡。這時候，陰影悄悄滑過街道，從一間屋子竄到另一間屋子：而一樣無事可做的婦女，則會利用男人不太出現的這時候來串門子。這時候，只有趕牲口回村裡來的牧羊人[2]才能為村外的十字路口和村內的小型集會處所，帶來些許生氣，這時他會玩一點小遊戲——像thigar：踢球比賽，thighuladth：朝靶心丟石頭，thimrith：跳棋，諸如此類。

　　要盡到作男人的本分，就要遵守社會秩序，這不外就是要配合該有的節奏，步調要合拍，不脫離常軌。「我們吃的不都是同一種麥餅嗎（或同一種大麥）？」「我們起床不都是同一時間

2　這裡的「牧羊人」是村裡的小男孩（英譯者）。

嗎？」強調團結的說法雖然不一，但對順從這一基本美德裡面隱含的定義，卻是同一；凡有不從者，就是在搞離經叛道。別人休息你工作，別人下田你待在家裡，沒人在路上偏就你一個人亂晃，別人在睡覺或上市場而你在沒人的街上閒逛——這些都是引人猜疑的行為。做什麼都要跟別人不一樣的怪物叫作amkhalef（源自khalef：突出，越軌）；另也常見文字遊戲，而把amkhalef拿來指遲到的人（源自khellef：落後）。因此，如先前所述，可敬的人一定知道自己該盡的本分，一定會早起。[3]「沒辦法一大早上就把家裡的事打點好的男人，永遠打理不好事情」；「早上獵人才打得到獵物；晚起的人只有倒楣的份兒！」還有，「suq就是早上」；「睡到azal正中的男人，只找得到空無一人的市場」（sebah：出現在早上，也指適合、相稱）。[4]不過，單單是「早起」不算美德：如果誤用、浪費，那早起的時間也不過是「從晚上偷來的」，有違「凡事皆有定時」的原則，也有違「萬事順時而為」的原則（kul waqth salwaqth-is，「凡事有其定時」）。不作早禱的

---

[3] 這原則如先前所見，不僅是巫術面的，也是道德面的。例如他們就有格言說 *leftar n-esbah d-esbuh erbah*：清晨的早餐是最早的好預兆（*erbah*：成功，繁榮）。

[4] 早起放牲口出去，去上古蘭經課程，甚至就只是和男人家一起出門當個男人家，都是他們的男孩子很小就要學著去奉行的基本榮譽行為。開春第一天，由於家戶的主婦是唯一有權叫醒家裡的女孩和媳婦的人，因此就由她們來喊孩子：「醒來喲，孩子們！天亮前走的路愈多，活得就愈久！」女人家這邊，就算沒辦法起得比男人早也至少要一起起床，當作是自己的榮辱點（她們一天裡也，只有這時候可以放心整理儀容而沒有男人在旁邊盯著看，男人在這時候對女人家在做什麼，都會裝作視而不見）。

話，那跟著叫拜人的呼喚起床又有何用？就算在「晨星未去」或「天色未明」（'alam）的時候就起床了，卻沒做多少事情，這樣的人也只會招來訕笑。「遵守集體節奏」，意思是要遵守每一件事「適時」的節奏——不快也不慢。這不過就是要在適當的時候處於適當的位置。走路的步伐一定要「舒徐有致」（ikthal uqudmis），既不會拖拖拉拉，也不會「跳舞」般蹦來蹦去，這可是膚淺、輕浮的舉動，重名之人才不會這樣。所以，做事魯莽、不用大腦，需要跑步趕上別人，急著做事而致可能「惡搞大地」，也都會招來訕笑；這樣的人都忘了這樣的智慧警語：

> 「追逐人世一切，只是徒勞一場，
> 世間萬般事物，無人能入手掌。」
> 「鎮日爭逐奔忙的人啊，
> 停下腳步，聽我斥責；
> 吾人每日飲食，來自神的賞賜，
> 日常所需一切，毋須我等操持。」

　　有農人為了追求速效，會搶在集體節奏之前把事情做好；只是，世間的每一件事在每人的一生、每一年的時序、每一日的時刻，都有其定數；農人這樣與時間賽跑，反而會把團體全都扯進「窮凶惡極的野心」（thahraymith）裡去，而且愈來愈強，而把循環的時間變成線性的時間，把單純的再製變成無限的累積。[5]

---

5 年輕人若是要在世代之間挑起權力鬥爭，而致危及時間距離所維持的秩序，

　　農耕一事，一如希臘人說的，是季節性的工作（horia erga），有其節奏，由這節奏決定時限，也有其時點。犁田、播種這些神聖的事，唯有懂得敬謹之心去事奉土地的人，唯有懂得待人接物皆以舒徐有致的步調去進行的人，才有權進行（qabel）。小麥和大麥的起源神話，就特別強調這一點。話說亞當在播種小麥時，夏娃替他帶了一些麥餅去；夏娃見他將種籽一粒粒分別種下，為「每顆種籽蓋好泥土」，還每次都說奉上帝之名，就覺得他這是在浪費時間。所以，她趁丈夫忙著吃東西的時候，四處亂撒種籽，也不說奉上帝之名。待作物開始萌芽，亞當就發現他田裡長的穗都很奇怪，非常脆弱，易碎，跟女人家一樣。他就叫這種植物barley（大麥；ech'ir：柔弱）。將實作進行儀式化，效應之一，就是會為實作訂下定時──也就是固定的時點，節拍，時限──而和外在的必然，像氣候、技術或經濟等等，比較沒有關係，也因此為實作套上了一層「任意的必然」（arbitrary necessity），而「文化任意性」（cultural artibrariness）就是由這「任意的必然」作了明確的界定。

　　遵守集體節奏之所以有這麼嚴格的要求，理由在於時間的形式或是空間的結構，構造的不只是一支團體對世界的表述，還包括團體本身，一團體就是依他們的表述而組織起來的：像這例子就可以說得很清楚，男性、女性的存在依不同時間、地點所作的

激起的反感會更大；世代的間隔是只靠時間來劃分的，這真要說起來，跟什麼也沒有差不多，因為，只要多等一等，時間的差別就會消失了；不過，長老統治（gerontocracy）型秩序所維持的鴻溝，會維持長老統治於不墜，鴻溝其實是沒辦法彌合的，因為，若不敢跟著玩，要跨越鴻溝，就只有等。

組織，裡面就有兩套劃分男女有別、男尊女卑的方式，而且可以互換：女人若要到水泉去取水，就要趁男人不在街上的時候，或者是要走某一條小徑，要不兩項條件都要有。[6]社會曆（social calendar）一般會將相同實作之**同步並行**，和結構同源的不同實作（如犁田和紡織）的**協調**，合在一起，以維持團體的整合。[7]團體裡的各式劃分，都會投射在他們時空組織裡的每一時點上面，團體裡的每一類別都有其一定的位置和時間：實作的模糊邏輯就是在這裡發揮奇效，而讓一支團體既能盡量顧及**社會和邏輯**的整合，但又無損於他們依性別、年齡、「職業」（像鐵匠、屠夫）等作勞動劃分所形成的多樣性。[8]儀式或工作裡的同步並行，和空間群聚（spatial grouping）的關聯愈大，集體的利害關係也就愈大：因此，儀式重要性的層級劃分，就先是每人同時都要參加的「重大儀式」（如awdjeb），再來是每一戶人家在同一時間各自舉行的儀式（像舉行 Aïd 時以羊作獻祭），再到任何時候都

---

[6] 由此可以推知，團體解組有一大基本因素，就是其時間節奏和空間架構出現解組；也因此，解放戰爭期間，法軍強行實施的人口集中政策，導致女性地位出現重大（往往也是長久）變化；他們的女性因為另有專屬的地方、時間可用而有的自主權，一旦失去，就只有隔絕起來或是戴面紗的命了，以致集中過後，面紗也出現在柏柏人裡面；柏柏人原先是沒有戴面紗這樣的事的。

[7] 由此可知，集體進行的舞蹈或是歌唱，尤其是同質型作同時進行或是異質型作協調進行這一類壯觀的場面，不論是在哪裡，先天就有象徵團體整合的功能，進而藉此象徵予以加強。

[8] 毋須多言，邏輯的整合從來就不可能籠括一切，不過，倒向來都足以確保團體裡的一個個成員多少都可以作預測（除了 *amahbul*，這樣的人是以打破集體節奏為己任的）。

可以舉行的儀式（像治麥粒腫的儀式），最後則是要在非常時刻祕密舉行的儀式（像求愛巫術的儀式）。

實作分類法其實是實際劃分的社會秩序的變體，易遭誤認，但因為可以依實際的劃分在客觀面上對實作進行協調，因而有助於社會秩序之再製。社會時間以音樂曲式的「**形式**」（form）來看，是各方面的實作賴以組織起來的原則，應用在流逝的時間，而形成的一道演替（succession），這樣的社會時間在劃分裡面——發揮起整合的功效也就是透過階級組織（hierarchization）——一般甚至會大於空間劃分。但朝更深一層探去，依神話結構而組織起來的時間和團體，會導致集體的實作看起來像是「實現的神話」（realized myth）；這「實現的神話」有黑格爾說的傳統是「實現的道德」（realizd morality；Sittlichkeit：倫理）一類的意思，也就是主觀的要求和客觀（即集體）的需求能夠協調一氣，而將團體的**信念**（belief）建立在團體相信的事上面，也就是建立在團體裡面；這樣，以反身性回歸倒回到實作或論述等客觀化操作奉行的原則，就會被擋下，因為從相同的主觀原則製造出來的客觀化世界，會不斷給予客觀化操作的產物進行強化。

既定秩序一般容易把它固有的任意性作（不同程度、不同方法的）歸化（naturalization）。所有容易產生這類結果的機制裡面，最重要、隱藏得最好的，無疑就屬客觀的機會和施為者的想望之間的辯證了，**限度感**（sense of limits）就是從這裡面來的，一般也叫作**現實感**（sense of reality），也就是客觀類別（objective class）和內化類別（internalized class）對應得起來，社會結構和心理結構對應得起來；而遵守既定秩序的心理會固執到牢不可

破，根源就是在這裡。分類體系以其自有的明確邏輯，將客觀的類別，也就是性別、年齡或者是生產關係裡的位置，予以再製出來；這樣的分類體系，由於維護了該分類體系植根的任意性得以誤認不失——因此也是確認——而有助於將該體系之所由生的權力關係，再製出來：推到極端，這就是說客觀的秩序和主觀的組織原則，若是對應得幾近乎完美（像在古代社會），那麼，自然世界和社會世界看起來就是不證自明的了。這樣的經驗，我們可以叫作**俗見**（doxa），以和正統（orthodoxy）或異端（heterodoxy）的信念區別；正統和異端帶有知道或承認可能有不同或敵對的信念存在的意思。思想和感知的圖式所能產生的客觀性，是唯有這些圖式對其可能促成的認知有何限度製造出誤認，才有辦法生成；一般人對於感覺是「自然生成的世界」而且習以為常的傳統，會視之以俗見，二話不說就信服不悖，其基礎就是在這裡。認識社會世界的工具，在這裡就是（客觀面的）政治工具了；這些工具既是看似不證自明、無可爭議的這世界的產物，也會替這世界再製出變體的結構來；這些工具由於能為這樣的世界製造二話不說的信服關係，而有助於將這社會世界予以再製。分類的政治功能以在分化較低的社會構成體裡面，最有可能讓人忽略，因為，在這樣的社會構成體裡面，主導的分類體系找不到可以較勁或是為敵的原則。即如先前說過因聯姻而常見的家內衝突裡，因象徵性秩序而吃虧的社會範疇，例如婦女和小孩，就不得不承認居主位的類別有其正當地位，因為，這類人要將最不利於他們的效應抵銷的唯一機會，就在於向居支配地位的類別稱臣，這樣才有辦法（依灰衣主教的邏輯）轉而加以利用。

神話—儀式體系裡的分類法，既作「分」、也作「合」，而賦予「分裡亦合」——也就是階級組織——正當的地位。[9]由純粹男性價值主導的神話—儀式體系所做出來的兩性勞動分工、分權，其正當化有何功能，根本毋須多作強調。至於這一點，倒可能比較不清楚：將表述和實作組織起來的是時間性作社會性構造，這在過渡儀式裡有最鄭重的宣示；而這樣的構造，由於可以在象徵面上操縱**年齡限制**，亦即劃定年齡層的界線，因此會在不同的年齡層加上限制，以之發揮政治功能。神話—儀式的範疇，將年齡的連續統切成一截截不連續的片段，不從生物性（如老化的外貌）而從社會面來作組成，而以化妝、衣著、裝飾、徽章等象徵體系來作標示；這象徵體系裡的符號，表現、強調的是每一社會劃定的年齡層該有怎樣的軀體用法，不該有怎樣的用法，以其會破壞世代對比的體系（例如回復青春的儀式，就是過渡儀式的顛倒版）。就生命的不同年齡層所作的社會表述、就這些年齡層依社會定義而來的屬性所作的社會表述，以其固有之邏輯，表達出不同年齡層之間的權力關係，經由同時會產生斷、續的時間劃分，而有助於將這些年齡層既分且合的關係再製出來。因此，這些表述在維持象徵性秩序所需的制度工具裡面，也佔有一席之地，於再製社會秩序的機制裡面亦然，因為，這社會秩序的功

---

9 把這雙重、雙面的話語強行化約為其客觀（或至少客觀論）的事實，等於是忽略了這樣的話語製造的只是它專屬於象徵的效應，因為，它從來就不會直接傳授事實；而科學客觀化為了得以形成而不得不摧毀的迷魅關係，正是實作完整的事實裡不可或缺的一部份。科學一定要把實作的客觀論事實和該事實於客觀面的誤認整合起來，為客觀性提出更高階的定義。

能，就在為社會結構裡佔支配地位的人的利益服務──也就是成
年男子的利益。[10]

　　在此，就再一次看出光談神話─儀式表述的認知功能，或依
涂爾幹的說法，「思辨」（speculative）的功能，是多嚴重的錯
誤：這些心智結構是一類生產模式、一類生物暨社會再製模式裡
的結構再製出來的變體，由其所生成的倫理性向，像榮譽感或崇
敬長輩、先人等等，於兩性還有不同世代的權力限定該如何界
定、維持，所發揮的效力絕對不小於風俗習慣。知識理論是政治
理論裡的一層面向，因為，特別可以將建構現實的原理──尤其
社會現實──拿來用的那一類象徵性權力，便是政治權力裡的一
大面向。

　　在限定式社會構成體裡面，客觀結構愈是穩定，在施為者的
性向裡面再製得就愈是完整，俗見的場域所涵蓋的範圍也就愈
大，而俗見可是把客觀結構當作是理所當然的事。單純再製裡面
的邏輯，會造成內化結構和客觀結構有半完美的契合；就因為有
這樣的半完美契合，以致不再覺得既有的宇宙論秩序和政治秩序
是任意而成的了，也就是不再是眾多秩序裡的可能秩序之一了，

---

[10] 控制繼承權，從單單只是拖延權力傳承生效的時間到威脅取消繼承，都可以
　　讓他們行使各式的策略；各式策略運用，則讓他們可以發揮他們正式承認的
　　聯姻交涉壟斷權；而不管是以控制繼承權還是策略運用為中介，長老都可以
　　把社會承認的年輕人的限度，拿來好好發揮一番。貴族家的族長是用怎樣的
　　策略去控制繼承人乖乖聽話、強迫繼承人離家從事危險的事，相關的分析請
　　見G. Duby, *Hommes et structures du Moyen-Age* (Paris and The Hague: Mouton,
　　1973), pp. 213-25，特別是頁219。

而變成不證自明、自然而然的秩序，毋待多言也不必質疑，這時，施為者的想望和其所源出的客觀條件，就有相同的限度了。

和這一「實現必要」（realized ought-to-be）的世界有關的主觀體驗，並不容易叫出來；在這樣的世界裡，事情應該怎樣，就不太有機會不會這樣，因為，事情會該這樣，純粹因為事情就該這樣；而施為者心裡只有一種想法：不這樣也沒別的方法，他只是在做他該做的事。[11]因此，我拿這兩則特別突出的經驗來作對比，絕對不是在開玩笑；一則是有關一位卡比爾老婦的，強調會生病、會死也是一種社會地位，有其附帶的權利和義務；另一則是和普魯斯特（Marcel Proust）有關，描述實作儀式化會有怎樣的主觀效應：

「在以前，大家都不知道怎樣叫作生病。反正躺到床上死掉就是了。直到現在，我們才知道有肝、肺（albumun；法文：le poumon）、腸、胃（listuma；法文：l'estomac），還有其他根本搞不懂的東西！以前大家只知道肚子（th'abut）（痛）；有人死了就一定是肚子痛死的，發燒（thawla）例外……以前的人生病都會要求死了算了，卻死不成。一有人病了，消息很快就會傳遍各地，不只是村子裡面，還會傳遍 'arch。此外，病人住的屋子也絕不會沒人：白天，他每一位親戚，男男女女，全都會聞風而來探消息……入夜後，每一位女性親戚，年紀再小也不例外，都會

---

[11] 愛情也免不了這樣的儀式化命運，一樣要符合這樣的邏輯，這由這一位年輕的卡比爾女子說的話可見一斑：「女孩雖然沒辦法事先就認識她的丈夫，卻事事都要聽他的。還沒嫁他，就要愛他，因為不這樣不行；她一定要愛他，沒別的『門路』可走。」

被帶到病人床邊去。村裡還一個禮拜有一次『病人市場』（suq umutin）：他們可以派人去幫病人買肉或水果。現在，這些大家已經全忘了；真的，現在已經沒有病人了，至少沒有以前的那種病人。現在，每個人都在生病，每個人都在說他哪裡不舒服。以前，要死的人會很痛苦的；會死得很慢，多半要花上一日一夜或兩夜一日。死亡來的時候，最先進攻的會是病人說話的能力：病人都會先說不出話來。而大家都有時間去見病人最後一面；親戚有時間集合起來，為病人準備葬禮。他們會為病人作佈施，好讓病人死得好過一點：捐一棵樹給全體村民，一般是種在路邊的無花果樹。所結的果實不准採摘，而要留給經過的路人與窮人（chajra usufagh，出外人的樹；chajra n'esadhaqa，佈施樹）……現在有誰生病了呢？又有誰健康的呢？每個人都說他不舒服，但沒人躺在床上；都跑去看醫生了。現在大家都知道自己是為什麼不舒服。」[12]

「從床的位置，在我這邊就讓我想起了以前放十字架的地方；我祖父母屋裡臥房深處傳來的氣息，在以前仍然有臥室、有父母的日子，萬事皆有定時的日子；那時，你愛你的父母不是因為你覺得他們聰明，而是因為他們是你的父母，那時，你上床睡覺，不是因為你想睡覺，而是因為上床的時間到了；那時，只要你表示想睡，就會得到應允，然後開始就寢的一整套儀式：向前走兩步到大床邊，解下凸紋天鵝絨繫帶，拉上藍色的稜紋床幔；

---

[12] 這一段對話，全文請見 P. Bourdieu and A. Sayad, *Le déracinement* (Paris: Minuit, 1964)，頁215-20。

你生病的時候，也是躺在這張大床上面，用古傳的藥方讓你連續躺上幾天，西耶那（Siena）大理石做的壁爐上有一盞夜燈陪你，不會有敗德的藥物讓你可以從床上爬起來，想像你就算病了也還是可以跟健康人一樣度日；只是要喝下絕對無害的藥草茶，蓋著毛毯發汗，這類藥草茶內含的可是兩千年的花草和老婦智慧的精華。」[13]

　　不只如此，由於團體裡的成員都是生存條件的產物，因此在生存條件少有分化的時候，團體成員於其實作展露的性向，會得到其他成員的實作以及團體制度的確認，進而強化；象徵性交換如宴會與典禮，有一項功能就是在加強循環強化，而這循環強化又是**集體信念**的基礎；至於團體的制度，既構成了集體的思想，也表達出集體的思想，例如語言、神話、藝術等等。世界不證自明的性質，會由已成定制的有關世界的論述來作複製；而團體全體對世界不證不明的信服，也在這樣的論述裡找到支持。明確的陳述會將主觀經驗放進社會認可而且全體支持的穩固共識裡去，這樣的明確陳述有其特定的效力，會以先天即通行於其他諸多結構體（structuration）的資料為本而採行之集體立場，發揮這樣的立場會有的**權威**和**必然**。

　　科學理解的「大自然」──這文化現實（cultural fact）可是長期「袪魅」（Entzauberung）之後方才而得的歷史產物──在這樣的字域裡面，就絕對碰不到。兒童和世界之間，有一整支團體擋著，不只以各種警告，還以一整套儀式實作，外加論述、格言、

---

[13] Marcel Proust, *Contre Sainte-Beuve* (Paris: Gallimard, 1965), pp. 74-75.

諺語，全都依相應習性裡的原則構組起來，把對超自然危險的恐懼，灌輸進兒童的心裡。[14]不只，模擬式表述透過一些動作和象徵，針對大自然歷程作類比型再製，而意圖促進自然和團體的再製，以致有助於在施為者身上製造出臨時的反應（例如，和lakhrif有關的集體亢奮），甚至塑造出**長久的性向**（像是融會在身體圖式〔body schema〕裡面的孕生性圖式），而能做出儀式活動該有的客觀流程──換句話說，就是要把世界弄得符合神話所述。

由於「常識世界」的主觀必然和不證自明，是由世界感（sense of the world）的客觀共識在支持的，因此，「本來就這樣」**毋待多言，就因為本來就這樣，毋待多言**：傳統是不講話的，有關傳統何以為傳統，更是如此；習慣法只要將原則之特定應用一一條列出來，也就夠了，不必明說，不作定制，因為無所質疑；神話─儀式同源結構的演繹，是完全封閉的世界，其中的每一面向，彷彿便是其他面向的映像，這樣的世界，容不下自由派意識形態想的那一種**意見**（opinion）：也就是針對既有政治秩序提出明確的質疑，而可以有好幾種不同但同樣正當的答案；而離**多數決**這相關概念最遠的，莫過乎俗見裡的**共識**了；共識是多種「選擇」的集合體，其主體既是每一個人，也沒一個人，因為，它所回答的問題根本就沒辦法明白說出來。因俗見和社會世界的關係而表達出來的信服，是因為誤認任意性而致承認它具有絕對的正當性，因為，這裡面根本就沒人知道還有正當性這問題；正當性

---

14 參見J. M. W. Whiting, *Becoming a Kwoma* (New Haven, Conn.: Yale University Press, 1941), p. 215。

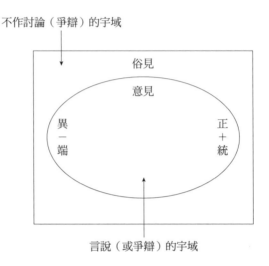

不作討論（爭辯）的宇域

俗見

意見

異
一
端

正
＋
統

言說（或爭辯）的宇域

之所以會成為問題，在於正當性出現了競爭，進而要有不同團體因為聲稱握有正當性而發生衝突。

　　而俗見的實相，只有循否定的途徑，建立起意見場域（field of opinion），才會充份顯露出來；所謂意見場域，便是互作競爭的論述正面交鋒的所在——其中的政治實相，可能作公開宣揚，也可能始終隱藏在信仰或哲學對比的偽裝下，即使身在其中的人也未必看得清楚。參照這樣的意見宇域，就可以界定出互補型類別（complementary class），也就是「理當如此」這一類別，俗見，默而不宣就放在一切探究這一邊的論題的總和，只有在實作裡被懸置的時候，才會於倒溯中看出原來是如此。特定的生活方式是會隱含有對這些論題的質疑的，這會由「文化接觸」或是階級分化連帶產生的政治、經濟危機等等，被帶出來；而這樣的質疑，並非現象學說的懸置（epoche；存而不論）——把對世界天

真的信服，刻意作有計劃的擱置——這一類純粹智性的操作。[15]
把不必討論的事帶入討論、把不必陳述的事帶入陳述：這樣的批
判，是以客觀面的危機作為它的「可能性條件」，因為，這樣的
危機會打破主觀結構和客觀結構的契合，形如摧毀了不證自明。
唯有待社會世界失去它「自然現象」的性質，社會現象的自然或
俗成（phusei 或 nomo）的問題，才提得出來。[16]由此可以推知，
有可能成為最徹底的批判的批判，一定會因客觀條件而有其限
度。危機是質疑俗見的必要條件，但其本身並不是提出充份條
件。在階級社會裡面，無論明裡、暗裡的階級鬥爭，爭的都是社
會世界的定義；而可以明白作質疑的意見場域，和人人無所質

---

[15] 現象學家完全忘了要做一項最終的「化約」，這一最終化約可以讓他們看出
「化約」和懸置之所以可能的社會條件為何。「自然態度的總命題」（general
thesis of the natural standpoint）是社會世界原初經驗（primary experience）的
組成成份，現象學就此「自然態度的總命題」所作的分析，就徹底排除了
「現實（Wirklichkeit）世界如何呈現就視之如何」裡面的「信」（belief）會
有的經濟和社會條件（E. Husserl, *Ideas* [New York: Collier-Macmillan, 1962],
p. 96）；而這「信」，之後就被化約成了像是「命題」，或者說得更精確一點，
像是懸置的懸置，把自然態度的世界有沒有可能不是這樣的懷疑，懸置起
來。

[16] 某一討論場域之出現，在歷史裡面，若是和城市的發展有關係的話，那也是
因為不同族裔和／或職業團體集中在同一空間裡面，尤其是空間和時間架構
因此而被推翻，會促成不同文化傳統出現衝突，而透過第一手經驗，在日常
的例行生活的核心裡，在**實作**裡，暴露出他們同一件事情可以有不同做法、
或者是同一時間可以做不同的事的任意性；另也是因為這討論場域容許也要
求要發展出一批專家才可以，這一批專家有責任提升話語的層次，就傳統世
界觀的前提，進行合理化和系統化，這世界觀此前一直是他們在實作態裡很
精通的事。

疑、一概默默遵循的俗見場域，二者之間的分界線，就會是爭奪分類體系支配權的階級鬥爭爭奪的重大標的。臣屬的階級要打破俗見的限制，把一般認為理所當然的任意性攤開來看，這才對他們有利；至於居支配地位的階級則要捍衛俗見的完整，或者略退一步，改以未必完美的正統來替代，這才是他們的利益所在。

唯有在臣屬的階級擁有物質和象徵兩方面的資源，可以拒絕再製社會結構的邏輯結構硬套在他們身上對「真實」的界定（也就是權力關係的狀態），同時掙脫此一界定套在他們身上的（制度化或內化的）箝制，也就是在社會分類成為階級鬥爭的目標和工具的時候，支配型分類法內含的任意性原則才會露出原形，這時，也才有必要以有意識的系統化和明白的合理化，從俗見朝正統推進。

正統，也就是純正（straight）或是**矯正過的**（straightened）的意見，目的是在回復俗見純淨的原初狀態，只是從未完全成功過；而這樣的正統，只存在於將它與異端配成對比的客觀關係裡面，也就是正統要因為出現**競爭選項**（competing possibles）而有了做別的選擇（希臘文：hairesis，英文：heresy）的機會，而且能夠明白批判既定秩序暗含但不選的所有選項，才會存在。正統其實是一套委婉語，是思考、描述自然世界和社會世界的可取途徑，而把異端斥逐為褻瀆。[17] 不過，正統的論述：思考世界、描述世界的公定方式，於其外顯的箝制下面，還暗藏著另一層更徹底的箝制：就是以「右派」（right：正確）的意見和「左派」

---

[17] 現在叫作社會學（或人類學）的，也有這樣的邏輯。

（left，於此自然就是「錯的」）意見配成明白的對比，而把**可行論述的宇域**橫加劃上界線，不管正當與否、也不管是委婉語還是褻瀆，進而掩蓋了可以說、進而就是可以想的宇域，和理所當然的宇域這兩方面的基本對比。論域依摩根（A. de Morgan, 1806-1871）在他寫的《形式邏輯》（*Formal Logic*）裡面提出來的古典定義，指的是「討論裡面表達過或理解到的所有內容的一整套理念」，[18]在實作裡，則是由未討論到的、沒有說出來的、毋須辯證、檢視即得以承認的宇域所構成的互補類別來界定的，而且，這一互補類別一定也是大家視而不見的。因此，在階級社會裡，一切就在於爭奪支配思想、表達正當地位的權力鬥爭始終不斷在製造象徵財貨（symbolic goods）的場域裡面上演，以致蓋掉了這一點：這鬥爭其實也有助於劃定論域，也就是可以去想的宇域，循而也等於是劃定不可去想的宇域；就好像委婉語和褻瀆聯手在彼此的敵對關係裡面，密謀將那些無法取得工具以爭奪現實界定權的人的失語症（aphasia），給遮掩起來；只是，明白遭到箝制的不可言說，還是會透過委婉語與褻瀆，找得到打進論域的門路。若是接受馬克思在《德意志意識形態》（*The German Ideology*）裡說的等式：「語言是真實的、實踐的意識」，那就看得出來、毋待多言、因為沒有可用論域也無法多言的俗見宇域，和（正統或異端）的論域之間的界線，就會是「最徹底的誤認」和「政治意識覺醒」二者的分界線了。

---

[18] *Formal Logic: Or, the Calculus of Infernece, Necessary and Probable* (London: Taylor and Walton, 1847), p. 41.

　　語言和經驗的關係，以遇上危急情勢的時候顯露得最是清楚，因為，這時候，日常的秩序（Alltäglichkeit）遇到了挑戰，以致秩序的語言同遭挑戰，這樣的情勢需要以「非常的」的言說（Ausseralltäglichkeit，韋伯認為這是奇魅〔charisma〕的決定性特徵），針對這一所謂的客觀懸置所引發或促成的「非常」的經驗整體，作有系統的表達。「私人」的經驗一旦發現自己也在已經組成的論域的公共客觀性（public objectivity）裡面，也就是承認這些經驗有權說出來、也有權公開說出來的客觀符號，就會出現所謂的**狀態變化**（change of state）：沙特就說，「原本一直無可言說者，一找到了可以言說的話語，馬上就會造成大破壞。」[19]由於可以操縱注意力的語言，都是「權威語言」（authorized language），帶有團體的權威，因此，它所指稱的事物，不僅只是說出來而已，也帶有威權，是有正當性的。不僅既成語言如此，異端論述亦然，異端論述的正當性和權威，是從其論述發揮效力、由其論述表達出來的團體身上來的：異端論述的力量，來自於其有能力將未曾形諸言語的經驗予以**客觀化**，化作公開——這是朝公定化和正當化邁進的一步——也來自於其有能力適時顯現論述裡的協調，同時加強。異端的威力，巫師提供門路以表達平常壓抑在內的經驗所施展的解放魔力——也就是一切「意義治療」（logotherapy）的力量——先知的力量，或是政治領袖以團體想聽的話而動員起團體的力量，就為在於權威語言、有權賦與權威的語言，和有權賦與權威而且行使此一權威的團體之間的辯證關

---

[19] J.-Paul Sartre, *L'idiot de la famille* (Paris: Gallimard, 1971), vol. I. p. 783.

係裡面。

象徵性資本

　　日常生活裡的策略，原本就要作有風險又有必要的隨機應變，而且複雜萬端，因為，授方暗裡的盤算，一定也要把受方暗裡的盤算給算進去，以求達到目的但又不讓人知道他算計到了對方的盤算；只是，以倒溯的方式將回禮投射到送禮的謀劃裡去，這樣的理論建構會把這樣的謀劃，扭轉成一項項盡義務的動作所組成的機械序列。而同樣的操作，也會把**由制度所組織、作保障的誤認**[20]的可能條件，給去掉了；這樣的誤認，其實是禮物交換的基礎；另有一些象徵性勞動，以真誠虛構的祛利型交換，好把親緣、鄰居或工作關係勢必會產生的利害關係，扭轉成互惠型的選擇性關係，其基礎也可能也是這樣的誤認：再製既定關係——透過餐宴、典禮、禮物交換、拜訪或追求，尤其是聯姻——於團體存在的重要性，絕不亞於團體存在的經濟基礎的再製；而在再製既定關係這一件事情上面，為了掩蓋交換功能而需要用上的勞動，跟為了達成功能而需要用上的勞動，是等量齊觀的。[21]送禮

---

[20] 有關集體自欺支持而且維持個人自欺，參見 P. Bourdieu, "Genèse et structure du champ religeux", *Revue Française de Sociologie*, 12, 3 (1971), p. 318。

[21] 只要想一想他們醫界的同儕（confraternity）傳統就會相信真是這樣。沒有醫生會付醫藥費給另一個醫生，而是要找一樣禮物給他——雖然不知道對方要什麼或需要什麼——價值不可以比問診費多太多或少太多，但也不宜太接近，因為，這樣就等於是把問診費給說出來了，也因此把免費的利益假相給戳破了。

和回禮若要被看作是、也感覺是慷慨的啟動動作，沒有過去或是未來，也就是說沒有**盤算**——真要靠夾在中間的時間差才有辦法的話，那麼，客觀論由於把多合（polythetic）化約成整合（monothetic），顯然就會抹煞掉每一實作都有的獨特性了；實作的獨特性跟禮物交換一樣，一般會——或說是假裝——把自利律暫時擱置不用。禮物交換經拉長時間而偽裝成一宗交易，就這樣反而被理性契約壓縮進一時片刻裡去；也因此，在否認有盧卡奇（Lukàcs）說的「生命真實的土壤」的社會裡面——這樣的社會本身有經濟，但它的經濟不是為社會而存在——禮物交換即使不是實作裡面僅此唯一的商品流通方式，也至少是完全認得出來的唯一一種。以致古式（archaic）經濟體的根本，就像是他們的經濟活動雖然於客觀面有明指的經濟目標，但不可以作明白的承認；「大自然偶像崇拜」（idolatry of nature），讓他們沒辦法把大自然看作是原物料，或者因此把人類的活動看作是**勞動**：也就是看作是人類和大自然有鬥爭；這樣的崇拜，連同他們對生產活動、生產關係內具象徵面的全面性強調，讓經濟在他們看來**不算是經濟**，也就是不看作是一套遵循利益計算、競爭或是剝削（exploitation）的體系。

經濟活動裡面遭到誤認——或可說是在社會面遭到壓抑的客觀事實——和生產、交換的社會表述，於社會面是有差距的；經濟主義（economism）由於把經濟化約成經濟的客觀現實，而會把正好落在這差距裡面的獨有性給去除。古式經濟體的語彙全是由雙面觀念所組成，絕非偶然；只是這些雙面觀念在經濟史的進程裡，是注定要崩解的，因為，這些觀念所指稱的社會關係，由

於觀念本身的雙重性，而致代表的是不穩定的結構，一旦維繫這些結構的社會機制出現弱化的現象時，就注定要一分二。也因此，舉一個極端的例子，像rahnia —— 這是借方同意貸方在借貸期間可以就借方的部份土地行使收益權（usufruct）的契約 —— 這樣的契約若是後來導致借方失去土地，就是最惡劣的高利貸；這類契約的差別純粹在借貸兩方的社會關係上面，由此再反映在協議的細則上面，像為了幫助有困難的親戚免得對方要賣地，對方雖然還是擁有土地、可以使用，但這塊地在這時候就等於借貸的擔保品。[22] 牟斯寫過，「分出人格權（real rights）、物權（real rights），把購買從禮物和交換裡劃分出來，把道德義務（moral obligation）從契約裡抽離出來，尤其是想出儀式、權利、利益的差別的人，正好就是古羅馬人和古希臘人，而他們追隨的，可能是北方和西方的閃族人（Semites）的腳步。他們發動真正、重大、珍貴的革命，跨越了風險太大、成本高昂、精密繁複的禮物經濟體（gift economy）；這樣的禮物經濟體受制於個人考量，和市場、貿易、生產發展都格格不入，總之，這樣的經濟並不經濟。」[23] 誠信經濟（good faith economy）由人力維持的不穩定結構就此崩解、改由偽裝過的自利經濟內**清晰、經濟的（也就是划算〔**economical〕）的概念取代——由此一歷史情勢即可看出：不

---

[22] 這時就要向幫忙擋下土地落入外人之手的借方說：「因為你我不需要賣了，」只是用假賣的方式（由他付錢，但讓地主繼續可以用他的地）。

[23] M. Mauss, "Essai sur le don", in *Sociologie et anthropologie* (Paris: PUF, 1950), p. 239; trans. I. Cunnison, *The Gift* (London, 1966), p. 52.

願承認經濟體、不願自認為是經濟體的經濟體耗在操作上的成本有多大，他們花多少時間執行經濟行為，就必須花多少時間去掩蓋經濟行為的現實：貨幣交易（monetary exchange）普及，不僅揭露了經濟的客觀運作，也點破了古代經濟體專有的制度性機制；這些機制有將經濟的利益和計算（狹義的「經濟」）的操弄，予以限制、掩飾的功能。像有一個石匠是在法國學的手藝，在一九五五年前後就出了一件不太體面的事：他完工後沒照傳統吃過他蓋房子的屋主準備的餐點就走了，反而是在工錢（一千元的舊法郎）之外，額外要求屋主以兩百法郎取代餐點；他這以金錢取代餐食的做法，形同褻瀆，等於是把一則象徵性鍊金術的程式：將勞動價值轉換成主動贈禮，給顛倒了過來，也因此拆穿了他們最常用的掩飾手法：大家一起假裝、維持表相。在收成季的thiwizi或房屋蓋好的時候吃的最後一餐，形如交換之舉，定下彼此聯盟的關係（我把麥餅和鹽放在我們當中了），這樣的一餐，自然會成為**結束的儀式**，而將利益型交易用倒溯的方式轉換成慷慨的交換（像交易談成後送的禮）。[24]雖然有些人會找藉口壓低

---

[24] 這餐點的神聖性，由宣誓用的這一句話就看得出來：「以我們面前的食物和鹽之名」，或是「以我們分享的食物和鹽之名」。一起進餐立下的約定，若有人背叛，約定就會變成那人的詛咒：「我沒詛咒他，詛咒他的是肉湯和鹽。」邀請客人多吃一盤時要說：「不用發誓，食物已經〔替你〕發過誓了」；「〔若不吃的話〕食物你跟你算帳。」一起進餐也是和解的典禮，表示放棄復仇。同理，拿食物供奉守護神或是團體的祖先，就有訂下盟約的意思。沒有最後一餐，休想會有thiwizi：因此，屬於同一adhrum或是同一thakharubth的人才會一起吃最後一餐。

thiwizi結束時的餐點花費（例如只請團體裡的「賢達」，每一戶人家只請一人），他們對此也很縱容——雖然悖離原則，但至少嘴上還是符合這禮數的正當性）——但若有人擅自說這樣的餐點是有價錢的，而把團體裡面保守得最好也最糟（因為每一個人都要保守）的祕密給戳破了，把保證集體共謀以自欺來維持誠信經濟的「不語」守則給打破了，絕對會掀起軒然大波。

　　誠信經濟的操作，需要召請**經濟人**（homo economicus）的奇怪化身來幫忙，他們叫作bu niya（或bab niya）：誠信之人（niya或thi'ugganth，源自a'ggun：還不會說話的小孩，而和thahraymith：算計的、技術的才智，成對比）。這種誠信之人若是手邊有生鮮產品——像乳品、牛油、乳酪、蔬菜、水果，絕對不會想到要去賣給另一個農人，而一定會分送給朋友或鄰居。涉及金錢的交換，他絕對不做，他和人的關係，一定都以全然的信任為基礎；這樣的人跟靠不住的生意人不同，手上不會有什麼商業交易都要有的保證（證人、文件等等）。他們行交換的通則，就是個人或團體在族譜裡的關係愈近，就愈容易達成協議，次數也比較頻繁，給的誠信也愈大。反之，和某個人的關係愈遠，也就是踏一步就會跨出兄弟關係走到幾近乎陌生人（兩個人分屬兩座村子）、甚至到全然陌生的地步，這時，交易就比較可能根本不會出現了，但這時的交易就可能也漸漸真的變成純粹「經濟的」性質了，也就是離交易的經濟現實比較近，而且，這時，就算最慷慨的交換（雙方都說——也就是都算——自己很滿意）也絕對少不了的利益計算，會跟著變得愈來愈公開。這就解釋了何以雙方的社會距離愈小，正式的保證就愈不常見，而負責認證、執行

保證的相關單位的關係就愈遠，也／或者愈尊貴。（首先是證人的證詞，證人的關係若是比較遠，權勢也大，證詞就愈強；再來是不懂法律的人做的簡單的文書；接下來是當著taleb的面簽署的契約，有宗教但非法律的保證效力，而且以知名taleb擬的契約要比村子taleb擬的要鄭重；在這後面是Cadi〔回教法官〕擬的文件；最後是在律師面前簽的文件）。由可信的兩方憑誠信而達成的交易，居然有人斗膽要做認證，會被看作是奇恥大辱；親戚間的交易要在律師、Cadi甚至證人面前達成交易，就還要更嚴重了。同理，若養的牲口出了事，雙方同意分擔的損失也不會一致，端看他們依彼此的關係來評估各自的責任而定：把牲口借給近親的人，會覺得他一定要壓低對方的責任。相照之下，卡比爾人把牛交給南方游牧民族照看時的協議，就要在Cadi或是證人面前簽下正規契約了；卡比爾人一般把牛群交給游牧民族代管一、二或三個工作年度（從前一年的秋天到下一年的秋天），以交換大麥，以一頭牛每年二十二雙公斗（double decalitre）來算，損失均分，所得一樣均分。親屬和姻親的私人協議之於市場交易，一如儀式戰鬥之於全面戰爭。「農人的財貨或牲口」，傳統上是和「市場的財貨和牲口」作對比的：年紀大的報導人會拿「大市場」通行的奸計和騙術來講個不停，而他們說的「大市場」，就是陌生人間的交換行為。有好多故事都有買好騾子一牽回家騾子就跑掉的事，也有在牛身上抹植物（adhris）讓牛身腫起來、看起來比較肥的事，也有買家聯手壓低價錢的事。而經濟戰的化身，就是靠不住的生意人，他們既不怕真神，也不怕人。一般人都不願意去跟靠不住的生意人買牲口，這跟避免去跟完全不認識

的人買東西一樣：有一個報導人就說，在土地這類簡單型財貨（straightforward goods）上面，買家要怎麼作決定，就看他要什麼東西；但在麻煩型財貨（problematic goods）上面，例如載重用的牲口，尤其是騾子，就要看賣的人是誰來作決定了，至少要想辦法把完全沒有個人關係、無名無姓的關係，改用和個人有關的關係來取代（代表⋯⋯）。不管需要怎樣的中介階段，都找得到：有全然信任的交易，例如農人和靠不住的生意人作交易，因為這時既沒辦法要求也沒辦法給予保證，因為農人沒辦法保證他產品的品質或是找到保證人；也有「榮譽交換」，這時就完全不講條件，全靠「立約人」的誠信。不過，大部份的交易，由於有中間人和保證人的網路會把供、需的純粹經濟關係扭轉成以宗族關係為基礎、由宗族關係作保證的關係，而致買方、賣方的觀念會在這樣的網路裡面消失於無形。聯姻自不例外；平表親姑且不論，他們聯姻的人家一定是在先前就有過交換關係的一大片網路裡面，為這新的協議作背書。所以，這就不可等閒視之了：達成聯姻協議的交涉極其複雜，而在交涉的第一階段，雙方家族都會引進地位尊貴的親戚或是姻親充當「保證人」，雙方手裡的象徵性資本這樣展現出來，既可以在交涉時拿來強化己方出手的份量，也可以用來保證達成協議後不會變卦。

有農民離經叛道，做出異端的行為，招來憤憤不平的批判，這樣的事就點出了這中間的機制；這機制先前是要農民維持他們和土地的巫術關係，把勞苦視作勞動：「這根本就是褻瀆，他們污辱了大地，他們已經沒有敬畏之心（elhiba）。他們什麼也不怕了，什麼也擋不下他們了；他們什麼都把它顛倒過來，依我看，

他們若是趕時間的話，一定會在lakhrif的時候耕完地，他們在
lahlal若是太懶的話，就會想把lahlal（合法的耕作期）或者是rbi
（春天）拿來做別的事。這在他們看來都一樣。」農人的實作一
樣樣都在將儀式顯示出來的客觀意圖予以實現，只是模式不同。
大地在他們絕對不是原物料供他們利用而已，而一定是他們又敬
又畏（elhiba）的對象：大地是會「算帳」的，遇到笨手笨腳急
性子的農人沒好好對它，它是會報仇的。道行高的農人，一定是
用男人見面（也就是正面相視）的姿態去「晉見」他的土地，表
現的態度，也會像是要去見他敬重的親戚，又信任、又親切。耕
作期間，他絕對不會想要把領導農事的責任委託給別人，唯一會
分給「食客」（ichikran）做的事就是跟在犁後面碎土。「老一輩
的人都說田要犁得好，一定要當田的主人。年輕人不可以算在
內：連帶去見別的男人都不敢的人，還帶去『見』（qabel）土
地，對土地是大不敬。」有諺語就說，「能和別的男人正面相迎
的男人，才可以正視土地。」套用赫西奧（Hesiod）說的「勞苦」
（ponos）與「工作」（ergon）的對立來說，農夫並不「工作」
（work），他忍受「痛苦」（take pains）。又有諺語說，「你給土地
什麼，土地就還你什麼。」這一句話可以想作是在說：依禮物交
換的邏輯，唯有以敬謹為獻禮供奉大自然的人，大自然才會以豐
足盛產作為回報。那些做出異端的人，把「破土，在土裡耕耘新
一年的財富」這樣的大事交給年輕人去做，惹惱了老一輩農人，
因而把他們人和大地關係的原則給一舉點破；只是，這樣的原則
若還是人人視作理所當然，當然就不會被人給點破明說：「大地
已經不再施與，因為我們也沒獻給它東西。我們只會嘲笑它，它

拿謊話來作回報也是應該。」懂得自尊自重的人，一定始終都有事情要忙，若找不到事情忙，那「起碼可以刻一刻自己的湯匙吧」。工作既是經濟之必要，也是社群的生活。而且，他們重視的是為工作而工作，而不要去管它有何純屬經濟的功能，只要符合做該工作的人的功能即可。[25] 只有用到了不屬於農民經驗的範疇（也就是因為經濟支配和貨幣交換普及而硬套上的範疇），才會把農業活動裡的技術面和儀式或象徵面給劃分開來。有生產力的工作、沒有生產力的工作，可以盈利的工作、無法盈利的工作——這樣的分野，他們前所未聞：古式經濟體只知道有人是不懂得善盡社會義務的懶鬼，有人是把社會分派給他的分內工作做好、不計成果的人。

不管做什麼事，都要把工作和成果的關係給蓋起來。因此，馬克思劃分的**勞動期**——耕作和收成的時候——和**生產期**——從播種到收成之間約九個月的時間，在他們的實作裡，就被看似無始無終的農事給掩蓋掉了；都是一些無以計數的小事，目的在協

25 在家族或團體裡面沒有用處的人，大家對他的反感會很強，「真主從活人裡挑出來的死人」，古蘭經裡也有常用來形容這樣的人的話，說這樣的男人「拉不動一絲重量」。遊手好閒，尤其是大家族的子弟，等於是規避該盡的責任、該做的工作，而這些責任、工作是歸屬某一團體不可分割的一部分。所以，若有人因為離鄉或是生病而有一陣子沒下田做事，很快就會發現在工作的循環或是服務交換的網路裡有事情等著他做。團體有權力要求每一位成員都有工作，就算生產力很差的也好，也因此，團體一定會幫每一個人弄到事做，就算是象徵性的也好：有農民願意給閒人機會在他田裡幫忙，一定會博得大家的肯定，因為，他這是給邊緣人機會，善盡身為男人該有的本分，融入團體當中。

助大地生產。沒人會想要分析這些事的技術效率如何，或是經濟用處為何；這些事既屬技術**也**屬儀式，二者密不可分，彷彿農民版的「為藝術而藝術」，例如替田地加圍牆，幫樹木修枝，幫新生的嫩芽擋下動物，或者是去「拜訪」（asafqadh）農田、照顧農田，其他一般看作是儀式的事更不用說了，例如驅魔、辟邪、慶祝開春等等。同理，就算套用外來範疇而顯得像是沒生產力的事，例如家長以領袖和團體代表的身份發揮的功能 —— 協調工作，在男人聚會時發言，在市場討價還價，在清真寺裡誦經 ——也沒有人會去想要評估這些事的生產力。有一則諺語就說，「農人會算的話，就不會播種了。」或許我們該說：工作和成果之間的關係，他們其實不是不知道，只是在**社會面被壓下去了**；他們勞動的生產力太低，農人最好還是不要去算的好，這樣才能保存他工作的意義；或者是說在時間那麼多、財貨那麼少的世界裡面，他最好、其實也是唯一的路，就是盡量花時間但不要去算，把他們手上僅此唯一算是多的東西好好浪費好了 —— 雖然看來這說的矛盾很明顯。26

　　總而言之，生產的現實遭到壓制的程度，並不亞於計算；而

---

26 時間成本會跟著生產力上升而上升（也就是供作消費的財貨的量，進而消費本身，也都需要用上時間）；時間因此變少，財貨變少的情勢隨之減緩。浪費財貨甚至會是節省時間唯一的門道，因為，這時，時間會變得比產品還要珍貴，若是把時間用在維持和修復等等事上，那產品就可以省下來了（參考 G. S. Becker, "A Theory of the Allocation of Time", *Economic Journal*, 75, no. 289 [September 1965], pp. 493-517）。這無疑就是大家常講的時間看法的對比植基的客觀基礎。

農民的「勞苦」之於**勞動**，就跟禮物之於商業一般（這活動即如邊門尼〔Emile Benveniste〕所說的，在印歐語系裡面是找不到名稱的）。要發現有勞動這樣的事，要先建好生產這一塊共同基地，也就是自然世界要先除魅，進而化約到它的經濟層面裡去，而且，只有這一層面；所做的事情一旦不再是獻給必然秩序的供品，就可以推向專屬經濟的目的，完全由金錢來標明目的，而金錢就此進而成為萬事萬物的衡量標準。這就表示個人或集體的誤認得以行使的原始混沌，就此告終：一旦用金錢獲利的碼尺在作衡量，原本最神聖的事，就變成是以否定式在組成的了，變成**象徵的**，也就是象徵這一詞有的時候會有的意思，沒有具體或是實質的效應，總而言之，**無償**：沒有利益可言，但也沒有用處。

　　把經濟學的範疇和方法用在古式經濟體上、卻不考慮是否強行將對象作了本體的變形，這樣的人看待這一類經濟，跟「天主教早期教父看基督教之前的宗教」一樣，而這在現今絕不孤單：一些馬克思信徒會把他們說的「前資本主義」（pre-capitalist）構成體的研究，侷限在對生產模式的類型作學術討論裡面，而馬克思的用語自也可以用在這些馬克思信徒身上。這一我族中心論的共同根源，是在無意識就接受了一種**偏狹的經濟利益定義**；這樣的定義於其外顯的形式，就是資本主義的產物：在組成比較自主的實作領域時，還把象徵性利益（往往形容成「精神性」或「文化性」）和純屬經濟的利益當作對比，而這一純屬經濟的利益，又在經濟交易的場域裡面，由「生意歸生意」這一大套基本的邏輯來作界定的；純屬「文化」或是「審美」的利益，也就是袪利的利益，是某一類意識型態勞動的矛盾產物；由於作家和藝術家

在這中間的利益關係最直接，因此就扮演起重要的角色，把象徵性利益和物質利益對比起來，而把象徵性利益變成是獨立自主的。經濟主義把抽象作具體應用，在馬克思說的「冷酷無情的現金交易」上面，建立起人和人的關係宇域，而不認得資本主義還產生了利益之外的利益。因此，純屬象徵的利益，就算偶爾有人注意到了（因為和狹義的「利益」，例如某幾類民族主義或是地域主義，發生的衝突太明顯），還是會被化約到感覺或感情的不理性裡去，而在經濟主義的分析裡面根本無立足之地，在它的算式裡就更難了。其實，（狹義的）經濟資本和象徵性資本多少可以完全互換的宇域裡面，指揮施為者擬定策略的**經濟計算**，是會把狹義的經濟在無意識裡斥為**無可想像、無可名狀**，也就是把經濟不理性的獲利和損失同時考慮進去，而且，二者密不可分。總而言之，和「前資本主義」社會（或是資本主義社會的「文化」領域）的天真牧歌式表述正好相反，實作從來不會不作經濟計算，即使偏離（狹義的）利益型計算的邏輯，攸關的是非物質性、也不易量化的東西，以致怎麼看都像是祛利的，也還是有其經濟計算的。

因此，純屬經濟實作的理論，根本就是實作經濟學通論裡的特別版。若要掙脫經濟主義以我族中心論為出發而得出的天真看法，但又不致墮入民粹論對早先社會形式慷慨無邪的頌揚，唯一的方法，就是把經濟計算擴張到所有的財貨上面，不管是物質還是象徵，一體適用，一概視作是**稀有的**，值得某一社會構成體追求——可能是「美言」或是微笑，握手或是聳肩，讚美或是矚目，挑戰或是侮辱，榮譽或是頭銜，權力或是享樂，道聽途說或

是科學資訊，出類拔萃或是勛章，諸如此類。迄至目前為止，經濟計算徵用到的，還只是在客觀面放手給馬克思說的無情邏輯：「赤裸裸的自利」這一塊地盤而已，而且還是先把一塊「神聖」的小島隔出來，作它無法評定的無價或沒有價值的東西的庇護所，這小島如有神助一般居然逃過了「利己主義計算的冰冷海水」。不過，象徵性交換的會計學，若是忘記會計學之所源出的分化原理——經濟資本和象徵資本要作區分——本來就不是它所應用的宇域裡面固有的東西，這樣的會計學，若要理解經濟資本和象徵資本混沌一氣的情況，就只有把這二者當作是可以完全互換的；以致，光是有這會計學，就會導致古式經濟體的表述遭到扭曲。若是視藝術為藝術，順帶發展出比較獨立自主的藝術場域，會讓人去把某些原始或是通俗的實作，想作是有審美性質的，那就注定會墮入某些我族中心論的錯誤裡去；只要一忘記這些實作從內部來看是不可以這樣子去想的，就免不了會犯這樣的錯；同理，把古式經濟體作局部或全面的客觀化，但沒把有關**理論化效應**、有關客觀理解的社會條件，也沒有把有關經濟體和它的客觀現實之間的關係（誤認的關係）等等理論也納入考量，這樣的客觀化，一定會淪為最幽微的一型我族中心論，最難指摘。

　　一家族或世系的公產依其完整的定義，不僅包括他們的土地和生產工具，也包括親族和食客：nesba，這是聯盟網，或說得廣一點，關係網，要好好維持，定期拉攏，代表的是承諾和榮譽債的薪傳，是權利和義務的資本，一代傳一代而累積下來的，是額外的勢力源，在日常生活被非常時期打亂時可以引以為助力。古式經濟體雖然透過儀式定型，而有辦法把例行的日常事物規劃

得整齊劃一，在危機出現時，隨時能在象徵面和儀式面推出來應急，克服危機；但是，古式經濟體熟悉的還是平常和非常時期的對比，家戶可以滿足的平常需求和對物質、象徵性財貨暨服務的例外需求的對比（有經濟危機、政治衝突的特別情況，甚或僅只是農事出現緊急狀況），這些都需要更大的團體義務協助，才有辦法支應。果真如此的話，那也因為這正和韋伯提出的一點看法相反——韋伯拿傳統派（traditionalist type）和奇魅派（chrismatic type）作粗略的比較——古式經濟體是有斷續的，不僅在政治領域會有突發事件引發衝突後來升高為部落戰爭，經濟領域也會有**勞動期**和**生產期**的對比，勞動期在傳統的穀物栽培時間特別短，以致這樣的對比會在這一類的社會構成體裡面，引發根本的矛盾，進而導致原本為了克服這對比而擬出來的策略，也出現根本的矛盾。[27] 累積榮譽和權勢的資本，既是食客產生的因，也是食客產生的果；一支團體在勞動期間必須**持續不斷維持**所需的勞動力不致流失（生產期從頭到尾也都是如此），這時候，這一策略就是他們解決問題的最好方法了：這樣，大家族在勞動期就有最大的人力可以運用，等到了逃不掉的漫長生產期到了時，又可以把再製消費給壓到最低。這時，人和動物的消耗就都可以削減，前者是把團體縮減到最小的單位：家戶；後者是透過雇用契約，像是牛的charka：牛主人把牛出借，換取現金或是某種「資本折舊」。在確切的時點或在最忙碌但維時不長的時期，例如收成

---

[27] 這種矛盾有一種變體，就在這一句話裡面：「遇到荒年，要餵的肚子就太多；遇到豐年，要工作的人手就太少。」

期，提供這些服務，回收的報酬則在別的時期由別人以勞動投桃報李，或者是改以保護、出借牲口之類的服務來相抵。

因此可知，從家族或姓名而來的權勢、聲望這一類象徵性資本，是隨時可以轉換成經濟資本的，這在氣候嚴酷（最重要的工作——耕地和收成——必須在很短的時間內完成）、技術資源有限（收成只有鐮刀可用）、而需要集體勞動的社會裡面，可能還是他們**最珍貴的一種累積**。而這樣的資本，是否要再看作是偽裝的勞力買賣或是隱形的徭役呢？不管怎樣，只要分析不會把實作裡面整合的一切，而且是先天就屬**模稜、曖昧的雙重現實**，給打散就好。因為，就實作和意識型態二者的關係、就「在地」經濟體和「在地人」對該經濟體所作表述的關係，以天真的二元論來作表述以致出現自祕型祛密（self-mystifying demystifications）的人，都會墮入這樣的陷阱[28]：這一類徵用服務的現實，就只在於它**只能**以thiwizi的偽裝形式出現；thiwizi既是自願協助，也是徭役，也因此是自願的徭役加強迫的協助；而且，若套用幾何的隱喻，這就像是轉兩次半圈又回到了原點，也就是物質資本變成象徵資本又再變回物質資本。

手上有食客可用，即使是繼承來的，也表示需要耗費不小的

---

[28] 這就不難說明柏柏人（範圍拉大的話，古式）的「民主制度」，也一樣把第一級和第二級的天真作成對比，後者可能還比較糟糕，因為以假清晰為滿足，反而就沒辦法取得該有的知識，以同時超越又保存這兩種天真：**「古式的民主」顯得明確**，是因為它留著隱性、未受質疑的（俗見）作原則不管，這些原則在自由的「民主」裡面，就是可以宣揚也必須宣揚的（正統），因為這些原則已經不再在實作面主宰行為了。

勞動去搭上這關係，維持這關係，另也要用上大量的物質和象徵性的**投資**，像是在遇上攻擊、偷竊、侵犯、侮辱時提供政治協助或是經濟協助，經濟協助的成本可能就會很高了，尤其是在匱乏的時候。**時間**跟物質財富一樣，也需要作投資，因為，象徵性勞動的價值不看耗費的時間無法作評定，**分出去時間或是浪費時間**是最貴重的大禮。[29]顯然，在這樣的條件下，象徵性資本只能以犧牲經濟資本的累積來作累積。社會機制的作用，會促使施為者壓制或是偽裝經濟型利益，也容易把象徵性資本的累積，變成是他們唯一承認的、正當的累積；這些若再加上因為生產手段沒效率而出現的客觀障礙，就足以阻擋甚至禁絕物質資本的累積了；要氏族大會出面明令某一個人「不要那麼有錢」，當然是很罕見的事。[30]集體壓力是團體裡面的有錢人不管不行的，因為，他們的權威是要從團體裡來，有的時候連政治權力也是；他們的權勢有多大，終究是要看他們叫得動多少人去和某些人或是團體對抗；而集體壓力是真的不僅會要有錢人分攤最大的一筆典禮交換（tawsa）費用，也會要他們在濟貧、提供陌生人住處、餐宴組織等事情上面，作最大的貢獻。尤有甚者，財富代表責任。他們有俗話就說，「慷慨的人是真主之友。」他們有不少實作是因為相

---

29 若有人「用在別人身上的時間不多不少就等於他欠人的時間」，那他們就會用這樣的話去罵他：「前腳才到，後腳就要走了。」「你要走啦？我們才剛坐下……連話也沒講呢。」由於男人和別人的關係可以比作男人和田地的關係，因此，男人做起事來隨便潦草，一定挨罵，跟才進門就要走的客人一樣，不肯用心、不肯花時間，也就是該有的敬重都不肯給。

30 R. Maunier, *Mélanges de sociologie nord-africaine* (Paris: Alcon, 1930), p. 68.

信「萬般皆有報」（immanent justice）而引發的（例如集體宣誓）；而這樣的信念，無疑也有助於他們把慷慨當作是犧牲，而可以求得繁榮的福報。「凡供給人者，現可大塊朵頤！」「主啊！賜福與我，我必供給他人。」這兩種資本的關係密不可分，光是展現尊貴食客所代表的物質和象徵性實力，在誠信經濟裡面就很可能是物質獲利的來源了；因為，在誠信經濟裡面，好名聲就算不是唯一也是最好的經濟保證：由此就可輕易看出，何以大家族一有機會一定就要展示他們的象徵性資本（這也是他們喜歡作遠距聯姻和大陣仗遊行的原因之一），所以要努力動員大批親戚和朋友把朝聖出發或回來的遊行辦得很隆重；護送新娘出嫁的隊伍也是以「來福槍」的數量多少，祝福新人的槍聲有多密集來評定；聯姻時奉上的禮物有多隆重，連羊隻包括在內；隨時隨地可以叫來多少證人或保證人來為市場交易的誠信作見證，或在婚姻交涉的時候幫忙加強世系地位，讓契約顯得更鄭重。一旦了解到象徵性資本就是最廣義的信用，就是團體支付給團體裡面拿得出最好的物質和象徵性保證的人的預付金，就會知道，展示象徵性資本（以經濟價值來看會很高），是他們以資本滾資本的機制之一（無疑也是普遍的做法）。

因此，只要為象徵性獲利寫一份綜合資產負債表，同時也沒忘記，在他們的公產裡面，象徵和物質兩大類是混沌一氣的，就有可能抓得到他們被經濟主義斥為荒謬的行為裡面其實有怎樣的經濟理性（economic rationality）存在：像是在收成季過後決定多買兩頭牛進來，理由是需要牛來幫忙踩穀——這是他們讓人知道豐收的方法——但在秋耕前卻又因為飼料不夠再把牛給賣掉，

只是，秋耕卻像是這兩頭牛可以發揮技術必要性的時候；這在經濟面看會很離譜，但若想起他們用這（像是虛晃一招的）方法增加家族的象徵性資本，在夏末可以進行聯姻交涉的時節裡，會為家族爭取到多少物質和象徵性資本，那就不顯得離譜了。這種虛張聲勢的策略之所以完全合理，是因為聯姻是他們進行（最廣義的）經濟流通的機會，這樣的經濟流通，不可以單單以物質財貨來看；團體可望從交易取得的收益，是會跟著他們的物質公產，尤其是象徵性公產——換言之，跟著團體在其他團體眼裡的地位——一起往上升的。這地位就要看一團體的榮辱點是不是有能力保障團體的榮譽毫髮無損，同時組成團結一致的整體，把團體的財貨的質、量，還有能用團體的財貨謀利的男子的質、量，緊密的結合起來；這樣的地位，讓團體可以用聯姻作為主要的管道，買進有權有勢的姻親（這也是以「來福槍」來計量的財富，算的不只是男子的人頭，還有他的品質，也就是他們的榮辱點），也決定團體保有土地和榮譽的能力有多少，尤其是保障團體裡的女性的榮譽（也就是可以實際送上市場作交易、動員作榮譽比賽或是下田工作的物質和象徵性資本）。因此，榮譽之舉攸關的利益，在經濟主義裡面是找不到名稱的，這利益是應該叫作象徵性的沒錯，縱使其所引發的行為都是直接和物質連在一起的；一如有些行業，像是法律和醫學，其從業人員一定要「無可置疑」，一家族在保持他們的榮譽資本時——也就是他們的可敬資本（capital honourability）、免除質疑的資本時——榮譽資本也一樣是有重大利益牽涉在其中的。而他們對再小的侮辱、再小的譏刺（thasalqubth）反應都極度敏感，有各式各類的策略專門用來遮掩

或是轉移，這其中的緣故，就在於象徵性資本比起土地或是牲口都要難以計算，而團體終究是象徵性資本的信用的唯一源頭，遇到有事，團體可是馬上就會把猜疑指向團體裡面勢力最強的成員身上，好像榮譽這樣的事跟田地一樣，有人佔的份一增多，其他的人就會變少。

有些機制有時給一塊地加上的價值，未必符合那一塊地單從技術面和（狹義的）經濟質量來看而應該有的價值；其中的緣故，也一定要從這同一種邏輯來作分析。距離最近的田也都會是保養的最好、耕得最好的田，當然也就是「生產力」最高的田、女性（從私有的小路：thikhuradjiyin）最容易走到的田，這樣的田先天在**任**一買家眼裡的價值就會比較高；不過，一塊地有的時候還是會因為具有社會認同的象徵性公產的作用，而有和經濟價值不成比例的象徵性價值。因此，可以放棄的地，排第一名的會是和公產的地的關係拉得最遠的地、和目前地主的姓氏關聯最少的地、買來而非繼承來的地（尤其是剛買來的）、從陌生人而非親族那裡買來的地。若有一塊地和公產的地有密切的關係，但落入陌生人手裡，把地買回來就成了榮辱點，可以比作受辱要復仇才行，也有可能飆到天價。不過，這裡的價格大部份都是理論上的罷了，因為，依照他們這樣的邏輯，提出挑戰的象徵性獲利要比趁此機會大敲竹槓（因此可議）要大得多了。所以，地主保有土地所牽涉到的榮辱，尤其是剛買下不久的地，還有拿來挑戰異類團體的價值的話，這時的榮辱就和另一邊決心要把地買回去以報他們土地的hurma橫遭傷害之仇相等了。這時，可能會有第三方出面喊出更高的價來，這時，這團體挑戰的就不是賣地的那一

方，而是「名正言順」的地主了，[31]因為，賣地的那一方可以從
這番競爭裡獲利。

唯有前後不一的唯物論——因為既被化約又愛簡化——才會
看不出來：目標設定在保存或是增加團體榮譽的策略，舉舉大者
如血仇和聯姻，其實是由重大利益在決定的，而且，這些利益之
重大，絕不亞於繼承或是繁殖策略。[32]施為者之所以要捍衛他的
象徵性資本的利益，是因為他從小的時候就被灌輸要乖乖謹守一
些公理，日後的經驗，又會再予以加強；這些公理是由客觀面刻
在（廣義的）經濟秩序的規律裡的，這一經濟秩序，組成一類限
定型象徵性資本，值得追求、保有。施為者的性向（這裡指的是
他們參與榮譽競賽的脾性和能力）、和塑造他們性向的客觀規則

---

31 這樣的戰術，都不宜用在親族之間的交易，而且推得愈遠愈好；若有人看到
有人不得不賣東西而乘機佔便宜的話，也會招來反感。

32 以聯姻為例，在切身即可感受到的這一型物質財貨，像是新娘財產——這是
聯姻交涉的籌碼裡面最明顯的一種——其流通若是把另一型財貨的流通給整
個掩蓋掉了，也就是物質和象徵兼具而且不可劃分的這一型財貨——不管是
真實的流通或是可能流通——這樣的陷阱在這時候絕對百發百中；因為，前
者只是後者在資本主義式的*經濟人*的眼睛裡，最清楚可見的面向而已。新娘
財產的數額不管是相對還是絕對都不是大數目，和為了這數額而有過的辛苦
交涉相比，怎樣都划不來，除非在這數額套上最重要的象徵價值，以之證明
該家族產品放在婚姻交換市場裡有何價值，以及族長有怎樣的交涉手腕可以
為自家的產品爭取到最好價格。聯姻策略裡的籌碼沒有辦法化約成新娘財產
的數額，在歷史裡就看得到最好的明證，而這裡的交易，一樣是把象徵和物
質這兩大面向給拆開來：新娘財產一旦化約成純粹的金錢價值，那新娘財產
在象徵面的評比就沒有了意義，榮譽的議價也就此化約成單純的喊價，此後
都會被當作是恥辱來看。

於客觀面若是和諧一致，就表示凡是隸屬於這經濟宇宙的人，對於此一經濟宇宙以其存在而標舉為**理所當然**的利益關係，予以無條件承認，也就是說對這宇宙加諸在他們身上的價值的任意性，作了誤認。這價值值得他們進行（經濟及心理分析兩方面的）投資或是過度投資，而再透過後續引發的競爭和稀有性，使得原本基礎就很穩固的錯覺——象徵財貨的價值是刻在事物本質裡的，一如這些財貨的利益是刻在人的本質裡的——因之更加鞏固。

　　所以，土地買賣這一類流通、「出借」「喉嚨」和「歸還」喉嚨（凶殺、復仇）這一類流通，和送出女性、接受女性這一類流通，是有同源的關係，也就是不同類的資本和相應的流通模式之間，是有同源關係的；這就逼得我們不得不放棄「經濟、非經濟」這樣的二分法；這樣的二分法有礙我們看清楚經濟實作的科學就是**實作經濟體的普通科學**的特別版，因而沒辦法把所有的實作看作是經濟型實作，承認這樣的實作走的方向，是要放大物質或象徵性獲利，連據稱是祛利或無償而致也算是非經濟型的，也包括在內。團體所作的資本累積，社會動態的能量——在這裡指的是他們體能（和他們動員的能力有關，因而也和他們男子的人數、備戰能力有關），他們的經濟型資本（土地和牲口），他們的象徵性資本：心一定會再額外和他們手中擁有的其他類型資本有關，但很容易隨他們的運用而有增減——都因此可以用**不同的形式**存在；這些形式雖然受制於嚴格的等值律（law of equivalence），也因此是可以互換的，卻還是可以製造出特定的效應。[33]象徵性

---

[33] 雖然羅素（Bertrand Russell）沒有從這當中提出真正的結論來，在這一本讓

資本是一種變型的、也因此是**偽裝過**的實體（physical）「經濟型」資本，只要——也唯有如此——能把這資本是從「物質」型資本裡面產生的實事給掩蓋掉，就可以製造出該有的效應，而這「物質」型的資本，分析到最後，又正是這效應的源頭。

支配的模式

有的社會沒有（卡爾・博蘭尼〔Karl Polyani〕說的）「自我調節的市場」（self-regulating market），沒有教育體系，沒有司法機關，也沒有所謂的國家；在這樣的社會裡面，支配的關係，唯有靠不斷換新的策略才能建立、維持，因為，**透過中介長久徵用**其他施為者的勞動、服務、尊敬，所需的條件，這樣的社會還沒辦法湊得出來。反之，若是擁有徵用生產場域和文化生產場域的機制的手段（經濟或是文化資本），支配就未必要用直接、和人有關的手段來行使，這些場域以其發揮的功能，比較容易保障自

人失望的著作裡，羅素不是沒有可觀之處，而就能量和權力的類比提出過人的見識，以之作為社會科學整合的基礎：「權力跟能量一樣，也有很多種形式，像是財富，軍火，法治，勢力，意見，等等。這些無一可以看作是附屬於其他，而且，也無一源自於其他。拿其中一類權力獨立看待，例如財富，未能竟其全功，一如只拿一類能量來作研究，沒把其他形式也放進來考慮，在某些地方一定會有所缺。財富可以從軍力來，也可以從勢力來，或是從意見來，一如軍力、勢力、意見一樣可以從財富來」（*Power: A New Social Analysis* [London: Allen and Unwin, 1938], pp. 12-13）。他再接下去為這一類整合的社會能量科學作規劃：「權力跟能量一樣，一定要看作是會不斷從這一形式變成另一形式的，社會科學要做的事，就是找到這些變化的法則」（pp. 13-14）。

身得以再製，不需要有施為者刻意涉入。所以，不同的支配模式相關的差異，基礎就在累積所得的社會資本客觀化的程度如何：扼要說來，就是社會宇域這一邊和社會構成體那一邊的差異；社會宇域裡的支配關係是在人和人的互動裡面製造、消除、再製造的，而社會構成體裡面的支配關係，就要透過客觀、制度化的機制作中介，例如產生、保障頭銜（貴族頭銜、擁有權狀、學位證書等等）的分配機制來行使，是具有事物不透明、長久的特性，難由個人的意識和權力來掌握。客觀化保證了物質和象徵性所得可以累積、維持長久，這些所得也因此不必靠施為者以刻意的行為來不斷進行整體再創，就可以存續下去；不過，由於這些體制的獲利都是差異型徵用的對象，客觀化也就一定會保證資本分配的結構得以再製；再製的方式不同，但是這些徵用的先決條件，同時可以因此而將支配和依賴的關係結構進行再製。

　　說也弔詭，正因為有比較獨立自主的場域存在，就算嚴格的機制會將其必然硬加在施為者身上，這樣的施為者還是有立場去指揮這些機制，徵用這些機制所產生的物質和象徵性獲利；而循這機制發揮的功能，卻又有辦法把**特地**（但未必等於明白）而且直接（也就是不需要機制作中介）以支配個人為目的的策略，省下不用；這裡的支配，便是徵用施為者勞動的物質和象徵性獲利的條件。這裡說的「省」，可是真的省，因為，為了建立或是維持長久的依賴關係，所需行使的策略，依物質財貨的標準（像誇富宴〔potlatch〕或是慈善行為）、服務、甚至是**時間**來看，一般都是很貴的；也就是因此，這一型的支配因為有其內在的弔詭，以致手段反而吃掉了目的；為了保障權力延續不斷而有必要從事

的活動，本身反而會削弱權力。[34]

　　經濟權力不在於財富多寡，而在財富和經濟關係場域的關係；這場域裡的關係之組成，和具有特定利益的**專家施為者**（specialized agent）得以發展得出來，是密不可分的；財富就是在這樣的關係裡面，以資本的形式組成出來：也就是徵用制度型設備、徵用這場域發揮功能不可或缺的機制、進而也徵用此間獲利所能用的工具。因此，摩西·芬利（Moses Finley）說古式經濟體缺的不是資源而是「克服個人資源限度」的手段，才會顯得這麼有說服力。「沒有適當的信用工具——沒有可轉讓票據，沒有票據交換，沒有信用支付……金錢借貸是很多沒錯，但都集中在農民或是消費者的小額高利貸上面，或是大額借款以支應上層階級的政治或是傳統開銷……在商業組織的情形也一樣：看不到長期的合夥關係或是公司，沒有掮客或是代理人，沒有行會——就算有例外，一樣少見，也不重要。總而言之，組織和操作兩方面的設計，都看不到動員私人資本資源的狀況。」[35]這樣的分析，用在古式的卡比利亞還更切中要點；古式的卡比利亞連經濟

---

34 這說法屢見不鮮：舉財貨重新分配為權力存續的**必要條件**的邏輯，容易對經濟資本的原始型累積和階級劃分的發展，有化約或妨礙的作用（參考E. Wolf, *Sons of the Shaking Earth* [Chicago: University of Chicago Press], 1959, pp. 249-68）。

35 M. I. Finley, "Technical Innovation and Economic Progress in the Ancient World", *Economic History Review*, 18, 1 (Augusta 1965), pp. 29-45，特別是頁37；以及 "Land Debt and the Man of Property in Classical Athens", *Political Science Quarterly*, 68 (1953), pp. 249-68。

體制該有的最基本工具都沒有。土地其實可以說是完全不准流通
（不過，偶爾是可以充當擔保品，從一團體轉到另一團體去）。村
子和部落的市場各自獨立，沒有辦法連起來組成單一機制。以bu
niya為化身的傳統道德觀，雖然把市場交易常見的「褻瀆欺
詐」，和適合親族朋友進行的誠信交易配成對比[36]——這由居住
的處所：村子，和交易的處所：市場，有一段空間的距離，可見
一斑——卻不可以拿來掩蓋小型地方市場和已變成「主要交易模
式」的市場之間的對比；小型的地方市場，如波蘭尼所說，依然
「深植於社會關係裡面」。[37]

　　市場並不是他們行使榮譽策略的禁地：雖然一個人可以由誆
騙陌生人來提高自己的威望，但他也可以用天價買進一樣東西而
自豪，滿足他的榮辱點，讓大家看看「他做得到」；要不然也可
以誇口說他不花一毛錢現金就完成了買賣，因為他有辦法動員不
少保證人出面——要不更好——憑他的信用和信任資本（capital
of trust）即可，這些所需的榮譽名聲，絕不亞於財富的名聲。據

---

[36] P. Bohannan, "Some Principles of Exchange and Investment among the Tiv",
American Anthropologist, 57, 1 (1955), pp. 60-70.

[37] K. Polyani, *Primitive Archaic and Modern Economics*, ed. George Dalton (New
York: Doubleday, 1968)，以及 *The Great Transformation* (New York: Rinehart,
1944)。但有弔詭的事，在博蘭尼編的論文集中，貝內特（Francisco Benet）
在文章裡面那麼重視市場與村落的比較，卻不太提地方上的suq之所以一直
控制在誠信經濟的價值觀下面的因素（見 Francisco Benet, "Explosive
Markets: The Berber Highlands", in K. Polyani, C. M. Arensberg, and H. W.
Pearson [eds.], *Trade and Market in the Early Empire* [New York: Free Press,
1957]）。

說這樣的人，可以「兩手空空出門，卻把一整個市場都買了回來」。家喻戶曉的人才有條件當保證人——既可以當賣方的保證人，當面替要賣的牲口品質作保證，也可以當買方的保證人，買方若是不付現的話，可以由保證人立誓買方一定快快還錢。[38]這樣的人身上有的信任、這樣的人動員得起來的人脈，讓他們有本錢「以一張臉、一個名字、還有名聲來當錢用」——換言之，他們有的是這類經濟體裡面唯一可以取代金錢的東西——甚至「**不管身上有錢、沒錢，都可以下注〔出價〕**」。**純屬個人的品質**，「沒辦法借人，也借不到」，在他們的份量，不亞於財富或是償付能力。在現實裡，他們訊息交流（mutual information）的程度，弄得連市場也不太容得下溢價、欺騙、吹噓這樣的事。若居然難得有人「根本不是市場的料」，卻也要進場「喊價」，這人很快就會被人滅了威風。他們的說法是「市場自己會看」，這裡的市場指的不是市場的法則，而是顯現在市場裡的集體判斷；市場的法則是很不一樣、是准許魯莽行為的宇域。一個人要嘛是「市場人」（argaz nasuq）的料，要嘛不是；是或不是的定論，是以**整個人**來看的；這跟在這樣的社會裡作的任何判斷一樣，會用到神話分類法裡訂下的終極價值。「家戶人」（argaz ukhamis）擅自跨過他的「天生」限度，一定會被潑上冷水：「生在灶邊的人，留在灶邊就好。」（thakwath：屋裡牆邊的壁龕，專門用來存放小東西，一般都是女人家的東西，大白天見不得人的東西——湯匙，

---

38 靠不住的生意人找不到人幫他或他賣的東西負責，因此沒辦法要求買家提供保證人。

小布頭，紡織工具，等等。」

　　村子／市場二分，無疑會防止市場裡非人際交換（impersonal exchange）強行要計算的性向送進互惠關係的世界裡去。其實，不管是小型的部落市場或是大型的地區市場，suq 代表的都是介於兩極的交易模式，而且，這兩極無一完全有過實現：一邊是熟人世界的交換，以**信任**和**誠信**為基礎，只有在買方對所要交換的產品和賣方的策略都很清楚，相關人等的關係先前就已存在，交換過後也不會消失，這樣的信任和誠信才有可能出現；另一邊則是自我調節的市場的理性策略，唯有市場裡的產品標準化，流程具有半機械的必然性，這樣的理性策略才有可能出現。也就是因此，農民用的策略，會將商業交易裡面無關人際、沒有過去、未來的關係，變成互惠的長久關係，而把結果不可預測的風險壓到最低：叫來保證人、證人、中間人，就可以在立約人當中建立或是重建起傳統關係網的功能型等式（functional equivalent）。

　　經濟型財富在沒連上經濟機構之前，是沒辦法發揮資本的功能的，文化能力也一樣；形式多樣的文化能力，若沒有插進經濟生產體系和生產產品體系（後者本身又是由學校體系和家庭所構成的）之間的客觀關係裡去，是沒辦法構成文化資本的。一社會若是既沒有讀寫力，來幫他們以客觀的形式保存、累積他們繼承下來的文化資源，也沒有教育體系，把這些資源作象徵性徵用所需的智能和性向灌注到施為者身上，那他們也只有把文化資源融會在自身的狀態裡面來作保存了。[39]也因此，為了保障文化資源

---

[39] 這種信仰常見於諾斯替教派：知識可以經由各種施法的接觸來傳遞──最典

得以延續不輟，免得施為者身故就隨之亡佚，這樣的社會一定要借功於全面灌輸；這樣的程序從吟遊詩人的事證即可知道，只要資源確實在作使用，就可以延續不輟。書寫這類文化傳播工具可能引發怎樣的變異，描述者眾[40]：讀寫力由於會把文化資源和人分開，以致社會可以因之而超脫人身的限度——尤其是個人的記憶——進而掙脫詩歌這一類的記憶工具，詩歌是不識字社會最好的保存技術[41]；社會可以藉由讀寫力，而把目前以體現型保存起

型就是親吻——而這樣的信仰，可以看作是想要超越這一保存模式的極限：「不管施法的人學到的是什麼，都是從另一個 *dukun* 那裡學來的，*dukun* 就是他的 *guru*（導師）；而不管他學的是什麼，他跟其他人都叫這作 *ilmu*（科學）。*Ilmu* 一般都看作是一種抽象的知識，或是超乎正常（supernormal）的技能，不過，在比較偏具體、「老派」的頭腦看來，這有的時候會看作是一種實在的魔法，靠這才傳遞知識要比教學要直接」（C. Geertz, *The Religion of Java* [London: Collier-Macmillan, 1960], p. 88）。

40 特別參見J. Goody and I. Watt, "The Consequences of Literacy", *Comparative Studies in Society and History*, 5 (1962-1963), pp. 304ff，還有J. Goody (ed.), *Literacy in Traditional Societies* (Cambridge: University Press, 1968)。

41「詩人就是口述民族嘴裡的書」（J. A. Notopoulos, "Mnemosyme in Oral Literature", *Transactions and Proceedings of the American Philological Association*, 69 [1938], pp. 465-93，特別是頁469）。葛林（William C. Greene）在一篇很精采的文章裡面，即指出文化累積、流通、再製的模式出現改變，就會導致文化所要發揮的功能也發生變化，文化產品的結構連帶也跟著變化（"The Spoken and the Written Word", *Harvard Studies in Classical Philology*, 9 [1951], pp. 24-58）。而哈佛洛克（Eric A. Havelock）同樣指出，甚至連文化資源的內容也會因為「保存下來的傳播技術」出現變化而跟著變化，尤其是會因為放棄模仿而致改變；模仿是在實作裡動員一切資源將「一套有組織的活動」——音樂，韻律，文字——予以重新啟動，以其情感認同的行為達到協助記

來的文化累積起來，連帶有助於個別團體就**文化資本作原始的累積**，至於因為有了讀寫力而形諸文獻而不再僅只是保存於記憶的宗教、哲學、藝術、科學等等象徵性資源，也可以因為壟斷這些資源的徵用工具（如書寫，閱讀，以及其他解碼技術），而將這些象徵性資本作局部或整體的壟斷。

不過，讀寫力作客觀化的效應，絕對無法和教育體系所製造出來的客觀化效應相提並論。在此毋須多作詳細分析，只需要指出這一點即可：學歷之於文化資本，一如金錢之於經濟資本。[42]由於擁有相同證書的人，有的是相同的價值，因此，任何一人都可以取代另一人；由於文化資本是融會在個人身上的（不過，不致因此而犧牲奇魅思想裡的優勢：個人是無可取代的），因此，

憶的目的，而有利於寫下來的話語，因為寫下來的話語是以文本的形式存在，可以重複，逆轉，從情境中抽離，以可以維持長久，而有條件可以成為分析、比較、對照、思索的對象（*Preface to Plato* [Cambridge, Mass.: Harvard University Press, 1963]）。在語言因寫下來的文本而客觀化前，言語和說者的整個人，一直都是沒辦法分割的，而在說者不在的時候，言語只是以模仿的模式來行使，這就沒辦法作分析或批評了。

[42] 就各種形式的出眾法（**頭銜**是其中的例特）而寫的社會史，應該要能說明從個人權威轉變到頭銜的社會條件和後果，也就是從榮譽轉變到**榮譽權**〔*jus honorum*〕；個人權威是既沒辦法委託給別人也沒辦法由別人來繼承的（例如 *gratia*，古羅馬人的尊貴和權勢）。例如在古羅馬，用頭銜（例如 eques Romanus：羅馬騎士）來定 *dignitas*：尊嚴，這是古羅馬由國家正式承認的地位（有別於純屬個人的質性〔quality〕），就跟用 *insignia*：徽章一樣是漸漸步入習俗或是法律的周密控制下的（參考 C. Nicolet, *L'ordre équestre à l'époque républicaine*, vol. I: *Définitions juridiques et structures sociales* [Paris, 1966], pp. 236-41）。

因文化流通所形成障礙，會因為有教育體系而可以降到最低；教育體系讓每一個有同等資格的人連上同一的標準（反過來也會用否定的方式，把沒有這樣資格的人連上另一標準），因之而為所有的文化能力開闢出**單一的市場**，保證文化資本在限定式的勞力和時間成本裡面，一定可以轉換成金錢。學歷跟金錢一樣，都有俗成的、固定的價值，由於有法律作保證，因此沒有地域的限制（這是相較於沒有學者認證的文化資本而言），也不隨時間而變動：學歷為文化資本作的保證，有一點像是一保定終身，此後不需要再常常作證明。學位和文憑所能有的客觀化——放大一點，不管哪一類證明文件所能有的客觀化——和法律為擁有這些證明的個人所訂下的**永久地位**，而且是獨立在該生物人之外的永久地位，保證能夠形成的客觀化，是分不開的，同時也是生物體雖然有別，但以資格論是可以互換的施為者同都可以擁有的。一旦確立情況如此，權力和支配的關係，就不再直接存在於個人之間，而是建立在制度的純粹客觀性裡面，也就是建立在社會保證的資格和社會世界界定的地位中間；透過這些，又再建立在生物體個人當中的社會機制裡面，這些資格的社會價值，這些地位，還有這些社會屬性的分配，都是由這些社會機制在產生和保證的。[43]

　　不同團體、階級之間的權力關係結構，便是由這些機制發揮

---

43 關於這一點，請見 P. Bourdieu and L. Boltanksi, "Le titre et le poste: rapports entre le système de production et le système de reproduction", *Actes de la recherche en Sciences Sociales*, no. 2 [March 1975]; trans. "Qualifications and Jobs", *CCCS Stencilled Paper*, 46, University of Birmingham, 1977。

功能而產生於實作面，兼於實作面作保證的；而法律的功能，絕不只在於把這樣的結構於象徵面作祝聖而已——也就是透過**紀錄**，將之變成永恆不滅又普遍通行的。例如，地位和人的分野、權力和權力持有人的分野，連同資格和職務在特定時刻所會產生的關係（這關係反映的是有條件、也就是有學歷保證的勞動力於買賣時的相對議價能力），就是由法律在作記錄、在給予正當性的；這樣的分野，會具體顯現在劃歸給有（或沒有）資格的人所能擁有的物質和象徵性獲利的分配狀態。法律因此也對各式機制的作用有所推助（尤其是提供象徵性助力），這些機制的作用由於不斷透過公開運用權力來肯定權力，反而襯得法律像是多餘。

所以，給予既定秩序正當地位的責任，不全在傳統劃歸為意識型態——例如法律——這一類的機制上面。生產象徵性財貨的體系，還有製造生產者的體系，透過這些體系正常功能內具的固有邏輯，一樣也可以發揮意識型態的功能，這是因為這些體系是透過這些機制而有助於既定秩序之再製，也有助於支配始終得以維持隱密下去。教育體系有助於提供支配階級韋伯說的「自身特權神義論」，不過主要不是透過它製造或是灌輸的意識型態（像那些人說的「意識型態配備」），而是既定秩序於實作裡的認證；教育體系拿資格和工作之間公開的連結作煙幕，遮掩大家取得的資格和他們繼承的文化資本之間的連結——教育體系把這連結蓋在形式平等下面**偷偷作記錄**——換言之，這透過的是教育體系為這一類型繼承的傳遞套上的正當性。意識型態的效應裡面，威力最大者，就屬毋須言語、只要默默順應即可的那些。由此連帶可以推知，不管是哪一種意識型態的分析，只要是狹義的「賦與正

當性的論述」，只要沒把對應的制度性機制的分析也加進來，就很可能僅只是在為這些意識型態的功效作加分而已：凡是對政治、宗教、教育、或是審美的意識型態作的內部（符號學的）分析，都是如此，因為，這樣的分析會忘記這些意識型態的政治功能有的時候會被化約成錯位、偏移、遮蓋、正當化的效應而已；這些效應就是這樣的分析在再製客觀機制的效應的時候——透過疏漏、省略，刻意或是非自願的共犯型沉默——又再製造出來的。[44]

這時，有助於建立支配的長久關係、隱藏支配的長久關係的客觀機制，就有必要至少勾勒一下分析的大概；這樣，以守恆為目標的不同政治策略，和不同模式的支配之間的根本差異，才有辦法作充份的理解；社會構成體裡面累積的社會能量，若在機制裡作客觀化時並不均衡，就會有守恆的特色。這一邊的社會關係，本身並未內含自身再製的法則，若要維持，就一定要不斷創造才可以，別無他法；另一邊的社會世界，本身就內含自身存續的法則，而讓施為者得以擺脫創造或是回復社會關係的無盡負擔。這一對比，可見於社會學思想的歷史或是史前史當中。若要做到涂爾幹說的「把社會存在放進大自然裡去」，[45]就有必要打破脾性，不再視社會存在為建立在個人意志的任意性裡的，不再

---

[44] 例如奇魅（或菁英統治）的意識型態就真是如此，這就解釋了何以天賦不同、取得學歷的機會就不同，掩飾學業成就和繼承來的文化資本之間關係的機制，循而就此得以再製。

[45] E. Durkheim, *Montesquieu et Rousseau précurseurs de la sociologie* (Paris: Rivière, 1953), p. 197.

像霍布斯（Hobbes）般視之為建立在至高無上的意志的任意性裡的：涂爾幹寫過，「在霍布斯看來，社會秩序之誕生，乃是意志的行動，而且，社會秩序之維持，也要靠意志的行動不斷更新。」[46]因此，多的是理由要我們相信：若我要打破這一人工論看法，而這看法又是科學理解的前提，一定先要有像自動調節的市場這樣的客觀機制，於現實裡面已經形成；這樣的人工論看法誠如博蘭尼所言，本來就會促成決定論的信念產生。不過，社會現實藏了另一個陷阱等著科學來跳：這裡面有再製政治秩序的機制存在，不受任何刻意干預影響，以至於為了取得或是維持權力的諸多類型的行為裡面，只有暗自會把控制再製機制的權力從正當競爭的領域裡面排除的實作，才有可能被看作是政治性的。這樣一來，社會科學把正統政治學（legitimate politics）（就是現在說的「政治科學」〔political science〕）當作是研究對象時，也就把現實偷偷混進其中的預構對象也一併納入了。

　　再製支配關係的工作被客觀機制拿去的愈多，在客觀面以再製為導向的策略，就會變得愈不直接，因此，也可以說是愈和人

---

[46] Ibid., p. 195。以笛卡兒的不斷創造理論來作類比，真是再好不過了。萊布尼茲（Leibniz）批評過一種上帝觀：上帝的命運就是要跟「木匠一樣掄斧頭，或跟磨坊工人一樣不停導水到水輪下好推動磨石」，才能推動世界（G. W. Leibniz, "De ipsa natura", *Opuscula philosophica selecta*, ed. P. Shrecker [Paris: Voivin, 1939], p. 92），而改以物理宇宙取代笛卡兒式宇宙；上帝的注意力只要有絲毫鬆懈，笛卡兒的宇宙就沒辦法存在，物理宇宙則有其**固有的力量**（vis propria）；他作這批評，其實就在對各式各類不肯承認社會世界有其本質，也就是有其固有的必然的看法，發起批判，只是要再過很久，才真正發出了聲音（就是黑格爾寫的 *Philosophy of Right* 導論）。

無關；這再製的工作，是為支配型團體的利益而服務的，而且，不需要客觀機制作有意識的配合：擁有經濟或文化資本的人，和他雇的清潔婦，甚至和清潔婦的後人，於客觀面的關係，是因為支配的關係而連起來的，而他支配的關係要持續不輟，靠的不是對清潔婦（或是其他「社會地位低下的」施為者）大方、仁慈、有禮，而是要為他的錢選到最好的投資，或是為兒子挑到最好的學校。一旦一套機制已經組成，可以在客觀面透過其本身的運作（也就是古希臘人說的「自動自發」：apo tou automatou），保證既定秩序之再製，那麼，支配型階級就只需要**任由他們支配的體系自行其是**，就可以發揮支配的效能；不過，在有這樣的體系存在之前，支配型階級還是需要直接由本人每天下工夫，才能製造支配的條件、再製支配的條件，但是就算是這樣，其間的支配關係也未必全然可靠。由於他們不會以徵用社會機器的獲利為滿足，因為他們那樣的社會機器尚未發展出自動存續的能力；因此，他們勢必要動用**支配的基本型**，換言之，用人對人直接支配的方式來做，這方法的極限就是徵用人員，亦即奴役。他們若沒有親自「贏到」他們，「綁住」他們——總而言之，沒有在人當中創造出束縛的話——就沒辦法徵用勞力、服務、財貨、順服、尊敬。

也就是因此，像主人和khammes的關係（khammes：一種métayer〔佃農〕，只分得到很小一部份的農作，通常是五分之一，不過各地有別），一開始看起來可能很像單純的資方—勞方的關係，但若沒有在要被綁的人身上直接用上物質或是象徵性的暴力，其實是沒辦法維持的。主人可以用債來綁khammes，強迫

khammes要一直續約，直到找到新主人願意替他付清前任雇主的債務為止——換言之，就是無限期。主人也可以使壞，像是扣下全部的農作以收回借款。不過，每一關係都是複雜策略的產物，這些策略的效用，不僅要看雙方的物質和象徵性勢力大小，也要看他們有怎樣的技巧去勾起同情或是義憤而動員起團體。這關係對於支配的那一方的價值，不全在因之而生的物質獲利，其實有許多主人本身的財富沒比他們的khammes多多少，卻還是可以因為不用自己下田種地而獲利，因為，他們喜歡坐擁「食客」的權勢。不過，人若要別人把他當主人看，一定要能展現和身份相稱的美德，其中最重要的，就是他和食客的關係要顯得慷慨和尊貴。把主人和khammes連在一起的契約，是一人和另一人之間的協議，除了以「忠心」做到要求的事之外，別無其他保證。這中間沒有抽象的紀律，沒有嚴格的契約，不過，身為「大人」者，應該要有能力提供依附門下的人象徵性和物質方面的「保障」，才稱得上他值得有這樣的身價。

這裡的重點，一樣是策略的問題，而榮譽之約裡面的「迷魅」關係，在這樣的經濟體裡面何以這麼常見，原因就在於象徵性暴力的策略，往往最後是以「經濟省事」要大於純粹「經濟型」的暴力。有鑑於他們沒有真正的勞動市場，貨幣也很稀有（因此也很貴重），主人要營求自己的利益，最好的方法就是每天都要孜孜矻矻，不可以有片刻疏忽懈怠，努力編織倫理、情感，還有經濟方面的束縛，好將他和khammes長久綁在一起。為了鞏固義務的束縛，主人可以為他的khammes（或khammes的兒子）安排婚事，讓他們全家住進主人自己的屋子裡；雙方的子女由於是一起

長大，財貨（牲口、田地等等）也都共同持有，往往要過了很久才會發現彼此的地位到底如何。常見有khammes的兒子跟主人的兒子一起離鄉進城去工作領薪水，而且跟主人的兒子一樣會把薪水拿回主人家去。總而言之，主人若要說服khammes長期侍奉下去不走，為主人謀利，主人就必須把khammes和他那些利益完全**連接**起來，以自己的行為在象徵面否定雙方有不對等的關係存在，而將這不對等的關係掩蓋起來。所以，khammes是主人可以託付財貨、屋子、榮譽的人（像主人要離家進城或到法國工作時，固定要說，「夥伴啊，我就靠你了；我自己也要去當別人的夥伴了」）。Khammes會把主人的地「當自己的地照看」，因為，從他主人的言行，他看不出他對他工作的這一塊地是沒有擁有權的；所以，有khammes在離開「主人」家很久後，還會跑回來，說憑他在他田地上流的汗，他就有權走進他的地或在他的地上採果，這也不是多罕見的事。而khammes其實也從來就沒真的把他對前任主人的義務給丟掉，所以，在他所謂的「變心」之後，他還會指控主人「背叛」，因為這主人遺棄了先前「收留」的人。

所以，這樣的體系裡面，只有兩種取得並保有另一人長久擁有權的方法（到頭來這兩種其實還只是一種）：一是靠禮物或是債務，這是全屬經濟的償債義務，另一是經由交換來創造和維持「道德」、「感情」的義務，總而言之，就是一屬明顯型暴力（肢體或是經濟），一屬象徵性暴力——**是有箝制的、套用委婉語的**，亦即一屬不承認的暴力，一屬社會承認的暴力。這兩類暴力之間，有一層簡單明瞭的關係——而且不是矛盾的關係；不只，這兩種暴力還並存於同一社會構成體裡面，有的時候甚至並存於

同一關係裡面[47]：支配只能以**基本型**來行使的時候，也就是直接以人對人的方式來行使的時候，這樣的支配，就不可以公然行之，而一定要用迷魅的關係來作掩飾，而這關係的公定模型，就表現在親族的關係上面；為了要得到社會承認，先要弄得自己被誤認。[48]前資本主義經濟體那麼需要象徵性暴力的原因，在於支配的關係若要建立、維持、回復，唯一的方法，就在於原本專門以建立人身依賴關係為目的的策略，一定要作偽裝和變形，以免因為真相外露，反而毀了這些策略；總而言之，這些策略一定要套用**委婉語**。也因此，暴力公然展現會受到**箝制**，尤其是赤裸裸

---

47 若是交流的行為——禮物、挑戰或是字句的交換——始終都是內含潛在的衝突的話，這便是因為交流的行為一直都內含支配的可能。**象徵性暴力**這一種支配形式，超越了一般在感官關係和權力關係、在溝通和支配之間作出來的對比，而且以交流作掩飾，也唯有透過交流才有辦法行使。

48 這就可以看出，若想替前資本主義經濟體裡面實現的支配形式作說明的話，像薩林斯（Marshall D. Sahlins）一樣，光是看出前資本主義經濟體沒有供間接、和個人無關的支配模式發揮的條件，是不夠的；在後一模式裡面，工人對雇主的依賴，是勞動市場裡的半自動產品（參考 "Political Power and the Economy in Primitive Society", in G. E. Dole and R. L. Carneiro (eds.), *Essays in the Science of Culture* [New York: Crowell, 1960], pp. 390-415; "Poor Man, Rich Man, Big Man, Chief: Political Types in Melanesia and Polynesia", *Comparative Studies in Society and History*, 5 [1962-1963], pp. 285-303; "On the Sociology of Primitive Exchange", in M. Banton (ed.), *The Relevance of Models for Social Anthropology* [London: Tavistock, 1965], pp. 139-236）。這些負面條件（只要問題是要反駁唯心論或是理想化，朝這些負面條件一指，就夠了）無法解釋象徵性暴力的內在邏輯，一如沒有避雷針和電報，一樣沒辦法拿來解釋朱比特（Jupiter）和赫密斯（Hermes）——亦即希臘神話、藝術的內在邏輯——一樣，馬克思在Grundrisse的導論有一段很有名的文章，就提到過這一點。

的經濟型暴力；其所遵循的邏輯，是利益只能藏在謀求利益的策略裡面來滿足經濟體特有的邏輯。[49]這裡的暴力既比較明顯，也比較隱晦，這是事實，但把這看作是矛盾，就不對了。[50]因為，前資本主義經濟體沒辦法仰仗客觀機制裡面隱藏的、根深柢固的暴力，就只有**同時**用上多種支配法；這些支配法在現代人可能既覺得要更殘暴，更原始，更野蠻，但同時也可能更溫和、更人道、對別人更懂得尊重。[51]全然的肢體和經濟的暴力，和最細膩

---

[49] 互動論（interactionism）說的「凝視」（gaze），為了檢視施為者之間的直接互動，而忽略了客觀機制及其操作，這一類的社會裡，應該找得到理想的研究領域：因為人類學家和其研究對象之間一般會有的關係，以致這情況不太可能出現。這時就有另一種弔詭出現：狹義的結構論，也就是針對社會世界的客觀結構（而不只是施為者提出的意象）而作的科學研究，於社會的支配和依附關係是不斷創造而形成的情況，是最不適用的，也最不會有成果。（除非要說這時候的結構是藏在意識型態裡的，這時的權力是藏在擁有徵用這些結構的工具裡的，也就是在文化資本裡的，像李維史陀的結構論隱含的命題一樣）。

[50] 邊門尼寫的印歐民族制度字彙的歷史裡面，將**揭露**和**除魅**過程裡的語言里程碑一一臚列出來，從肢體或是象徵性暴力到法律和秩序，從贖金到購買，從高尚行為的獎賞到論工計酬，從承認服務到承認債務，從道德價值到信用價值，從道德責任到法庭命令（*Indo-European Language and Society* [London: Faber, 1973]，特別是頁101-62）。而摩西・芬利也一樣指出，有時，故意搆人入債好陷人為奴，也可以在平等的兩方之間創造出團結的關係（"La servitude pour dettes", *Revue d'Histoire du Droit Français et Etranger*, 4th series, 43, 2 [April-June 1965], pp. 159-84）。

[51] 不同支配模式的相對價值——這問題在有關原始天堂的盧梭式敘述和「現代化」的論文裡都看得到，至少是隱約得見——沒有一點意義，只會就**之前、之後的利弊得失**引發一定無止無休的論戰；這問題唯一的用處，就是可以看

的象徵性暴力可以同時並存，在這一類型經濟體特有的制度、在每一社會關係裡面，全都找得到：這在債務、禮物二者便都看得到；此二者表面雖屬對比，但同都具有建立依附（甚至奴役）或團結關係的力量，不管這力量是用在哪一種策略裡面，都是如此。現代分類法常會劃歸到經濟去的那些制度，於根本，全都有其模稜，就證明了相反的策略是可以同時並存於同一名稱下面的——例如我們之前看過的主人和khammes的關係——而且是可以**互換**的，發揮的是同一功能，至於是要「選」公開型暴力還是溫和、隱藏的暴力，就要看雙方於那一時刻權勢相對的大小了，也看仲裁團體的整合程度如何、倫理操守又如何了。社會裡的公然暴力，像是高利貸或是主人殘暴無情，是會遭到集體譴責的，[52]也容易引發受害人暴力反擊或是逼得他遠走高飛（也就是說，不管是哪一種，**別無他法可想之餘**，一樣會害得原本要剝削的關係反而消滅不見），在這樣的社會裡，象徵性暴力，這一種溫和、隱形的暴力，從來就沒被當作是暴力看，被選中時，也不太覺得是在忍受暴力，連同信用、信心、義務、個人效忠、慇懃好客、禮物、謝意、虔誠的暴力等等也都是如此——總而言之，所有榮

出研究者懷抱的是怎樣的社會幻影。這跟不同體系作比較一樣，兩套體系只要感情色彩和倫理內涵有別，其表述就可以**漫無止境**比較下去（例如迷魅和除魅對比），就看要拿哪一邊的體系作立足點。在這裡，唯一恰當的比較對象應該要把每一體系**看作**是一套體系，這就表示，除了體系演進裡的固有邏輯該有的評價，其他評價都要排除。

[52] 有些放高利貸的人因為怕被團體指責、驅逐，而願意幫債務人更改償債的時限（像是改到橄欖收成），免得他們要賣地償債。是有許多人不把輿論看在眼裡，但也為此付出了代價，有的人還在解放戰爭期間丟了性命。

譽規則裡面標舉的美德，都可以看作是最經濟省力一型的支配，也是最符合該體系經濟的支配模式。

　　沒辦法對另一人作公然、無情的剝削時，溫和、隱性的剝削就會出現了。把這種有雙重本質的經濟體和它的公定現實（慷慨捐軀、互助，等等），也就是若要進行剝削就要套上的形式，劃上等號，這是錯的；因為，這樣等於是把這經濟體化約成它的客觀現實而已，而把互助看作是徭役，把khammes看作是奴隸。禮物，慷慨，炫耀性分配──極端的狀況就是誇富宴──操作的都是社會鍊金術；只要一禁止直接公然施展肢體或是經濟型暴力，就看得到這些，而導致經濟型資本會變成象徵性資本。金錢、能量、時間、智巧的耗損，是社會鍊金術的根本，利益型關係就是由這一門鍊金術而變成祛利、無償的關係，全然的支配就此變成誤認型、「社會承認」的支配，換言之，變成正當的威權。這裡的主動原則是：勞動、時間、照顧、重視、本領，都是必須要浪費在製造個人的禮物上的；這樣的禮物才不會化約成等值的金錢；這樣的禮物的份量，不在你給的是什麼，而是你怎麼給的；看起來「無償」奉送出去的不只是財貨或婦女，還有更切近個人也因此更珍貴的東西，因為，就像卡比爾人說，這些東西是「沒辦法跟人借也沒辦法借出去的」，像是**時間**──做這些事花的時間，「絕不會被遺忘」，因為，這時間是用在對的時候做對的事的──是感激、「姿態」、「善意」、「周到」的標誌。[53]行使溫和暴力的人是可以索取「人格」價的。威權，奇魅，恩典，或是

53 原書遺漏註釋。

卡比爾人說的sar，這些向來被看作是一個人身上的資產。Fides
即如邊門尼所言，不是「信任」，而是「一人內在的質性，可以
激發他的自信，其所展現的威權，是有能力保護託付於他的人的
威權」。[54]個人效忠內含的錯覺——效忠的對象是這種感覺的源
頭，這種感覺又是該對象會有此表述源頭——未必全是錯覺；表
達謝意所承認的恩典，依霍布斯所見，其實承認的是「**先至恩典**」
（antecedent grace）。

　　溫和的剝削，對於行使剝削的人的成本其實比較高——這不
只是以經濟的標準來看的。像tamen：代表自己的團體
（thakharrubth或adhrum）出席男性大會和其他所有重要場合的
「發言人」或「保證人」，其「責任」少有人要搶或會嫉妒的；連
團體裡權勢最盛、最重要的人，也會拒絕出任或自動要求撤換，
這並不罕見：tamen作代表和進行斡旋工作，是真的會用掉很多
時間和精力的。團體封為「智者」或「大人」的人，或是未得正
式任命但有默認的黃袍加身、要替團體行使威權的人，都會覺得
自己**有責任**（這指的是因為自尊心很高產生的責任感），無時無
刻不以身體力行的表率和明白說出的話語提醒團體：加在他身上
的價值是大家正式承認的價值；有這樣身份的人看到團體裡有婦
女吵架，會覺得身上有責任把吵架的婦女分開，甚至打上一頓
（若吵架的婦人是寡婦，或丈夫沒有權威），或者是罰錢；自己的
氏族裡面有人發生嚴重衝突，這樣的人也覺得有必要要雙方恢復
理智；但這從來不是簡單的差事，有的時候甚至還有危險；若有

---

[54] E. Benveniste, *Indo-European Language and Society*, pp. 84ff.

可能引發跨氏族衝突（像是犯罪事件），就還要召開大會和僧師見面，化解雙方的敵對；他們會覺得自己有責任保護食客和窮人的利益，遇到傳統的集會也要送禮給他們（例如thimechret），餐宴時送吃的給他們，濟助寡婦，為孤兒安排婚事，等等。

　　總而言之，由於委任雖然是個人威權的基礎所在，但始終是瀰漫型的，既沒作正式宣佈也沒有制度的保障，因此也只能透過行動來維持不輟，而且，這裡的行動還要符合團體承認的價值，以這樣的行動來實際確認這一份威權。[55] 由此可以推知，在這樣的體系裡面，「大人」會是最沒有辦法不謹守公定規範的人，而他們展現高人一等的價值所需要付出的代價，就是遵奉團體價值的表現一定要高人一等；因為團體的價值是所有象徵性價值的源頭。制度化機制之組成，使得團體基礎所在的資本，可以全數託付予單一一個施為者（派系領袖或是聯盟代表，理事會成員，學術單位成員，諸如此類），由他運用這些所有「持分人」（shareholder）共同擁有的資本，而且委任給他的權威和他本人的貢獻沒有嚴格的關聯；但在前資本主義社會，由家族或是世系的姓名作象徵的集體資本，每一位施為者直接的持分大小，就和他

---

55 僧師的地位有所不同，因為他們是大家敬重的「宗教官員」，有制度委任的權威得以行使，也因為他們享有與眾不同的身份——尤其是有相當嚴格的內婚制（endogamy）和一整套傳統，像是限制女性不得出現在戶外。不過，這些諺語說是「像山川遇風雨就更湍急」的男子，若利用他們準制度化的角色要充當仲裁者，依然要以他們有傳統知識加上熟識當事人為限度，才可以行使團體直接委託才可以行使的象徵性權威：僧師大部份時候都只是「洞口」，卡比爾人的說法是「門路」，讓有衝突的團體可以保住面子又達成協議。

自己的貢獻大小有直接的關係了，也就是等於他的言行舉止、他的人在團體裡所佔的信用大小。[56]這樣的體系，會讓居支配地位的施為者在美德這方面享有既得利益，他們唯有支付**個人價格**，才有辦法累積政治力，而不單是把他們的財貨和金錢重作分配就好；他們一定也要展現配得上他們權力的「美德」，因為，他們權力唯一的基礎，就是「美德」。

利益和「公平交換」的通則，講的是有施才有受，而慷慨之舉──誇富宴（人類學家的掌中寶），只是這一類慷慨之舉的極端事例而已──可能有將這樣的通則懸置之嫌，而代之以本身即目的這一類的關係，像是為了談話而談話（而不是有話要說）、為了施與而施與，諸如此類的。但在現實裡，這類否認利益的表現，怎樣也不過是實作型放棄聲明（practical dislaimer）而已：一如佛洛依德說的「否定」（Verneinung），說是說了，但說的方式只是讓人知道沒說出口的事罷了；這樣的關係，就是專門要讓別人知道：他這樣的關係的目的，是在以不講謀利的（祛利）方式來謀利的。（為了道德家，插進來這一段：觀察迷魅型社會關係而致如墜五里迷霧，在這狀況可能找得到絕對的辯護；這狀況就跟慾望一樣，物質利益就更不必多言：否認，也就是「卸下壓抑」，即如佛洛依德所言，並不等於「接受壓抑下去的東西」，只

反之，雖然制度化的權威委任連帶會有明確的責任定義，因個人缺失而生成的後果到什麼地步，但是，身為團體成員自然可以取得的瀰漫型委任，會拿全體成員作背書，一視同仁，也會拿集體擁有的資本作保證，不過，倒是不會要團體去為某一成員的背信承擔責任；這就可以解釋何以團體裡的「大人」會覺得為了團體裡面最弱的成員捍衛集體的榮譽有那麼重要了。

是除了這樣的否認，社會也沒辦法再要求其成員有別的反應了。）[57] 人人都知道重要的不是「你給的是什麼，而是你怎麼給的」，禮物和「公平交換」的分別，就在**形式**上面的功夫：怎麼**呈現**的、怎麼給的，這動作表現在外的形式，一定要有實際否認這給的動作的內涵的樣子，而於象徵面將利益型交換，或說是單純的權力關係，變成為了表現合宜而表現合宜的關係，也就是純粹因為敬重團體所承認的習俗、慣例而表現出來的舉動。（再為了唯美派插入這一段：古式社會花在形式上的時間和力氣比較多，是因為他們對於直接表達個人利益的箝制比較大；結果，鑑賞家就此有了美麗的、迷人的景象可以欣賞，而他們的生存藝術提升到為藝術而藝術的層次，但這其實是因為不肯正視「生意歸生意」或是「時間就是金錢」這一類不證自明的現實，以這類現實為所謂的進步社會裡，**不得休閒的有閒階級**〔harried leisure class〕[58]過的那種不合唯美標準的生活形態。）

他們的財貨是為了施與而擁有的。富人之「富有，為的是要分給窮人，」卡比爾人就有這樣的話。[59]這便是典型的放棄聲

---

[57] S. Freud, "Negation", *Complete Psychological Works* (standard ed.), ed. J. Strachery, vol. xix (London: Hogarth Press, 1961), pp. 235-36.

[58] S. B. Linder, *The Harried Leisure Class* [New York and London: Columbia University Press, 1970].

[59] 「主啊，賜福與我，我必供給他人」（只有聖人可以一無所有但還能付出）。財富是上帝賜給世人的禮物，這樣他才有辦法去濟貧。「慷慨之人是阿拉之友。」兩個世界都會是屬於他的。想保住財富的人，一定要證明他有這資格，也就是要證明他很慷慨；要不然，他的財富就會被拿走。

明：因為施與就是擁有（送出去的禮和收回的禮不相稱，會就此出現長久的束縛，禮數不足的那一方的自由因此受限，不得不擺出恭順、合作、謹慎的態度）；由於沒有司法的保障、也沒有任何強制的力量，因此，「掌握」一個人的少數幾種方式之一，就是**維持**長久的不對稱關係不變，像是虧欠；也由於他們唯一承認的、正當的擁有權，是透過擺脫來表現的──像是擺脫義務、謝意，尊貴、或是個人的效忠。財富是權力最根本的基礎，而有了財富，可以行使的權力便是象徵性資本的權力，而且可以長久行使；換言之，經濟資本唯有以象徵性資本的形式，才有辦法累積；象徵性資本是未經承認的、因此也是社會承認的經濟資本之外的另一類資本。部落的首領依馬林諾斯基的說法，真的是「部落銀行家」，累積財富只是為了要大方用在別人身上，以建立義務、債務的資本，好讓別人以恭順、尊敬、效忠來償還──有機會時，是也可以用工作和服務來償還的，而這時，工作和服務就可是新累積的物質財貨的來源。[60]循環式流通，例如徵收貢品之後再依階級組織重作分配，這樣的程序看起來可笑，但就這程序

---

[60] 回禮的對稱和炫耀性分配的不對稱，二者的對比，太過強調會是錯的，因為，炫耀性分配是構成政治權威的基礎。這二者間是可以一步步遞移過去的：先是從完全互惠開始，回禮的份量每加大一份，就可以從順服變成尊敬再變成義務最後變成道德債務。像博蘭尼與薩林斯這些人都已經清楚看出，重新分配於形成政治權威，在部落經濟的操作（累積和重新分配的迴路也在內，這有類似於國家預算的功能），都有其決定性功能，卻沒有分析這一程序──把經濟型資本轉化成象徵性資本的絕佳設計──是如何創造出依附的長久關係的，這依附的關係雖然是以經濟為基礎，卻是偽裝在道德關係的面紗下面。

可以轉變相關施為者或團體之間的社會關係的本質而言,就不可笑了。這種**祝聖循環**(consecration cycles)不管在哪裡看到,發揮的都是社會鍊金術的基本作用,也就是把任意型的關係變成正當的關係,把**既成**的差別變成正式承認的分別。分別,還有長久的連結,都是建立在循環式流通上的,權力的正當性就是要從這裡面以象徵性的剩餘價值而產生的。若是像李維史陀一樣只考慮物質暨/或象徵性財貨交換的**特例**,而且,這些交換的目的是為了給予互惠關係正當性,那就可能會忘了這一件事:只要是物質和象徵性交換密不可分的結構(也就是同時牽涉到流通和傳播),它在將偶發的社會關係變成公認的關係而要賦與**既成**事態正當性時,若這既成事態是不平衡的權力,那這些結構就有當意識型態工具使用的功能。

經濟資本轉換成象徵性資本,需要耗費社會能量作成本,而社會能量又是支配的關係要作長久維持的條件;這樣的轉換若是沒有一整支團體作共謀,是無法進行的:否認的功夫,是社會鍊金術的根源,而社會鍊金術跟巫術一樣,又是集體在做的事。即如牟斯說的,一整個社會在夢裡用偽幣付錢給自己。集體的誤認是榮譽倫理的基本,是集體在否認交換的經濟現實;這樣的誤認之所以可能,只因為團體用這樣的方式騙自己的時候,既不算騙人,也不算被騙:農民把他的khammes當夥伴,是因為習俗如此,因為依榮譽的要求他必須如此;他騙自己,也騙他的khammes,因為,他唯一可以謀利的方式,就是榮譽倫理擺出來的美化形式;而khammes這邊最該做的,莫過乎在這種利益型假相裡面善盡本分,這樣的假相,為他的處境做了相當尊貴的表

述。因此，負責再製適當習性的機制，在這裡就是生產配備不可或缺的一部份，沒有了這些機制，就無法生產。團體灌輸在施為者身上而且不斷強化的性向，會弄出難以想像的實作來，但放在「赤裸裸自利」的迷魅型經濟體裡面看，就顯得正當，甚至理所當然；施為者唯有透過這樣的性向，才能一直把彼此「綁」在一起不切斷，不僅有父母子女的關係，也有債權人和債務人的關係，主人和khammes的關係。[61]

　　委婉美化的集體功夫，其所製造出來的公定事實，就是客觀化工作的基本型，最後一定會促成適當行為出現法律定義；而這樣的公定事實，不僅只是團體保存其「唯靈（spiritualistic）的榮辱點」而已，它還有實作的效能，因為，即使這事實和每一個人的行為牴觸，像處處都是例外的規則，這事實依然還是這類大家應該要接受的行為的如實描述。榮譽規則是用其他行為作砝碼，在為每一個施為者作計量的，能夠促成功能裡被壓抑的含意逐步揭露出來的除魅，唯有靠交叉箝制的社會條件崩解，才有可能出現；每一個施為者對這交叉箝制雖不耐、但順從，而且還一概要套在別人身上。[62]

---

61 以此可以推知，客觀論的錯誤——尤其是把非客觀化予以客觀化的錯誤——若是出現在像是這裡的這世界：社會秩序之再製，仰賴協和的習性會不斷再製者，要大於可以生產或是選擇協和習性的結構自動再製，那這錯誤的後果會要深廣得多。

62 都市化會把不同傳統的團體湊合在一起，削弱交互控制（甚至在都市化之前，就會削弱貨幣交換、引進雇傭勞動了），以致，集體維持的榮譽宗教的假相隨之崩塌。信任乃由信用取代（talq），信用原先可是大家詛咒或是鄙棄

溫和、隱性的象徵性暴力，若真的是因為公然的暴力沒辦法施展才採行的話，那就可以理解何以象徵性的支配在客觀機制形成後，會逐漸萎縮，因為，象徵性的支配會把委婉美化變成多餘的，而製造出這一型支配要進一步發展所需的「除魅」性向。至於保障支配關係得以再製的機制內具的意識型態和實作效應，經逐漸揭露、中和，何以又會因為再製型機制以經濟資本轉化為象徵性資本作掩護，而一定會回歸到象徵性暴力那一邊去，就也一樣變得清楚了起來：再製型機制要發揮效能，是要經由重分配而賦與正當性的，而且，這重分配是公（「社會面」政策）、私（提供「祛利型」基金會資金，對醫院、學術、文化機構提供補助）兩方都有，沒有這公、私兩方，重分配還不可能出現。

居支配地位的團體或階級，便是透過這些形式的正當累積，而取得「信用」資本，而且，這樣的「信用」資本，和看起來像是剝削的邏輯，沒有一點淵源[63]；除了這些形式的正當累積之

的（由這一句罵人的話可見一斑：「看那信用臉！」——有這樣的臉的人，是已經沒有羞恥心的——也可見於拒不償還他們叫作 *berru natalq*，這是他們想得出來的最嚴重侵犯）。有報導人就說，「在信用的時代，最慘的人，就是只能求人用他們對他父母的信任來看他們的人。現在重要的是你手邊有的東西而已。大家都要當市場人。大家都覺得他有權要人信任他，結果是到處都找不到信任了。

63 想出公共關係裡的「銀行帳戶」理論的，不是社會學家，而是一群美國實業家：「所以，這就有必要在公義銀行（Bank of Public Good-Will）裡**時常定期**作存款，這樣，有需要時，才有辦法從這帳戶裡提領有效的支票」（引自 Dayton MacKean, *Party and Pressure Politics* [New York: Houghton Mifflin, 1944]）。也可見 R. W. Gable, "N.A.M.: Influential Lobby or Kiss of Death?",

外，另外還要再加上這一類象徵性資本的累積：蒐集奢侈品，以證明自己的品味和出類拔萃的地位。否認經濟、否認經濟利益，在前資本主義社會一開始出現的地方，就是不否認則經濟無以成立的地方；也因此，這樣的否認在藝術和文化的領域裡面，找到它最愛的庇護所；這是純消費的所在——消費的當然是金錢，但也包括可以轉換成金錢的時間。藝術的世界像是神聖的島嶼，和俗世、日常的生產互成全面也很惹眼的對比；在放任金錢、自利盛行的宇域裡面，這島嶼是無償、袪利型活動的聖殿，能夠像過去年代的神學一樣，對於經濟確實牽連出來的所有否定式，予以否認，因而得出一門想像的人類學。

Journal of Politics, 15, 2 (May 1953), p. 262（這裡講的是美國製造協會〔National Association of Manufacters〕想用多種方式來影響一般大眾、教育界、宗教界、婦女社團領袖、農民領袖等等），試圖以不同的方式來影響大眾、教育人士、教會人士、婦女社團領導人，農民領導人等等，以及H. A. Turner, "How Pressure Groups Operate", *Annals of the American Academy of Political and Social Science*, 319 (September 1958), pp. 63-72（這裡講的是「組織要提升它在大眾心裡的聲望、調整他們態度所用的手段，以期創造出來的輿論，可以幾乎像自動般朝該團體計畫有利的方向推進」）。

Esquisse d'une théorie de la pratique. Précédé de trois études d'ethnologie kabyle
Copyright © 2000 Editions du Seuil
Complex Chinese translation copyright © 2009 by Rye Field Publications,
a division of Cité Publishing Ltd.
Published by agreement with Editions du Seuil
through the Chinese Connection Agency, a division of The Yao Enterprises, LLC.
All rights reserved.

麥田人文 76

實作理論綱要
Esquisse d'une théorie de la pratique. Précédé de trois études d'ethnologie kabyle

作　　　者	皮耶‧布赫迪厄（Pierre Bourdieu）
譯　　　者	宋偉航
校　　　對	吳哲良
責 任 編 輯	胡金倫
主　　　編	王德威

編 輯 總 監	劉麗真
總 經 理	陳逸瑛
發 行 人	涂玉雲
出　　　版	麥田出版

城邦文化事業股份有限公司
104台北市中山區民生東路二段141號5樓
電話：(886) 2-25007696　傳真：(886) 2-25001967

發　　　行　英屬蓋曼群島商家庭傳媒股份有限公司城邦分公司
104台北市中山區民生東路二段141號11樓
客服服務專線：(886) 2-25007718；25007719
24小時傳真專線：(886)2-25001990；25001991
服務時間：週一至週五上午09:30~12:00；下午13:30~17:00
劃撥帳號：19863813；戶名：書虫股份有限公司
讀者服務信箱：service@readingclub.com.tw
麥田部落格　http:// blog.pixnet.net/ryefield

香港發行所　城邦（香港）出版集團有限公司
香港灣仔駱克道193號東超商業中心1樓
電話: (852) 25086231　傳真: (852) 25789337
E-mail: hkcite@biznetvigator.com

馬新發行所　城邦（馬新）出版集團【Cite (M) Sdn. Bhd.】
41, Jalan Radin Anum, Bandar Baru Sri Petaling,
57000 Kuala Lumpur, Malaysia.
電話：(603) 90578822 傳真：(603) 90576622

印　　　刷　前進彩藝有限公司
初 版 一 刷　2004年12月
二 版 四 刷　2017年9月

售價／NT$480
ISBN：978-986-173-482-8

城邦讀書花園
www.cite.com.tw

版權所有‧翻印必究（Printed in Taiwan）
本書如有缺頁、破損、裝訂錯誤，請寄回更換

國家圖書館出版品預行編目資料

實作理論綱要／皮耶‧布赫迪厄（Pierre Bourdieu）
作；宋偉航譯. －－二版. －－臺北市：麥田, 城邦
文化出版：家庭傳媒城邦分公司發行, 2009.03
　　面；　公分. －－（麥田人文；76）
譯自：Esquisse d'une théorie de la pratique.:
　　　　Précédé de trois études d'ethnologie kabyle
ISBN 978-986-173-482-8（平裝）

1. 民族志　2. 田野工作　3. 阿爾及利亞

536.672　　　　　　　　　　　　　　98002170

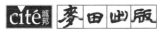

Rye Field Publications
A division of Cité Publishing Ltd.

廣　告　回　函
北區郵政管理局登記證
台北廣字第000791號
免　貼　郵　票

英屬蓋曼群島商
家庭傳媒股份有限公司城邦分公司
104　台北市民生東路二段 141 號 2 樓

▼

讀者回函卡

謝謝您購買我們出版的書。請將讀者回函卡填好寄回，我們將不定期寄上城邦集團最新的出版資訊。

姓名：＿＿＿＿＿＿＿＿＿＿ 電子信箱：＿＿＿＿＿＿＿＿

聯絡地址：□□□ ＿＿＿＿＿＿＿＿＿＿＿＿＿＿＿＿

電話：(公) ＿＿＿＿＿＿＿ 分機 ＿＿ (宅) ＿＿＿＿＿＿＿

身分證字號：＿＿＿＿＿＿＿＿＿＿＿＿＿＿ (此即您的讀者編號)

生日：＿＿年＿＿月＿＿日 性別：□男 □女

職業：□軍警 □公教 □學生 □傳播業 □製造業 □金融業 □資訊業 □銷售業
　　　□其他 ＿＿＿＿＿＿＿＿＿＿＿＿＿＿＿＿＿＿＿＿

教育程度：□碩士及以上 □大學 □專科 □高中 □國中及以下

購買方式：□書店 □郵購 □其他 ＿＿＿＿＿＿＿＿＿＿＿＿

喜歡閱讀的種類：(可複選)

□文學 □商業 □軍事 □歷史 □旅遊 □藝術 □科學 □推理 □傳記

□生活、勵志 □教育、心理 □其他 ＿＿＿＿＿＿＿＿＿＿＿＿

您從何處得知本書的消息？(可複選)

□書店 □報章雜誌 □廣播 □電視 □書訊 □親友 □其他 ＿＿＿＿＿

本書優點：(可複選)

□內容符合期待 □文筆流暢 □具實用性 □版面、圖片、字體安排適當

□其他 ＿＿＿＿＿＿＿＿＿＿＿＿＿＿＿＿＿＿＿＿＿＿＿

本書缺點：(可複選)

□內容不符合期待 □文筆欠佳 □內容保守 □版面、圖片、字體安排不易閱讀

□價格偏高 □其他 ＿＿＿＿＿＿＿＿＿＿＿＿＿＿＿＿＿＿

您對我們的建議：＿＿＿＿＿＿＿＿＿＿＿＿＿＿＿＿＿＿＿

＿＿＿＿＿＿＿＿＿＿＿＿＿＿＿＿＿＿＿＿＿＿＿＿＿＿

＿＿＿＿＿＿＿＿＿＿＿＿＿＿＿＿＿＿＿＿＿＿＿＿＿＿